D1662563

Wir wünschen Dir
erlebnisreiche, genußliche
italienische Momente ...

Katrin + Matthias

Weihnachten 1998

Kreation und Leitung Hans Höfer

APA GUIDES

FLORENZ

Herausgegeben von Christopher Catling
Fotografiert von Albano Guatti
und Patrizia Giancotti

Redaktion Christine Gangl

APA PUBLICATIONS

APA GUIDES

Titel in deutscher Sprache

LÄNDER & REGIONEN

Ägypten	Nepal	
Alaska	Neuengland	
Andalusien	Neuseeland	
Argentinien	New York State	
Australien	Nordkalifornien	
Bahamas	Normandie	
Bali	Norwegen	
Baltische Staaten	Ostasien	
Barbados	Österreich	
Barrier Reef	Pakistan	
Belgien	Pazifischer Nordwesten USA	
Bermuda	Peru	
Brasilien	Philippinen	
Bretagne	Polen	
Burgund	Portugal	
Chile	Provence	
China	Puerto Rico	
Costa Rica	Rajasthan	
Côte d'Azur	Rocky Mountains	
Dänemark	Rußland	
Das Tal der Loire	Sardinien	
Deutschland	Schottland	
Die Niederlande	Schweden	
Ecuador	Schweiz	
Elsass	Sowjetunion	
Finnland	Spanien	
Florida	Sri Lanka	
Frankreich	Südafrika	
Gambia und Senegal	Südamerika	
Gran Canaria	Südasien	
Griechenland	Südindien	
Griechische Inseln	Südkalifornien	
Grossbritannien	Südostasien	
Hawaii	Südtirol	
Hongkong	Taiwan	
Indien	Tschechische und Slowakische Republik	
Indonesien	Teneriffa	
Irland	Texas	
Island	Thailand	
Israel	Trinidad & Tobago	
Italien	Tunesien	
Jamaika	Türkei	
Java	Türkische Küste	
Jemen	Umbrien	
Jugoslawien	Ungarn	
Kalifornien	USA	
Kanada	USA Der Südwesten	
Kanalinseln	Venezuela	
Karibik	Vietnam	
Katalonien	Wales	
Kenia	West-Himalaya	
Korea	Zypern	
Korsika		
Kreta		
Madeira		
Malaysia	**APA-SPECIALS**	
Mallorca & Ibiza		
Malta	Amazonas Erlebnis Natur	
Marokko	Der Nil	
Mexiko	Der Rhein	
Myanmar	Indianerreservate USA	
Namibia	Indien Erlebnis Natur	
Neapel	Ostafrika Safari	
	Südostasien Erlebnis Natur	
	Wasserwege in Westeuropa	

STÄDTE CITYGUIDES

Amsterdam
Athen
Bangkok
Barcelona
Berlin
Boston
Brüssel
Budapest
Buenos Aires
Chicago
Delhi, Jaipur, Agra
Dresden
Dublin
Düsseldorf
Edinburgh
Florenz
Frankfurt
Glasgow
Hamburg
Istanbul
Jerusalem
Kairo
Katmandu
Köln
Lissabon
London
Los Angeles
Madrid
Melbourne
Mexico City
Miami
Moskau
Montreal
München
New Orleans
New York City
Oxford
Paris
Peking
Philadelphia
Prag
Rio
Rom
San Francisco
Seattle
Singapur
St. Petersburg
Sydney
Tokio
Vancouver
Venedig
Washington D.C.
Wien

POCKET GUIDES

Adria
Algarve
Athen
Bali
Bangkok
Barcelona
Berlin
Boston
Bretagne
Chiang Mai
Costa Blanca
Costa Brava
Côte d'Azur
Das Tal der Loire
Dänemark
Elsass
Florenz
Hongkong
Ibiza
Irland
Istanbul
Jakarta
Kreta
Kuala Lumpur
London
Malakka
Mallorca
Malta
Marbella
Marokko
Mailand
München
Nepal
New Delhi
New York City
Oslo/Bergen
Paris
Penang
Phuket
Prag
Provence
Rhodos
Rom
Sabah
San Francisco
Sardinien
Sevilla
Singapur
Südkalifornien
St. Petersburg
Südostengland
Sydney
Teneriffa
Tibet
Toskana
Türkische Riviera
Venedig
Wien
Yogjakarta

FLORENZ

© APA PUBLICATIONS (HK) LIMITED, 1995
Alle Rechte vorbehalten
© Apa Guides, 1995
Florenz ISBN: 3-8268-1019-8
Printed in Singapore by Höfer Press Pte Ltd

Florenz macht dem Besucher das Kennenlernen nicht leicht. Das haben auch die Autoren dieses Buches erfahren: Zu Zeiten fühlten sie sich von der Stadt regelrecht überwältigt. Im letzten Jahrhundert mieteten sich die Touristen einen *cicerone*, um nicht verlorenzugehen in diesem Gesamtkunstwerk und um die Schönheiten der Stadt auch wirklich zu erleben. In diesem Geiste haben wir uns bemüht, den *APA Guide Florenz* zu schreiben.

Die Autoren wollen hinter die Fassadenblicken, Einsichten und Eindrücke vermitteln, die oft nur durch intensive Auseinandersetzung und mehrmalige Besuche entstehen. Das moderne Florenz lag ihnen genauso am Herzen wie die allseits bekannten Sehenswürdigkeiten: Wer in Florenz nur auf der Suche nach Renaissancekunst ist und ignoriert, daß wir im ausgehenden 20. Jahrhundert leben, kann leicht die falschen Schlüsse ziehen.

Die Autoren

Man kann über Kunst und Architektur in Florenz dicke Bände schreiben (einige der Autoren haben das bereits getan). Der Herausgeber stellte sich jedoch der Aufgabe, das Wesentliche herauszufiltern, einen Führer zusammenzustellen, der den Leser anregt und ihn nicht erschlägt. Trotz alledem wird auch der konditionsstarke Tourist zwei Wochen, wenn nicht einen Monat brauchen, um all das anzusehen, was er auf den Seiten dieses Buches beschrieben findet.

Der Herausgeber des *APA Guide Florenz,* **Christopher Catling,** entdeckte seine Liebe zu Florenz während der Studentenjahre, als er mithalf, in der Toskana römische Siedlungen auszugraben. Faszinierend fand er, daß jahrtausendealte Gebäude in Florenz noch immer bewohnt sind, daß Florenzer Kirchen zu den ältesten der Christenheit gehören und weder Dante noch Botticelli Mühe hätten, sich heute in Florenz zurechtzufinden. Was ihm weniger gefiel, waren die verstaubten Kunsthistoriker; florentinische Kunst ist überaus lebendig, erotisch und will mit Offenheit erfahren werden.

Lisa Gerard-Sharp, seit Jahren in Florenz wohnhaft und als Fernsehmoderatorin in Rom wie in Florenz tätig, hat ganz ähnliche Erfahrungen gemacht. Für dieses Buch hat sie einige der großen Designer interviewt, denn – eine gute Figur machen, *fare una bella figura,* sagt sie, liegt den Florentinern im Blut. Sie hat sich der Herausforderung gestellt, den Lebensstil der modernen Florentiner darzustellen. Die Stadt ist ihr ans Herz gewachsen: „Im Grunde ist Florenz ein großes Dorf."

Timothy Harper absolvierte seinen ersten Florenzbesuch als Tourist mit Frau und Kind. Der amerikanische Rechtsanwalt und Journalist freundete sich bald mit der Stadt und ihren

Catling   *Gerard-Sharp*   *Harper*

Menschen an. Sein Interesse an Florenz – und den Schätzen der Nationalbibliothek – hat ihn seither nicht mehr losgelassen. Harpers Beitrag befaßt sich mit dem Hochwasser von 1966 und den katastrophalen Folgen, die es für Florenz und seine Kunstwerke hatte. Er zeigt aber auch, welche Früchte die große Restaurierung getragen hat.

Paul Holberton, als Kunsthistoriker spezialisiert auf Lyrik, Kunst und Architektur der Renaissance, fühlt sich in den Galerien und Museen der Stadt wie zu Hause. Er hält regelmäßig Vorträge über sein Spezialgebiet und bietet auch Führungen durch die Welt der Renaissance an. Sein ganzes Wissen ist in komprimierter Form im Abschnitt über die Kunst von Florenz nachzulesen.

David Clement-Davies hatte beim Erstbesuch während einer Hitzewelle zunächst nichts im Sinn als ein Lokal mit Klimaanlage und einen kühlen Drink. Der Schauspieler, Autor und Filmproduzent fühlte sich denn auch in den Bars und Restaurants der Stadt bald heimisch – seine Beiträge zu Essen und Wein legen davon beredtes Zeugnis ab. Er warnt vor der kräftigen Florentiner Küche, die selbst den stärksten Naturen zu schaffen machen kann, und stellt fest: „Kein kulinarisches Vergnügen kommt an ein stilvolles Picknick im Boboli-Garten heran."

Susie Boulton, die den ausführlichen Informationsteil zusammenstellte, ist jeder Vorwand recht, um immer wieder nach Florenz reisen zu können. Schon als Studentin verkaufte sie Eiskrem in den Straßen, um ihren Aufenthalt verlängern zu können. Als langjährige Mitarbeiterin des englischen Verbrauchermagazins *Holiday Which?* sammelte sie Erfahrungen, die ihr beim Ausfindigmachen der besten Hotels und Geschäfte zugute kamen.

Die Fotografen

Albano Guatti, der die meisten Bilder beisteuerte, ist in Udine geboren, studierte in Florenz und pendelt heute zwischen Italien und den USA. Einen Namen machte er sich durch seine grafisch durchdachten Aufnahmen und die ironisch kontrastierenden Motive. Sein Bild von Florenz spart weder den Straßenverkehr und die Reklametafeln noch die Florentiner Selbstgefälligkeit oder den Abfall aus – wie die Fassaden des Doms und der Palazzi sind auch sie ein Teil von Florenz.

Patrizia Giancotti stammt aus Turin, und ihre Arbeiten für führende italienische Zeitschriften, insbesondere die Südamerika-Reportagen, haben ihr landesweit Anerkennung gebracht. Sie versteht es, die ausdrucksvolle Geste einzufangen, die typisierenden Szenen, aus denen sich das Florentiner Kaleidoskop zusammensetzt. Fast meint man, die Gedanken in den Köpfen der Porträtierten erraten zu können, als sie auf den Auslöser drückte.

Die Entstehung des Buches von der Planung bis zum Druck begleiteten der Cheflektor von APA Publications in London, **Brian Bell** und sein bewährter Mitarbeiterstab. Für die ursprüngliche deutsche Ausgabe zeichnete in München **Joachim Beust** verantwortlich. Die gründliche Überarbeitung und Aktualisierung von 1994 (Stand August) besorgte die Kunsthistorikerin **Christine Gangl.**

Holberton

Clement-Davies

Boulton

Guatti

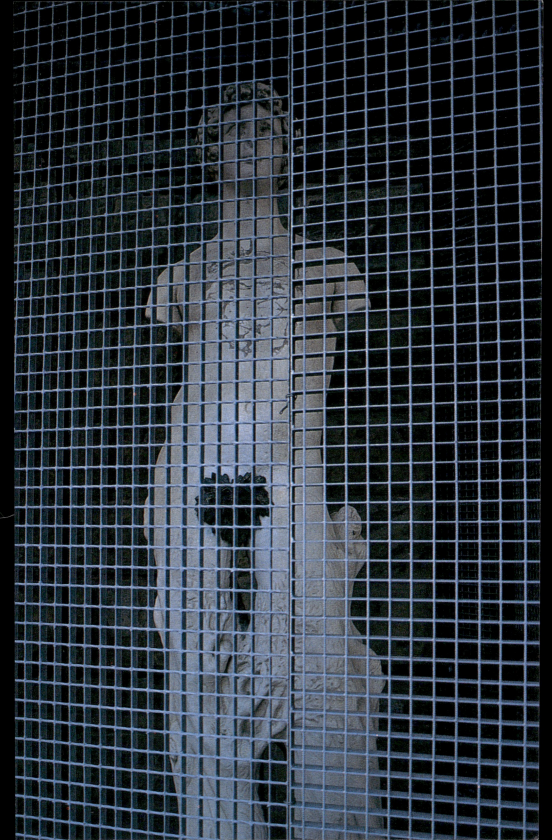

INHALT

Geschichte und Kultur

Die Stadt

—Christopher Catling

Karten

KURZFÜHRER

**Ausführlicher Überblick
siehe Seite 241**

DIE UNERSCHÖPFLICHE

Florenz und das Schachspiel haben eines gemeinsam: Lernt man es erst einmal kennen, merkt man recht bald, welche Dimensionen des Lernens noch zu durchschreiten sind. Nicht von ungefähr wirkt Florenz auf viele Besucher daher fast einschüchternd.

Wer wirklich alle touristischen Höhepunkte sehen will, sieht sich einem schier aussichtslosen Unterfangen gegenüber, denn in dieser kompakten Halbmillionen-Stadt liegt eine Sehenswürdigkeit neben der anderen. Alles ist zum Greifen nahe – wo immer man sich befindet, nur ein Stückchen weiter oder gleich um die Ecke, ist noch eine Galerie oder Kapelle, die man „unbedingt" gesehen haben muß. Häufig sind Touristen in ihrem Bestreben, nur ja nichts auszulassen, dem Wahnsinn oder völliger Erschöpfung nahe.

In florentinische Krankenhäuser werden jedes Jahr einige Fälle mit dem gemeinhin als „Stendhal-Syndrom" bezeichneten Krankheitsbild eingeliefert: Der französische Schriftsteller verfiel 1817 der überwältigenden Schönheit der Stadt und wurde regelrecht krank davon. Die Symptome dieses „Kulturschocks" reichen von leichten Schwindelanfällen bis zu Nervenzusammenbrüchen. „Überlastung der Sinne", so beschreiben moderne Reisende ihre Reaktion auf zuviel Kunst, Kultur und einfach zuviel Florenz.

Ein gutes Essen, ein Glas Wein, leichte Lektüre oder einfach zuschauen, wie die Halbwüchsigen auf den Straßen und Cafés miteinander flirten: Das ist die richtige Therapie, um die Kräfte und die geistige Aufnahmefähigkeit wiederzubeleben.

Ein guter Rat also: Nicht zu schnell und vor allem nicht zuviel „abhaken". Der Genießer hält sich zurück und hebt einen Teil der Stadt für den nächsten Besuch auf, denn (fast) jeden Besucher zieht es auch ein zweites Mal nach Florenz.

Florentiner bezeichnen sich selbst als nicht gastfreundlich, als zurückhaltend gegenüber Ausländern. Viele Besucher sind da anderer Meinung. Denn auf der Hut ist man nur vor Touristen, die glauben, durch ein Freilichtmuseum zu spazieren und die die Bewohner für Angestellte der Tourismusagenturen halten.

Für die Florentiner ist die Tatsache, in einer solch prächtigen Stadt zu leben und zu arbeiten, ein geteiltes Vergnügen. Die engen Straßen und romantischen Gassen, von Touristen be-, oft auch übervölkert, sind für viele auch Hindernisse auf dem Weg zur Arbeit. Und in Florenz gilt es nicht nur, sich der glanzvollen Geschichte zu erinnern, sondern auch Zukunftsfragen zu lösen, wie etwa den Bau einer neuen Satellitenstadt.

Es sind diese Gegensätze, die den eigentlichen Reiz dieser Stadt ausmachen: Dem geschichtlichen Erbe und der modernen Welt gleichermaßen verpflichtet, steht Florenz mit dem einen Fuß im 21. Jahrhundert, mit dem anderen in der Renaissance.

Vorherige Seiten: Warten auf den Restaurator in der Loggia dei Lanzi. Der Dom vom Campanile aus. Fahrrad gefällig? Auf dem Markt von San Lorenzo. Die Stadt im Spiegel. Links: Henry-Moore-Perspektive.

STADTGESCHICHTE

8. Jahrhundert v.Chr.: Erste Siedlungen in der Gegend von Florenz.

4. Jahrhundert v.Chr.: Fiesole ist zur mächtigen etruskischen Stadt herangewachsen.

351 v.Chr.: Etrurien von den Römern besetzt.

59 v.Chr.: Gründung der römischen Siedlung Colonia Florentia, die sich auf Kosten der alten Etruskerstadt Fiesole schnell entwickelt.

3. Jahrhundert n.Chr.: Kaufleute aus dem Osten bringen das Christentum nach Florenz. Der hl. Miniatus erleidet den Märtyrertod.

5. Jahrhundert n.Chr.: Florenz wird wiederholt von Goten und Byzantinern ausgeplündert.

570: Die Langobarden sind Herren der Toskana und regieren Florenz von Lucca aus. In der folgenden, 200 Jahre währenden Friedensepoche entsteht das Baptisterium.

774: Karl der Große unterwirft die Langobarden und setzt einen Markgrafen ein, der weiterhin von Lucca aus herrscht.

1001: Tod des Markgrafen Ugo, der Florenz zur wohlhabenden Handelsstadt und Hauptstadt der Toskana gemacht hat.

11. Jahrhundert: Die Kirchen der Stadt sind wieder aufgebaut.

1115: Nach dem Tod der Markgräfin Matilda fällt Florenz an den Papst. Die Stadt wird zur freien Stadt und beginnt, das Umland zu erobern. Raubritter werden zum Verlassen ihrer Burgen und zum Leben innerhalb der Stadtmauern gezwungen.

1125: Florenz erobert und zerstört Fiesole.

1215: Das Ringen der papsttreuen Guelfen und der kaisertreuen Ghibellinen um die Macht im christlichen Europa sowie Familienfehden bestimmen für anderthalb Jahrhunderte die Geschicke der Stadt. In Florenz haben die Guelfen die Oberhand, und die Stadt liegt im Krieg mit Pisa, Pistoia und Siena, den alten Handelsrivalen.

1248: Die neuen Stadtmauern legen die Grenzen von Florenz bis 1865 fest, das nun zu einem der wichtigsten Handels- und Finanzzentren Europas aufgestiegen ist. Der Florin ist anerkanntes Zahlungsmittel in ganz Europa.

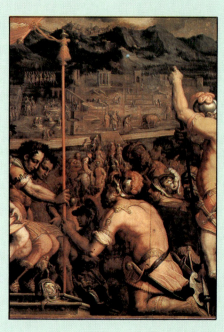

1260: Florenz wird von Siena bei Montaperti vernichtend geschlagen. Sienas Vorhaben, die Stadt dem Erdboden gleichzumachen, wird von kaisertreuen Florentinern verhindert.

1293: Die Auseinandersetzung zwischen Guelfen und Ghibellinen nimmt den Charakter eines Ständekampfes an. Den „bürgerlichen" Guelfen gelingt es, die „adeligen" Ghibellinen von den öffentlichen Ämtern auszuschließen.

1294: Beginn der Bauarbeiten am Duomo Santa Maria del Fiore.

1299: Errichtung des Palazzo Vecchio.

1338: Trotz politischer Wirren entwickelt sich Florenz zur Blüte und zählt 90 000 Einwohner.

1339: Der englische König Edward III. zahlt seine Kriegsanleihen für den Hundertjährigen Krieg nicht zurück. Die Bankiersfamilien Bardi und Peruzzi machen Bankrott. Florenz gerät in eine Wirtschaftskrise.

1348: Der Schwarze Tod, die Pest, zieht durch die Toskana und dezimiert in den nächsten 50 Jahren die Bevölkerung um mehr als drei Fünftel.

1378: Aufstand der unterbezahlten Wollkämmer (*ciompi*), die eine Vertretung in den Zünften und Mitsprache verlangen. Auf dem Papier wird den Forderungen nachgegeben, doch Florenz bleibt Oligarchie der Kaufleute.

1400: Für die Gestaltung des Nordportals des Baptisteriums wird ein Wettbewerb ausgeschrieben, der in der Kunstgeschichte als Geburt der Renaissance gilt.

1406: Florenz unterwirft Pisa und verschafft sich den Zugang zum Meer.

1433: Cosimo (*Il Vecchio*, der „Ältere") de' Medici wird verbannt, da seine Popularität die Kaufmannsoligarchie bedroht.

1434: Cosimo kehrt zurück und wird zu jener „Vaterfigur", unter deren 30jähriger Herrschaft die rivalisierenden Fraktionen ausgesöhnt werden.

1464: Der Tod des „Pater Patriae" bringt seinen kränkelnden Sohn Piero kurzzeitig an die Macht.

1469: Lorenzo, der Enkel Cosimos (den man später *Il Magnifico*, den „Prächtigen", nennt), übernimmt mit 20 Jahren die Regentschaft und bringt Florenz zu größter Blüte.

1478: Auch die „Verschwörung der Pazzi" kann Lorenzos Herrschaft nicht erschüttern.

1492: Tod Lorenzos; sein Sohn Piero setzt die Dynastie fort.

1494: Charles VIII. von Frankreich besetzt Italien; Piero unterwirft sich, woraufhin die Florentiner die Medici vertreiben und unter dem Einfluß des Bußpredigers Savonarola Florenz zur Republik mit dem alleinigen Herrscher Christus erklären.

1498: Auf Betreiben des Borgia-Papstes Alexander IV. wird Savonarola der Ketzerei und des öffentlichen Aufruhrs angeklagt und auf dem Scheiterhaufen verbrannt – doch die Republik überlebt.

1512: Spanische Truppen besiegen Florenz, und die Medici erlangen wieder die Kontrolle über die Stadt – mit den Päpsten Leo X. (Giovanni de' Medici, ein Sohn Lorenzos) und Clemens VII. (Giulio de' Medici, ein Cousin Giovannis).

1527: Clemens VII. versucht, Florenz von Rom aus zu regieren. Nach der Plünderung Roms *(Sacco di Roma)* durch Söldner des Heiligen Römischen Reiches werden die Medici wieder vertrieben, und die Republik entsteht aufs neue.

1530: Kaiser Karl V. und Clemens VII. belagern gemeinsam Florenz, das Widerstand leistet; Michelangelo spielt eine führende Rolle auf Florentiner Seite.

1531: Florenz fällt, und Kaiser Karl macht seinen Schwiegersohn Alessandro de' Medici zum Herzog *(Duca)* von Florenz.

1537: Ermordung Alessandros. Cosimo I., aus einem Nebenzweig der Familie, wird Herzog und regiert nach entscheidendem Sieg über eine republikanische

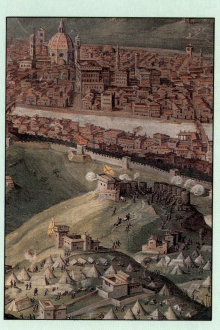

Armee für 37 Jahre. Viele Künstler, darunter Michelangelo, verlassen Florenz, das seine Stellung als Stadt der Künste verliert.

1555: Cosimo versucht, die ganze Toskana unter seine Herrschaft zu bringen.

1564: Überraschend zieht sich Cosimo aus dem Tagesgeschäft zurück und überläßt die Regentschaft seinem Sohn Francesco.

1569: Papst Pius V. verleiht Cosimo den Titel eines Großherzogs *(Granduca)*.

1574: Cosimo stirbt 54jährig unvermutet an einem Gehirnschlag.

1610: Galileo Galilei ist der Hofmathematiker von Cosimo II., Florenz überragend auf dem Gebiet der Wissenschaft.

1631: Die Inquisition verurteilt Galileo Galilei, der trotz Abschwörens der heliozentrischen Lehre des Kopernikus den Rest seines Lebens unter Hausarrest verbringt.

1737: Gian Gastone, der letzte Medici-Herzog, stirbt ohne männlichen Erben. Vertragsgemäß fällt die Toskana an das österreichische Herrscherhaus Habsburg-Lothringen.

1743: Anna Maria Ludovica, die letzte der Medici, stirbt und vermacht ihr Vermögen der Stadt.

1799: Nach der Niederlage Österreichs gegen Frankreich regiert zunächst Louis de Bourbon und später Napoleons Schwester Florenz.

1815: Nach der endgültigen Niederlage Napoleons fällt die Toskana wieder an das Haus Lothringen, doch bald regt sich die italienische Nationalbewegung gegen die Fremdherrschaft.

1848: Im italienischen Unabhängigkeitskrieg gegen Österreich spielen die Toskana und Florenz eine führende Rolle.

1860: Eine Volksabstimmung erklärt den Anschluß an das neu entstehende Königreich Italien.

1865: Florenz wird zur Hauptstadt ausgerufen.

1871: Rom löst Florenz als Hauptstadt ab.

1887-1892: Die Toskana bleibt wirtschaftlich vor allem durch die Textilindustrie auf der Sonnenseite des neuen Italien. Viele Künstler aus dem Ausland werden von der Stadt angezogen.

1919: Mussolini gründet die Faschistische Partei.

1940: Italien tritt in den Zweiten Weltkrieg ein und besetzt Griechenland.

1944: Gegen den Widerspruch des Konsuls Gerhard Wolf sprengen deutsche Truppen auf dem Rückzug bis auf den Ponte Vecchio alle Arno-Brücken.

1946: Der Marshallplan hilft auch beim Wiederaufbau der Wirtschaft in der Toskana, und Florenz etabliert sich als Modezentrum.

1957-1965: Während des „Italienischen Wirtschaftswunders" entwickelt sich Florenz zu einer modernen Dienstleistungs- und Kulturmetropole.

1966: Eine schwere Flutkatastrophe richtet verheerende Schäden an. Viele Kunstwerke gehen für immer verloren.

1993: Bei einem Bombenanschlag auf die Uffizien, der der Mafia zugeschrieben wird, werden fünf Menschen getötet und zahlreiche Kunstwerke zum Teil schwer beschädigt. ∎

Alle meisterhaften Florentiner Kunstwerke ... sind in Wirklichkeit rein etruskisch. Nur *haben sich die Personen geändert: Wurden vorher Athene und Jupiter dargestellt, so sind es jetzt die Jungfrau Maria und Jesus Christus.*
– Ruskin in *Mornings in Florence*

Obgleich ursprünglich römisch und später vom Geist der Renaissance durchströmt, wirkt in Florenz eine weitere, allerdings weniger sichtbare kulturelle Komponente: die vorrömische etruskische Kultur. Sie übte nicht nur auf die römische Kunst, sondern auch auf die italienische Renaissance einen nicht unbeträchtlichen Einfluß aus.

Begibt man sich in die etwas oberhalb von Florenz gelegene Vorstadt Fiesole, so steht man auf den Überresten einer alten etruskischen Stadt. Gegründet wurde sie im ausgehenden 7. Jahrhundert v.Chr., also lange bevor sich die Lateiner an den Ufern des Arno niederließen. Heute ist Fiesole nur ein Anhängsel von Florenz, die Renaissance verdeckt die alten Ursprünge. Aber anderswo auf den Hügeln der Toskana haben die Etrusker deutlichere Spuren hinterlassen: Siedlungen, Häfen, Grabmäler und Plastiken geben Zeugnis von ihrer bemerkenswerten und weitgehend unbekannten Kultur.

Händler und Handwerker: Die etruskische Zivilisation (*Tusci* nannten sie die Römer, sich selbst bezeichneten sie als *Rasenna*) blühte um 800 v.Chr. an der Küste Latiums und der Toskana. Ihre Städte bauten die Etrusker am Meer, und den Phöniziern und Griechen standen sie als Händler in nichts nach. Ihr Reichtum gründete sich auf die Metallfunde auf dem Festland und Elba. Die künstlerische Bearbeitung machte das Metall zum begehrten Tauschobjekt, so daß die Handelsbeziehungen bis nach Mesopotamien, Syrien und Ägypten reichten.

Vorherige Seiten: Vasaris Vorstellung von der Stadtgründung. Belagerung von Florenz – Fresko im Palazzo Vecchio. **Links:** Der Flötenspieler – etruskische Grabmalerei in Tarquinia.

Über 300 Jahre waren die Etrusker ein mächtiges Handelsvolk. Zur höchsten Blütezeit unterhielten sie Siedlungen bis hinauf in die Po-Ebene. Bereits im 8. Jahrhundert knüpften sie Kontakte zu den Griechen und errichteten in Latium einen Vorposten, aus dem sich jenes Rom entwickelte, das den eigenen Untergang heraufbeschwor.

Anders als die Römer gründeten die Etrusker kein zentral regiertes Reich. Ihre Siedlungen waren unabhängig, und nur ein lockerer geknüpftes, auf religiösen Motiven beruhendes Band verband die zwölf wichtigsten etruskischen Städte miteinander.

Die Religion dieses Volkes war polytheistisch und magisch ausgeprägt. Auf Vasen und Gräbern sind die vielen Götter und Dämonen abgebildet: *Lasa*, weibliche geflügelte Symbolgestalten des Todes, oder *Tulchulcha*, ein Dämon der Unterwelt. Tempel und Votivstatuen überzogen das Land, und die Auguren lasen aus den Eingeweiden wilder Tiere, aus bestimmten Formen eines Blitzes und den Flugbewegungen der Vögel den Willen der Götter ab.

Die Römer übernahmen diese Religion. Noch unter Kaiser Julian war es üblich, daß jede Legion einen etruskischen Wahrsager beschäftigte. Wer weiß, ob diese Wahrsager auch den Untergang vorhersagten, denn das im 5. Jahrhundert noch so mächtige Volk war im 4. Jahrhundert bereits völlig unter römische Kontrolle geraten.

Das große Rätsel: Warum sich diese Zivilisation als so zerbrechlich erwies, ist eines der großen Geheimnisse um die Etrusker. Auch wenn ihre Sprache als dem griechischen Chaldäisch verwandt eingeordnet wurde, ist der modernen Sprachforschung vieles unverständlich geblieben, eine umstrittene Theorie sieht das Etruskische sogar im indischen Sanskrit wurzelnd.

Ebenso im dunkeln liegt die Herkunft der Etrusker. Nach Herodot kamen sie unter Führung von Thyrrhenos, Sohn des Athis, aus Lydien in Kleinasien und ließen sich an der Küste Etruriens nieder. Nach Dionysius von Halikarnassos führten die Etrusker selbst ihren Ursprung auf Italien zurück. Ausgrabungen haben keine Hinweise auf Kämpfe an den frühen Siedlungsorten erbracht, was diese These stützen könnte.

Auf Schriftsteller – von Kaiser Claudius, der eine 20bändige Geschichte der Etrusker verfaßte, über Virgil und Livius bis zu D.H. Lawrence – hat dieses geheimnisumhüllte Volk schon immer eine große Faszination ausgeübt. Sie alle waren beeindruckt von der künstlerischen Ausdruckskraft, die den Marmorstatuen, den farbenprächtigen Fresken, kraftvollen Bronzen und der feinen Keramik der Etrusker zu eigen ist.

Tarquinia: Die Suche nach dem Geist der etruskischen Kunst, die vielen als bemerkenswert verwandt mit der Florentiner Renaissance erschienen ist, beginnt nicht in Florenz oder Fiesole, sondern in den Nekropolen, den Zitadellen der Toten, die sich in den Hügeln um Tarquinia verstecken.

Obgleich die Grabkammern in Tarquinia jetzt leer sind, lassen die lebhaften Freskenmalereien, mit denen die Wände bedeckt sind, ein eindrucksvolles Bild des Kunstschaffens dieser Epoche entstehen. Jagdszenen, Fischzüge, Ringkämpfe und Festgelage zeichnen ein lebensfrohes Volk, das der Musik und dem Tanz zugetan ist. Meisterhafte Darstellungen erotischer Themen fangen Sinnlichkeit und Formgefühl ein, wie sie selten in der Kunst anzutreffen sind.

Die Tierwelt ist ein weiteres zentrales Thema der Freskenmalerei. Delphine, Stiere oder Seepferde sind so lebendig dargestellt, als ob sie im nächsten Augenblick von den Wänden springen könnten. Die Plastiken von Tarquinia, Pferde aus Ton und die berühmte bronzene Wölfin (die zum Wahrzeichen des antiken Rom wurde), enthüllen das außergewöhnliche Einfühlungsvermögen der etruskischen Meister in die umgebende Natur und die überragende Fähigkeit, Leben in der Bewegung festzuhalten.

Die Freskenmalereien sind in Tarquinia am besten erhalten, anderswo sind nur noch „Fragmente von Menschen bei Festgelagen, Glieder, die ohne Tänzer tanzen, Vögel, die ins Nichts fliegen" zu sehen, wie es D.H. Lawrence ausgedrückt hat.

Illegaler Handel: Wie viele Gräber, auch in der Nähe von Florenz, noch unentdeckt sind,

weiß niemand. Grabräuber sind mindestens ebenso aktiv wie Archäologen, und weder die einen noch die anderen werden, aus gutem Grund, ihre Funde der Öffentlichkeit mitteilen.

Es ist nicht ungewöhnlich, daß auf den Dinnerparties der Florentiner Aristokratie eine bestens erhaltene etruskische Bronze, ein Spiegel oder ein Schmuckstück von Hand zu Hand geht und – gebührend bewundert – schließlich den Besitzer wechselt. Nach italienischem Gesetz gehört alles, was unter der Erdoberfläche gefunden wird, dem Staat; eine Verordnung aus dem Jahr 1934 besagt jedoch, daß man Kunstschätze, die

vor dieser Zeit erworben worden sind, behalten darf. Da das aber schwer exakt nachzuweisen ist, arbeitet dieses Gesetz den Grabräubern geradezu in die Hände.

Die Florentiner rechtfertigen den illegalen Handel mit Kunstobjekten folgendermaßen: Die Archäologen würden nicht genügend graben; Kunst sollte man besser genießen, statt sie im Erdreich vermodern zu lassen, und schließlich seien sie doch die „legitimen Erben" der Etrusker.

An letzterem ist sogar ein Körnchen Wahrheit. Bereits Cosimo I. argumentierte auf diese Weise und überzeugte damit seine

Mitbürger von der Notwendigkeit, Pisa und Siena einzunehmen, um damit die Grenzen des alten etruskischen Königreichs wiederherzustellen. Auch die Künstler der Renaissance, etwa Michelangelo, sahen sich als Erben etruskischer Bildhauerkunst.

Bilder des Todes: Das Museo Archeologico in der Via della Colonna bietet einen friedlichen Freiraum, abseits der ausgetretenen Touristenpfade. Im Urnenraum hat man oft Gelegenheit, allein unter den Skulpturen und Marmorfriesen zu verweilen. Besondere Schätze des Museums sind zwei Bronze-Statuen: die *Chimera* aus dem 5. Jahrhundert v.Chr. und der *Arringatore* aus dem 2. Jahr-

Als sie 1554 bei Arezzo gefunden wurde, sorgte sie unter den Renaissance-Künstlern für große Aufregung. Benvenuto Cellini, der das gebrochene Vorderbein restaurierte, zollte dem Kunstwerk und seinem unbekannten Schöpfer höchste Bewunderung.

Etruskischer Niedergang: Überall in der Toskana stößt man auf die Hinterlassenschaft der Etrusker. Vor unserem geistigen Auge entsteht das Bild eines Volkes, dessen Leben von Magie, Göttern und bösen Dämonen beherrscht war und das aus primitiven Anfängen zu hoher kultureller Blüte reifte.

Doch die etruskische Herrlichkeit hatte keinen Bestand: Im 5. Jahrhundert bereits

hundert v.Chr. Letztere stellt Aulus Metellus dar, dessen einst mächtige etruskische Familie durch Annahme eines römischen Namens zu neuem Ansehen kam. Sein würdevoller und zugleich beunruhigter Gesichtsausdruck fängt die Spannung zwischen der energiegeladenen neuen Zeit und der Melancholie einer Kultur ein, die den Untergang spürt. Die verwundete, sich streckende Chimäre, teils Löwe, teils Ziege, teils Schlange, gilt als Meisterwerk der etruskischen Kunst.

Links: Die *Chimera* im Archäologischen Museum. **Oben:** Etruskische Grabmalerei.

wurde sie im Norden von den Galliern und im Süden von anderen italischen Stämmen bedroht. Die Römer nutzten ihre Verwundbarkeit und hatten Etrurien bald unter Kontrolle. Noch zwei Jahrhunderte überlebte die etruskische Kultur in römischem Gewand, um schließlich gänzlich im Gewebe einer neuen Gesellschaft aufzugehen.

Dennoch: Die unnachahmliche Lebendigkeit etruskischer Kunstwerke und das besondere Farb- und Formempfinden überdauerten die Jahrhunderte, um 2000 Jahre später von den Künstlern der Renaissance zu neuem Leben erweckt zu werden.

Florenz ist eine weltbekannte Stadt, auch wenn sie weder sehr groß noch besonders alt ist. Zwar besiedelten die Etrusker bereits im 6. Jahrhundert v.Chr. die Umgebung von Florenz, aber ihre Stadt war Fiesole, das etwas oberhalb des heutigen Florenz in den Hügeln gelegen ist.

Doch die Etrusker hielten regelmäßig einen Markt an der Furt über den Arno unweit des Ponte Vecchio ab. An dieser Stelle gründeten einige Bewohner Fiesoles später eine neue Siedlung, nachdem es in der Stadt zu Streit gekommen war. Diese wurde jedoch im 3. Jahrhundert von den Römern in ein Militärlager verwandelt.

Als tatsächliches Stadtgründungsdatum nimmt man das Jahr 59 v.Chr. an, als aus dem Römerlager eine *colonia* für Kriegsveteranen aus den Armeen Cäsars wurde.

Stadt der Blumen: Der Ursprung der römischen Bezeichnung *Florentia* bleibt offen. Vielleicht nannte man die neue Stadt so nach den vielen Blumen, die im Arno-Tal blühen, man könnte den Namen auch als Orakel gedeutet wissen im Sinne von Florentia, „die zur Blüte Bestimmte".

Die erste Stadtmauer bauten die römischen Kriegsveteranen. Die südwestliche Ecke des Mauerrechtecks, unweit des Ponte S. Trinità, kam dem Arno am nächsten. Man nimmt übrigens heute an, daß der Fluß am Anfang keine große wirtschaftliche Rolle für die römische Stadt gespielt hat, weil seine Ufer nicht befestigt wurden.

Die römischen Siedler lebten überwiegend vom Ackerbau und der Viehzucht, die sie im Umkreis der Stadt betrieben. Daraus entwickelte sich ein Manufakturzweig, der nicht nur in römischer Zeit, sondern auch in den nachfolgenden Jahrhunderten sehr bedeutsam wurde: die Wollfärberei.

Von Anfang an hob sich Florenz durch eine besondere Lebensart und Geisteshaltung von anderen Städten ab. Die ersten Römer, die sich in Florenz niederließen,

waren dem Ideal von Horaz und Virgil *rus in urbe* („Land in der Stadt") verpflichtet, einem Ideal, das Florenz über die Jahrhunderte hinweg nachhaltig prägte. Während heute jeder Italiener von einer schicken Stadtwohnung träumt, wünscht sich der Florentiner immer noch vorrangig einen Landsitz mit eigenen Weinstöcken und Olivenhainen.

Nicht zuletzt dieser engen Bindung zwischen Stadt und Land, zwischen domestizierter und freier Natur, verdankte Florenz seinen Reichtum und seine Pracht. Als die Stadt im 13. Jahrhundert zu einem gewissen Wohlstand gelangte, setzten sich die Bewohner gegen die Raubritter zur Wehr, die von ihren Burgen auf den umliegenden Hügeln jede durchziehende Maultierkarawane ausplünderten. Mittels einer eigenen Armee zwangen sie die Ritter, ihren Lebensstil zu ändern und verordneten ihnen einen Umerziehungsaufenthalt in der Stadt.

Gezähmte Banditen: Die so domestizierten Ritter verloren jedoch nicht ihr „ländliches" Stilgefühl: Über die Jahrhunderte haben Reisende davon geschwärmt, daß die romanischen Kirchen des 12. und 13. Jahrhunderts in Florenz mit ihren weiten Arkaden und flachen Seitenschiffen, mit den Blatt-, Blumen- und Sonnenmotiven tatsächlich „Waldkapellen-Atmosphäre" ausstrahlten.

Die Paläste, oder *palazzi*, wie die Florentiner jedes Stadthaus von einiger Größe nennen, gleichen Burgen; mit ihren Türmen und mächtigen Mauern erinnern sie entfernt an die einstigen Vorbilder auf dem Land. Alle Innenhöfe sind begrünt. Letzteres hat zwar auch mit *rus in urbe* zu tun, doch verbindet sich hier Angenehmes mit Nützlichem, denn das Grün schützt vor Sommerhitze.

Frühe Vorstadt: Im 14. Jahrhundert beschränkte sich die Bautätigkeit auf die Stadt selbst. Nachdem Raubritter und Wegelagerer gezähmt waren, begann man, allen voran die Medici, auf den umliegenden Hügeln Villen zu errichten. Diese bildeten dann die Keimzelle für die späteren Vorstädte. Ursprünglich waren sie nicht nur Zufluchtsorte vor sommerlicher Stadthitze, sondern

Vorherige Seiten: Florenz in der Abenddämmerung. **Links:** Aussicht auf Florenz von Fiesole.

Florenz wurde von Anfang an nach Plan gebaut. Darin liegt der Unterschied zu vielen anderen Städten Europas. Die Anziehungskraft der Stadt beruht zum großen Teil auf der gitternetzförmigen Anordnung der Straßen, die den vier Himmelsrichtungen folgen. Unversehens eröffnen sie weite Ausblicke, und im nächsten Moment lenken sie das Auge auf eine verwunschene Piazza. Oft erlauben sie den Blick auf den *duomo* oder andere Kuppelbauten der Stadt.

Die öffentlichen Gebäude wie der Dom, der Palazzo Vecchio und die Stadtmauern sind das Ergebnis der Anstrengungen von Gemeinde und

auf 29 Meter begrenzt und den Familien aufgabe, die Türme abzutragen und an die langgestreckte, niedrige Bauweise anzupassen, die seither für Florenz typisch geblieben ist.

Andere Planungsmaßnahmen sahen das – allerdings erfolglose – Verbot der *sporti* vor, der für Florenz so charakteristischen Kragsteine, die den Wohnraum vergrößern, vorgeschrieben hingegen wurden *muriccioli*, an der Basis der Palastmauern gebaute Steinbänke, die allen Florentinern zur Verfügung standen.

Im letzten Viertel des 13. Jahrhunderts platzte Florenz aus allen Nähten, die Mauern der nun fünftgrößten Stadt in Europa faßten kaum mehr die über 100 000 Einwohner. 1284 wurde daher mit dem Bau neuer Stadtmauern begonnen, die der Überbevölkerung und auch dem zukünftigen Wachs-

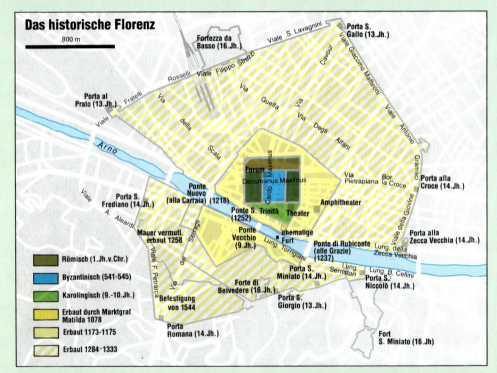

Das historische Florenz

800 m

Gilden. Planung und Bau wurden möglich dank einer Besitzsteuer und der Schirmherrschaft der Zünfte, die untereinander um das prächtigste Bauwerk wetteiferten.

Die ersten Früchte dieses Wettbewerbs waren die neuen Stadtmauern (zwischen 1173 und 1175 erbaut), mit denen die Stadt, die über die Grenzen der römischen und späteren Befestigungen hinausgewachsen war, sich neuen Schutz gab.

Im Jahre 1250 kamen die Stadtväter überein, etwas wegen der über 100 Türme zu unternehmen, mit denen die reichen Familien ihre städtischen Paläste gekrönt hatten. Die maximale Höhe wurde

tum Rechnung tragen sollten. Das Projekt umschloß eine Fläche von 100 Quadratkilometern – und erwies sich bald als überflüssig. Der Schwarze Tod, die Pest, dezimierte in den folgenden Jahrzehnten die Bevölkerung, und manche Stadtgebiete – wie Santa Maria Novella – blieben bis ins 19. Jahrhundert Grünflächen.

Im Jahre 1865 war Florenz für kurze Zeit die Hauptstadt des neu gegründeten Vereinigten Königreichs Italien und begann aufs neue zu expandieren. Diesmal allerdings fielen das mittelalterliche Ghetto und die alte Stadtmauer dem Gestaltungswillen der Stadtplaner zum Opfer. ■

auch Ausdruck jener humanistischen Philosophie, nach der der Mensch unvollkommen ist, wenn er sich nicht auch der Natur widmet und Zeit zur Entspannung, zum Lesen, Nachdenken und für Hobbys findet.

Wie ein roter Faden zieht sich die Verbindung zur Natur durch die Geschichte von Florenz. Die Familie der Medici, ursprünglich von bäuerlicher Herkunft, bewahrte sich ihre Naturverbundenheit über Generationen hinweg, auch nachdem sie zur einflußreichsten Bankiersfamilie der Stadt aufgestiegen war. Cosimo I. schaffte mit dem Bau der *Uffici* eine zugleich praktische und symbolische architektonische Verbindung zwischen der Stadt und ihrem Fluß.

Das ambivalente Verhältnis von Florenz und Arno zeigt sich besonders im Frühjahr und Herbst: Belebt das frische Schmelzwasser aus den Apenninen die Stadt im Frühling, so kann der herbstliche Regen verheerende Überschwemmungen nach sich ziehen, die in der Lage sind, die gesamte Stadt mit all ihren Schätzen zu vernichten.

Gewinnbeteiligung: Doch den erfolgreichen Bankiers waren die Villen auf den Hügeln mehr als nur Erinnerung an die ländliche Vergangenheit oder Zufluchtsort vor Lärm und Hitze. Das Land war auch eine gute Kapitalanlage, nicht nur unter dem Aspekt der Sicherheit, sondern auch im Rahmen des feudalen Agrarsystems, der *mezzadria*, das den Bauern für ihre Arbeit eine Beteiligung am Gewinn zusicherte.

Diese Art der Kapitalanlage haben die Florentiner von jeher „papierenen" Investitionsformen vorgezogen. Und das Gewinnbeteiligungssystem auf 50/50-Basis, das weit weniger als andere feudale Systeme auf Unterwürfigkeit und Ausbeutung setzte, mag wohl Ursache für den Stolz und „Adel" der Florentiner Bauern sein, ein Zug, der heute, so meinen viele, auch unter den Florentiner Arbeitern zu finden ist.

Olivenöl mit Design: In den letzten Jahren hat das Ideal von *rus in urbe* auf neuem Felde formschöne Urständ gefeiert. Nachdem es in den Läden lange nur die ewig gleichen Massenwaren zu kaufen gab, sind nun altbewährte Naturprodukte wieder auf dem Vor-

marsch. Mit Olivenöl und Weinen in Design-Verpackung verschafft sich der Adel ein neues wirtschaftliches Standbein.

Wenn man mit einem guten Namen Modeartikel verkaufen kann, warum dann nicht auch Landprodukte mit dem Gütezeichen des florentinischen Adels an den Mann bringen? Die Kaffeehausgespräche gebildeter Florentiner drehen sich deshalb neuerdings auch um Ölpreise und den Stand der Ernte – aber natürlich auch um Kunst und Politik.

Selbst auf politischem Gebiet schlägt sich das bäuerliche Erbe nieder. Die engagierte Beteiligung an öffentlichen Angelegenheiten sieht der einzelne nicht nur als Recht,

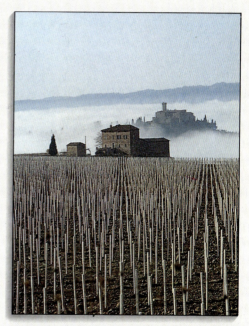

sondern auch als Pflicht an, Politik, sagt man, ist zu wichtig, um sie den Politikern allein zu überlassen. Jeder redet mit, in Bürgerumfragen oder Zeitungskolumnen, und wie auf dem Dorf ist die Suche nach dem Konsens langsam und oft ohne Ergebnis.

Erst im Lichte dieser toskanischen Traditionen wird deutlich, warum sich Florenz einen besonderen Charakter bewahrt hat; warum diese von Hügeln umrahmte und an einem meist trägen, mitunter aber auch reißenden Fluß gelegene Stadt so urban und dennoch so im Einklang mit den Naturgesetzen und den Menschheitsträumen wirkt.

Oben: Landhäuser und Weinbau in der Toskana.

Im Quattrocento war Florenz ein kulturelles und wirtschaftliches Zentrum ohnegleichen. Seine Beiträge zur Kunst waren einzigartig, und auch politisch genoß es eine ungewöhnliche Stellung; zäh hielt die Stadt an der Idee der Republik fest, als andere Städte längst der Tyrannei anheimgefallen waren, und tolerierte die Herrschaft Cosimos, weil dieser sich nicht autoritär gab.

Tuchhandel: Schon im 11. Jahrhundert hatten Florentiner Händler begonnen, Wolle aus Nordeuropa und seltene Farbstoffe aus dem Fernen Osten und dem Mittelmeerraum zu importieren. Bald waren Web- und Färbtechniken entwickelt, die den Tuchhandel zur größten Einnahmequelle der Stadt machten; ein Drittel der Einwohner fand 1250 in dem Bereich Beschäftigung.

Wachsende Profite verbuchte auch das andere wirtschaftliche Standbein: das Bankwesen. Finanzmagnaten erzielten unerhörte Gewinne aus dem Handel und schufen ein Netz von Pfandhäusern. Und 1250 prägte die Stadt eine kleine Goldmünze, die zum europäischen Zahlungsmittel wurde: den Florin.

Eine andere Seite war der Konflikt zwischen Guelfen und Ghibellinen. Ganz Italien war in diesen Kampf um Land und weltliche Macht zwischen Papst und Kaiser verwickelt, und Florenz zog aus ihm den größten Nutzen, hatte dafür aber auch einen hohen Preis zu zahlen. Hier ging der Konflikt so weit, daß die Gegner sich Straßenschlachten lieferten, um sich anschließend wieder in die befestigten Paläste zurückzuziehen.

Endgültige Sieger gab es keine. Immer neue Koalitionen entstanden, wenn eine Partei unterlag und die Anführer ins Exil geschickt wurden. Dennoch bildeten sich mit der Zeit Eliten heraus, und die Guelfen-Partei gewann allmählich die Oberhand.

Der Aufstieg der „bürgerlichen" Guelfen war eng mit der Blüte des florentinischen Bankwesens im späten 13. Jahrhundert verbunden. Und 1293 gelang es, den Adligen,

sprich Ghibellinen, den Zugang zu öffentlichen Ämtern zu verwehren: Die Macht lag nun in den Händen der Handelsgilden.

Schwarz gegen Weiß: Dennoch blieben die *magnati*, die Aristokraten, ein wichtiger Faktor in der mittelalterlichen Stadt; und nun begannen die Guelfen untereinander zu streiten. Familienfehden wurden zur Plage.

Der Grund für die Spaltung der Guelfen in Schwarze *(neri)* und Weiße *(bianchi)* war eine Fehde innerhalb der Familie Concellieri

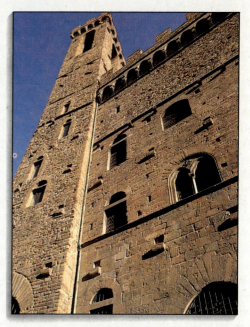

in Pistoia, in deren Verlauf Hunderte von Weißen, darunter auch Dante 1302, aus der Stadt vertrieben wurden.

Dante rächte sich auf seine Weise, indem er die „Hölle" und das „Fegefeuer" der *Göttlichen Kommödie* mit seinen Feinden bevölkerte. Immerhin zog also der Konflikt eines der großen Werke der Literatur nach sich und machte dadurch das Florentinische zum Urvater des heutigen Italienischen. Bemerkenswerterweise tat der Familienstreit dem Wohlstand der Arnostadt keinen Abbruch.

Das Rätsel Florenz: Im 14. Jahrhundert war Florenz die reichste Stadt in Europa. Wäh-

Links: *Perseus* von Cellini, in der Loggia dei Lanzi. <u>Oben:</u> Der Bargello aus dem 13. Jahrhundert.

rend dieser Zeit wurden der Dom, der Palazzo Vecchio und Santa Croce begonnen, blühten die Wirtschaft und das Handwerk; vornehmlich Metallgießer, Töpfer, Weber und Färber erreichten hohe Kunstfertigkeit. Papst Bonifatius sprach für viele, als er das Wunder dieser Stadt in der Formel zusammenfaßte, die Welt bestehe aus fünf Elementen: aus Erde, Luft, Wasser und Feuer sowie aus ... Florenz.

Hinzu kam, daß trotz der allfälligen inneren Fehden und Standeskämpfe Florenz lange Zeit an einer republikanischen Regierungsform festhielt, während andernorts längst tyrannische Despoten persönliche

Krise des Kapitals: Doch diese Stabilität war beständigen Gefahren ausgesetzt. So verweigerte 1340 Edward III. von England die Rückzahlung seiner Schulden und stürzte damit die Banken in eine Finanzkrise, und drei Jahre später erschienen die ersten Vorboten der Pest in der Stadt. Sieben Mal in diesem Jahrhundert sollte der Schwarze Tod zuschlagen und mehr als die Hälfte der Bevölkerung auslöschen.

Innere Unruhen, wie 1378 der Aufstand der unterbezahlten Wollarbeiter *(ciompi)*, die das Recht auf Gründung einer Zunft und Vertretung im Rat der Stadt forderten, führten meist dazu, daß die mächtigen Kauf-

und familiäre Machtansprüche durchgesetzt hatten. In Florenz stützte sich die Regierung auf die breite Zustimmung des Volkes.

Natürlich war die Stadt keine Demokratie im heutigen Sinn, dazu mangelte es etwa den Handwerkern an wirklichen Einflußmöglichkeiten. Dennoch waren Angehörige der 21 Zünfte als gewählte Mitglieder in der Ratsversammlung repräsentiert und dadurch an der Regierung beteiligt. Hohe Ämter wurden an Vertreter der sieben größten Zünfte vergeben, jedoch immer nur auf Zeit, um persönlichen Machtgelüsten von vornherein einen Riegel vorzuschieben.

mannsfamilien die eigenen Reihen gegen zuviel Beteiligung des gemeinen Volkes schlossen. Am Ende aber waren es immer die Wortführer der Familien, die ins Exil geschickt wurden: erst die Alberti, dann die Strozzi und endlich die Medici.

Kriege mit fremden Mächten und den rivalisierenden Nachbarstädten förderten zudem immer wieder den inneren Zusammenhalt der Stadt, die nur ein gemeinsames Ziel kannte: die Verteidigung und Ausdehnung der florentinischen Republik. Zwischen 1384 und 1406 besiegte Florenz Arezzo, Lucca und Montepulciano; mit der Eroberung Pisas schließlich gewann sie sogar einen direkten Zugang zum Meer.

Stilfragen: Dieser militärische Erfolg trug wesentlich dazu bei, die Unabhängigkeit angriffslustig zu stärken und das florentinische Selbstgefühl zu heben, das der kulturellen Blüte des Quattrocento seine Form gab. Anfang des 15. Jahrhunderts hatten die Gilden, aber auch einzelne Bürger neue Wege gefunden, um ihrer Rivalität Ausdruck zu verleihen. War diese zuvor Ursache für Blutvergießen gewesen, so kam sie nun der Stadt zugute. Kunstförderung wurde zur neuen Art des Prestigeerwerbs, ein Mittel, Macht und Wohlstand zu demonstrieren. Die älteste Gilde, die Wollhändler der Arte di Calimala, machte den Anfang mit der großzügigen Ausstattung des Baptisteriums und dem Wettbewerb, der nur die besten Künstler ans Werk gehen lassen sollte.

Nun bemühten sich auch viele kirchliche Stiftungen um die Förderung von Künstlern. Sowohl Kirche als auch Zünfte spendeten aus religiösen Gründen, denn die Kunst der Renaissance war am Anfang sakral und erst später säkular. Aber auch Bürgerstolz und Verantwortung für das Gemeinwesen spielten eine Rolle. Im Hintergrund all dieser Aktivitäten jedoch war das alte Bestreben, sich in irgendeiner Weise hervorzutun.

Neureiche Künstler: Die Florentiner Künstler wurden reich. Ghiberti, der gelernte Goldschmied, war gerade 25 Jahre alt, als er den Auftrag für die Baptisteriumsportale erhielt und daraufhin eine Werkstatt und Gießerei aufmachte, die zahllose Handwerker anstellte. Viele von ihnen wurden zu Künstlern von eigenem Status. Und selbst die sexuellen Eskapaden des Filippo Lippi wurden toleriert – ihm wurde sogar erlaubt, sein Mönchsgelübde zu widerrufen und die Nonne zu heiraten, die er verführt hatte –, solange er überragende Kunst produzierte.

Florentiner Humanismus: Intellektuelle und Künstler konnten in diesem Umfeld sogar Einfluß auf die Politik gewinnen. Gelehrte tauchten aus ihrer Vertiefung in die klassischen Texte auf und betonten den Anspruch

von Florenz, die wahre Erbin des römischen Vermächtnisses zu sein. 1375 machte man Collucio Salutati, den großen Gelehrten der Klassik, zum Kanzler von Florenz. Seine weitgefächerte Gelehrsamkeit ließ er mit donnernder ciceronischer Rhetorik in die Tagespolitik einfließen. Andere Gelehrte folgten seinem Beispiel: Leonardo Bruni, Poggio Braccilioni und Cosimo de' Medici.

Cosimo allerdings, der Erbe der Banken seines Vaters Giovanni, stellte sich als zu wortgewandt und populär heraus, als daß seine politischen Opponenten ruhig schlafen konnten. Als er sich auf die Seite der Zünfte stellte, die sich gegen den Versuch des Rates

wehrten, ihre Geldvorräte für militärische Aktionen einzukassieren, wurde ihm jenes Schicksal zuteil, das allen Florentinern drohte, die sich allzusehr profilierten: 1433 wurde er aus der Stadt verbannt.

Sein Exil dauerte jedoch nicht länger als ein Jahr. Mit Hilfe von Papst Eugenius IV. kehrte er 1434 zurück und wurde für die nächsten 30 Jahre als „einfacher Bürger" zum inoffiziellen, aber unumstrittenen Regenten von Florenz. Damit begann eine zuvor ungekannte Periode des Friedens, der Stabilität und des Wohlstands – der Grundstein für die Dynastie der Medici war gelegt.

Links: Ein Symbol kaufmännischen Erfolgs – der Markt von San Lorenzo. **Oben:** Der Weg ins Exil, weder Dante noch die Medici blieben verschont.

1550 veröffentlichte Giorgio Vasari sein berühmtes Buch *Le vite de' più eccellenti architetti, pittori e scultori italiani.* Darin beschreibt er die Geschichte der Kunst bis zu seiner Zeit und teilt sie in drei Phasen ein: Alle drei haben ihren Ursprung in Florenz.

Die erste „Art und Weise", wie Vasari sagt, wird in der Malerei von Cimabue und Giotto, in der Bildhauerei von Nicola und Giovanni Pisano deutlich. Aus ihr entwickelt sich die zweite Art: Brunelleschi in der Architektur, Masaccio in der Malerei und Donatello in der Bildhauerei, die ganz „gute" Werke liefern, obgleich sie nach Vasaris Überzeugung noch nicht „vollkommen" sind. Vollkommenheit erreichen hingegen Leonardo, Raffael und Michelangelo, also Künstler der dritten „Art und Weise". Da Vollkommenheit nicht übertroffen werden kann, befürchtet Vasari für die Zeit danach den Niedergang der Kunst.

Die erste Phase entwickelte sich im 14. Jahrhundert, dem Trecento; die zweite deckt sich zeitlich mit dem 15. Jahrhundert, dem Quattrocento, und wird heute als Frührenaissance bezeichnet; die dritte, Hochrenaissance genannt, entstand im 16. Jahrhundert. Danach folgt der als „Manierismus" bekanntgewordene Stil, der als Epoche des Niedergangs angesehen wird.

In der Gemäldegalerie der Uffizien kann der Besucher die Einschätzung Vasaris überprüfen. Er wird auch feststellen, daß die Mehrzahl der anderen großen Kunstschätze eindeutig der zweiten Phase angehört.

Die Meisterwerke der Hochrenaissance wurden anderswo geschaffen, z. B. in Rom. Mit Ausnahme der weitgehend zerstörten Fresken in Santa Croce besitzt Florenz keine Werke der Protorenaissance. Aber Meisterwerke der Malerei, Skulptur, Architektur und Fresken der Frührenaissance gibt es nirgendwo in so großer Zahl wie in Florenz.

Vorherige Seiten: Der Ponte Vecchio. **Links:** *David* von Michelangelo – eines der größten Meisterwerke der Renaissance. **Oben:** Figuren aus der Gotik im Bargello.

Dombau: Architektur, Malerei und Bildhauerei entwickelten sich in enger Beziehung zueinander. Der 1294 begonnene Bau des Doms war 100 Jahre später zwar immer noch nicht beendet, doch die Florentiner wollten mit der Ausschmückung nicht so lange warten und vergaben dafür schon Ende des 14. Jahrhunderts einige große Aufträge an Bildhauer.

Auftraggeber waren Mitglieder der Zünfte, denen verschiedene Abschnitte des Doms

zugewiesen worden waren – und nicht etwa die Geistlichkeit. Und 1400 startet die Zunft der Stoffhändler *(Arte di calimala)* ein Projekt, das, wenn auch nicht das erste seiner Art, so sicherlich doch das bis dato kostspieligste war und hohes Prestige einbrachte: ein neues Bronzeportal mit Szenen aus dem Alten Testament zur Verschönerung des Baptisteriums. Die schon vorhandenen Portale aus dem 14. Jahrhundert genügten den Ansprüchen nicht mehr.

Um wirklich ganz sicherzugehen, daß mit dieser Aufgabe auch der fähigste Künstler betraut wurde, schrieben die Stoffhändler einen Wettbewerb aus, an dem fünf ausgewählte Künstler teilnehmen durften: unter ihnen Jacopo della Quercia, Filippo Brunelleschi und Lorenzo Ghiberti. Jeder Teilnehmer mußte ein Relief ausführen, das die Opferung Isaaks darzustellen hatte, wobei auch der Esel, der das Holz für das Feuer bringt, gezeigt sein sollte.

Der Gewinner: Die Entwürfe von drei Wettbewerbern wurden zurückgewiesen und eingeschmolzen, aber die von Ghiberti und Brunelleschi sind noch im Bargello zu sehen. Was war es, was die praktisch veranlagten Kaufleute zur Wahl von Ghibertis Entwurf veranlaßte? Der von Brunelleschi ist

Ausführung weniger Bronze benötigt wurde, was das Unternehmen verbilligte.

Die Geschichte zeigt, daß die Zunft besser den ehrgeizigen Brunelleschi ausgewählt hätte, wäre es ihr auf die baldige Vollendung des Werkes angekommen; immerhin arbeitete Ghiberti 20 Jahre daran! Das fertige Werk fand jedoch so großen Anklang, daß Ghiberti kurz nach der Vollendung, 1425, mit der Gestaltung eines weiteren Portals betraut wurde. Diesmal allerdings hatte er freiere Hand und konnte ohne die überholten gotischen Rahmen im Quartformat *(quatrefoil)* arbeiten, auf deren Verwendung die Zunft zuvor bestanden hatte – und es war von

kräftig modelliert und aktionsgeladen, da Abraham, zwischen Vaterliebe und Gottesfurcht schwankend, das Messer an die Kehle des Sohnes setzt und im letzten Moment von einem Engel zurückgehalten wird.

Vielleicht wurde Ghibertis Werk vorgezogen, weil es harmonischer ist: Die Figuren sind rhythmischer gruppiert, und der junge Isaak wirkt besonders ergreifend. Möglicherweise gewann Ghiberti aber auch deshalb, weil sein Entwurf technisch ausgereifter und zudem in einem Stück gegossen war (Brunelleschis besteht aus drei Teilen), erheblich weniger Gewicht hatte, weshalb zur

Anfang an beschlossene Sache, daß das Tor zusätzlich vergoldet würde.

Das Resultat ist eine glänzende Welt voll entrückter Wesen, die den Zeitgenossen wie die „Pforte zum Paradies" erschien. Ghibertis Portale verbinden das Geschmacksempfinden der Frührenaissance für das Kostbare, Teure und Zarte mit dem Streben nach Klarheit, Ausdruck und Energiegeladenheit: Darin liegt der Hauptunterschied zu den gotischen Portalen.

Aber an Ghibertis Werdegang läßt sich auch ablesen, wie langsam die Renaissance Fuß faßte, wie lange die Florentiner noch zärtlich schmachtend an Gold, Blau und leuchtenden Farben festhielten, an sanften, dekorativen Mustern, am Material der Oberflächen, am Sinnlichen.

Ein Fest für die Augen: Dadurch zeichnen sich vor allem die Arbeiten der größten Maler der florentinischen Frührenaissance aus: Fra' Angelico und Fra' Filippo Lippi. Die beiden Maler gaben ihren Auftraggebern das, was sie erwarteten – den Augenschmaus –, doch sie versuchten sich auch an neuen Effekten, die am Ende des Jahrhunderts die Malerei völlig verändert hatten.

Fra' Angelicos Arbeiten sind nirgends besser als in Florenz zu bestaunen. Er lebte

dern – aber auch seine Vorliebe für pausbäkkige, lachende Cherubinen, die zu seinem Markenzeichen wurden.

Donatello: Im Gegensatz dazu hebt sich das Werk des Malers Masaccio und des Bildhauers Donatello derart vom dem der zeitgenössischen Künstler ab, daß man sie schon als Avantgardisten gepriesen hat. Donatello lernte kurzzeitig in der Werkstatt von Ghiberti, um dann seine Spuren als einer der drei Bildhauer zu hinterlassen, die 1408 mit der Erstellung der vier Evangelisten für den Dom beauftragt wurden.

Die Apostel sind heute im Museo dell' Opera del Duomo zu sehen. An Donatellos

im Dominikanerkloster San Marco (heute das Museum für sein Gesamtwerk) und schmückte mit seinen Mitarbeitern jede Mönchszelle mit Fresken aus. Dem lebenshungrigen und leidenschaftlichen Filippo Lippi, den Cosimo de' Medici gelegentlich einsperren ließ, um ihn dadurch zum Malen zu zwingen, ist heute ein eigener Raum in den Uffizien gewidmet. Hier kann man die erstaunliche Verfeinerung der gegen sein Lebensende gemalten Madonnen bewun-

Links: *Verkündigung* von Fra' Angelico in San Marco. **Oben:** *Judith* von Botticelli (um 1475).

hl. Johannes jedoch reichen die drei anderen Statuen nicht heran. Tatsächlich ist der hl. Matthäus von Bernádo Ciuffagni ein Plagiat der Statue Donatellos. Diese Art Betrug war im Wettbewerb um Reichtum und weitere Aufträge keine Seltenheit. Bezeichnend ist, daß sich Donatello ein Schloß für die Tür zu seiner Werkstatt erbat, um sich vor Nachahmern zu schützen – er arbeitete vor Ort und nicht in einem Atelier.

Eine besondere Bestimmung dieses Wettbewerbs sah vor, daß der vierte Apostel von dem besten der drei anderen Bildhauer geschaffen werden sollte. Tatsächlich aber ging der Auftrag an einen vierten Mann. Donatello wird das wenig berührt haben, denn zu jener Zeit arbeitete er bereits an einer Skulptur für Orsanmichele, ein weiteres Betätigungsfeld des Gildenwettbewerbs um Prestige in den Jahren 1410 bis 1420.

Den Gilden waren jeweils Nischen in den Außenmauern von Orsanmichele zugewiesen worden, und nun wetteiferten sie um die besten Künstler. Ehrgeiz und Stil entwickelten sich so rasch, daß manche Zünfte sogar ihre erste Statue durch eine neue ersetzten, um im Rennen zu bleiben. Ein Beispiel hierfür ist der hl. Stephanus von Ghiberti, eine seiner beiden Kolossalbronzen.

Revolutionäre Kunst: Die frühen Figuren waren in Marmor gearbeitet, so auch die berühmte Statue Donatellos, der *Hl. Georg* von 1417. Was war so anders an dieser Statue (die heute im Bargello sicher aufbewahrt wird)? Der hl. Georg steht fest und entschlossen da, ganz anders als die gotischen Statuen zuvor, klassisch ist die Lebendigkeit, als träte er unmittelbar in Aktion. Mit diesem Werk riß Donatello den dekorativen Mantel der Gotik fort und entblößte den wahren Menschen, die gefurchte Stirn und die Augen kühn im Anblick der Gefahr.

Donatellos spätere Werke sind Wegweiser auf der Pilgerfahrt des Touristen durch die Stadt. Andere Werke aus dem Dom sind im Dommuseum zu sehen: die Propheten vom Campanile, gezeichnet von den jahrhundertelangen Witterungseinflüssen, die Sängerkanzeln mit den wild tanzenden Knaben und eines seiner späten Werke, die *Maria Magdalena.*

Vasari teilt interessante Einzelheiten über diesen großen Bildhauer mit. So erwähnt er, daß sogar Brunelleschi, dessen eigene Werke kraftvoll und dramatisch sind, ein Kruzifix Donatellos ablehnte, weil der Christus zu bäuerlich und nicht edel genug aussah. Außergewöhnlich ist auch, daß Donatello sein ganzes Leben lang Lieblichkeit und Lyrik scheute, als diese Merkmale den Stil der Kunst rings um ihn bestimmten. Vasari bestätigt dies unbewußt, wenn er Donatello mit Michelangelo weniger der Frührenaissance als der dritten Phase, dem Zeitalter der Vollendung, und damit der Hochrenaissance zurechnet.

Die Dritte Art: Wäre der Maler Masaccio nicht frühzeitig 1428 gestorben, sein Werk wäre ebenso bahnbrechend gewesen. Nur wenige Werke wie die Fresken in der Brancacci-Kapelle in Santa Maria del Carmine sind zu bewundern. Zu seiner Zeit war ihr Einfluß auf die Stilentwicklung gering, rückblickend jedoch, so Vasari, kündeten sie bereits von der „Dritten Art". Masaccios in sich ruhende, fast feierliche Gestalten sind eher statisch, dafür um so ausdrucksvoller mit genau berechneten Lichteffekten und voll beherrschter Perspektive.

Diese Art der perspektivischen Darstellung in der Malerei, Bildhauerei und Archi-

tektur war eine der großen und zukunftsweisenden Errungenschaften der Frührenaissance. Die Künstler des 16. Jahrhunderts jedoch maßen der Perspektive keine große Bedeutung mehr bei, denn eine gute Perspektive allein ergab noch kein gutes Bild.

In der Frührenaissance ist dies am Beispiel Uccellos (1397-1475) gut abzulesen. Vasari berichtet, daß Uccello – zum Befremden seiner Frau – nächtelang aufblieb und mathematische Berechnungen anstellte, um den perspektivischen Fluchtpunkt seiner Zeichnungen exakt zu ermitteln. Seine um 1430 gemalten Hauptwerke in Florenz (die

Trunkenheit Noahs und die *Sintflut* im Kloster Santa Maria Novella) sind bemerkenswerte perspektivische Konstruktionen. Große Kunstwerke sind sie jedoch nicht.

Technische Entwicklung: Doch die Perspektive, die auf geometrischen Berechnungen anstatt auf gefühlsmäßiger Abschätzung basierte, die Zentralperspektive, war Ausdruck des relativ wissenschaftlichen Herangehens der Renaissance-Künstler an ihre Werke. Die Ingenieurkunst nahm einen hohen Rang ein im Weltbild des Renaissance-Menschen; der technische Fortschritt war die Grundlage für die künstlerische Entwicklung. Ghibertis Portale verdanken dem

Il Duomo mit der größten Kuppel der Welt gekrönt zu haben, brachte ihm, wenn auch verspätet, die einzigartige Ehre ein, in der Kathedrale selbst beerdigt zu werden.

Von Rom lernen: Als sich Ghiberti und Donatello im frühen 15. Jahrhundert bereits an die Außendekoration des Doms machten, war der Hauptbau noch unvollendet. Die Rivalität zwischen Florenz und dem Rest der christlichen Welt hatte zur Revision der ursprünglichen Pläne geführt und den Bau eines riesigen Kuppeltambours zur Folge gehabt. Das Problem, dem sich mehrere Architekten nicht stellten, war nun, daß eine offene Fläche dieses Ausmaßes nicht auf

Management und der Technik seiner Gießerei mindestens ebensoviel wie seiner künstlerischen Inspiration.

Das herausragende Beispiel der Verkörperung von Kunst, Handwerk und Wissenschaft in einer Person war Leonardo da Vinci. Er hatte allerdings viele Vorläufer, und Brunelleschi ist einer von ihnen. Filippo Brunelleschi, anfänglich Silberschmied und Bildhauer, war ganz allein der Schöpfer des Architekturstils der Renaissance. Seine Tat,

Links: Der *Hl. Georg* von Donatello. **Oben:** Fresko von Masaccio in Santa Maria del Carmine.

gewöhnliche Weise überwölbt werden konnte und zumindest, wenn man das Dach von unten stützen wollte, eine gewaltige Menge Holz für das Baugerüst erforderte. Brunelleschis Lösung, die er womöglich fand, als er das römische Pantheon untersuchte, bestand darin, die Kuppel von oben, mit Hilfe einer selbsttragenden Hilfskonstruktion aus leichten Ziegeln, zu bauen.

Der 1436 beendete Kuppelbau war Brunelleschis größtes Werk, doch auch die weniger bedeutenden Bauten (Ospedale degli Innocenti, 1419 begonnen; San Lorenzo, nach seinen Plänen zwischen 1421 und 1469 erbaut, die Pazzi-Kapelle von Santa Croce, 1430 begonnen, und Santo Spirito, zwischen 1434 und 1482 nach seinen Plänen erbaut) hatten großen Einfluß auf seine Zeitgenossen und auch auf Michelangelo und Vasari im folgenden Jahrhundert.

Unvergängliche Stilgebung: Der Stil Brunelleschis wirkte auf seine Landsleute zunächst rein römisch. Wenn es auch zutrifft, daß er einige Elemente der Klassik integrierte, so stellt sich doch bei näherem Hinsehen heraus, daß er sich mehr von romanischen Vorbildern wie dem Baptisterium und San Miniato al Monte leiten ließ. Kompliziert wird diese Einschätzung aber dadurch, daß sich

Uffizien begann, verwendete er weiterhin Brunelleschis Kombination von weißem Stuck und grauen Steinfriesen. Er hielt sich auch an die streng geometrische Aufteilung der Wände, Böden und Decken in Quadrate, Rechtecke und Halbkreise.

Die Venus von Botticelli: Um 1460 sah sich die Frührenaissance einer radikalen Herausforderung gegenüber. Eine neue Generation von Künstlern trat auf den Plan, die Malerei und Bildhauerei einem neuerlichen revolutionären Wandel unterwarfen. In vielerlei Hinsicht war der berühmteste dieser Künstler Botticelli, auch der traditionellste, orientierte er sich doch weiterhin an der poeti-

die romanische Architektur ja selbst auf die Klassik berief und dem Baptisterium ohnehin halbmythische Ursprünge als Marstempel zugeschrieben wurden.

Brunelleschis Stil war neu und spiegelte dennoch zugleich die altehrwürdige Bauweise wider; er ist typisch florentinisch, hinterließ aber trotzdem im ganzen Land dauerhaften Einfluß. Der sich noch enger an das römische Vorbild anlehnende Stil, der später für ganz Italien bestimmend wurde, beruhte auf Brunelleschis Vorgaben und war noch ein Jahrhundert nach seinem Tod weit verbreitet. Als Vasari 1560 mit dem Bau der

schen und zarten Linienführung seines Meister Fra' Filippo Lippi. An den Hauptwerken in den Uffizien, *Geburt der Venus* und *Primavera,* ist dies deutlich abzulesen. Der goldene Haarschmuck der Venus, der die Schönheit noch unterstreichen soll, verweist auf die Verbindung mit Lippi und Ghiberti.

Bis 1460 ist es relativ einfach, bestimmten Hauptlinien der Entwicklung zu folgen, danach wird es schwieriger, weil sehr viele begabte Künstler aktiv, aber nur wenige hervorragend waren. Sie entwickelten jedoch neue Arbeitstechniken, zum Beispiel verwendeten sie viel Zeit und Sorgfalt auf ihre

Skizzen. Von nun an dominierte die kräftige Linienführung. Profil und Schatten kennzeichneten die florentinische Kunst, seien es die langen, exquisiten Konturen von Botticellis Venus oder die scharfgezogenen, drahtigen Sehnen von Pollaiuolos kleiner Bronzestatue im Bargello, die Herakles im Kampf mit Cacus zeigt.

Die Vollkommenheit: Später war es die Fähigkeit das *disegno*, der zeichnerische Entwurf, den Vasari zur eigentlichen Grundlage florentinischer Überlegenheit in der Kunst erklärte, eine Kunst, die im Zentrum der vielen Fähigkeiten von Leonardo und Michelangelo stand. Das *disegno* wurde zum Angelpunkt im Lehrplan der Akademien. Zu gleicher Zeit begann man „Studien" anzufertigen, mit denen die Künstler versuchten, ihre Komposition in einer Reihe von „vorbereitenden Zeichnungen" zu analysieren, um sie „vollkommen" zu machen.

Ein anderes wichtiges Hilfsmittel auf dem Wege zur Vollkommenheit war die Verwendung von Ölfarbe statt Tempera. Man vergleiche die scharfgezogenen Linien Botticellis, der Tempera verwendete, und das Werk Peruginos (der zwischen 1472 und 1523 aktiv war), dessen in Öl gemalte Bilder sanft modellierte, gefühlvolle Figuren vor träumerischem Hintergrund zeigen. Ölfarbe eröffnete neue große Möglichkeiten für naturalistische Darstellungen, weil sie sich leichter mischen und Konturen in feinsten Schattierungen auslaufen ließ.

Dank der Ölfarben Leonardos und Peruginos bestanden die Künstler nicht weiter auf strenger Linienführung, bewahrten aber Disziplin und Experimentierlust bei ihren Zeichnungen. Die Maler versuchten ihre Figuren plastisch erscheinen zu lassen. Dies erreichten sie durch das Herausarbeiten kleinster Details. Der restaurierte *Tondo* von Michelangelo in den Uffizien zeigt den Grad der Vollendung und die handwerkliche Genauigkeit, die Vasari als absolute Voraussetzung für „Vollkommenheit" in der Malerei ansah.

Michelangelo trat in den neunziger Jahren des 15. Jahrhunderts als Bildhauer auf den

Plan. Und seine bekannteste Arbeit, der *David*, erinnert im kraftvollen Ausdruck an Donatello, hat aber auch ein anderes Charakteristikum, das Zeitgenossen „römisch" oder „antik" nannten und das heute als monumental oder heroisch erscheint.

Der Niedergang: Der *David* war das letzte Meisterwerk der Renaissance, das in Florenz entstand. 1505 ging Michelangelo nach Rom, um für den Papst zu arbeiten, und 1506 kehrte Leonardo nach Mailand zurück. Raffael, der 1504 nach Florenz gekommen war, folgte 1508 dem Beispiel Michelangelos. Dem einst blühenden Florenz, nun in ökonomischen und politischen Wirren gefangen, gelang es nicht, die Künstler zu halten. Vasari kritisierte sogar Andrea del Sarto dafür, daß er in der Stadt blieb und seine Entwicklung hemmte.

Ein kurzes Wiederaufleben der florentinischen Kunst war im 16. Jahrhundert mit manieristischen Künstlern wie Rosso Fiorentino und Pontormo zu verzeichnen. Ihre Werke sind zwar faszinierend, aber der Manierismus barg keine Weiterentwicklung in sich. Er brachte ein Genie hervor, Bronzino, aber keine gleichrangigen Nachfolger.

So war es 1550 wahrhaftig an der Zeit, daß Vasari sein Buch über die Kunst schrieb.

Links: Die Uffizien hinter der Signoria. **Oben:** Botticellis Selbstbildnis.

Das Patriziergeschlecht der Medici regierte Florenz nahezu durchgehend von 1434 bis 1737, und in der Stadt gibt es kaum eine Ecke, die nicht an die Medici erinnert. Das Wappen der Familie ist allgegenwärtig: eine Gruppe roter Kugeln auf goldenem Grund. Die einen sagen, es sei der lädierte Schild des Ritters Averardo, von dem die Medici abstammen wollen; andere behaupten, es handle sich um Pillen, der Familienname lasse sich auf die „Apotheker" zurückführen. Dritte nehmen an, daß es sich um Geldstücke handelt – also um das Zunftzeichen der Pfandleiher: Die Medici sind ja als Bankiers in die Geschichte eingegangen.

Päpstliche Bankiers: Die Bank der Medici wurde von Giovanni di Bicci de' Medici (1360-1429) gegründet und war zu Beginn des 15. Jahrhunderts eine unter hundert anderen. Aber dank der guten Verbindung zum Papst expandierte die Bank schnell und war bald eine der reichsten in Europa. Nicht zuletzt, weil sie die Einziehung der päpstlichen Steuern in der Hand hatten, wurden die Medici zur gemachten Familie.

Cosimo de' Medici (1389-1464), der hochbegabte Sohn Giovannis, reiste schon in seinen jungen Jahren durch Europa, immer auf der Suche nach lukrativen Geschäften. Wie der Vater, so hielt sich auch der Sohn aus dem gesellschaftlichen Leben von Florenz heraus; wußten sie doch um die Gefahren der Popularität. Zu viele zunächst viel beachtete Personen waren ins Exil geschickt worden, nachdem ihre Parteigänger an Einfluß verloren hatten. Und Exil vertrug sich nicht mit guten Geschäften.

Als Cosimo 1433 verhaftet und des Verrats angeklagt wurde, konnte er sich nicht länger aus öffentlichen Angelegenheiten heraushalten. In den Jahren zuvor hatte sich Florenz in eine Reihe wenig erfolgreicher Kriege mit seinen Nachbarn verwickeln lassen und stand nun am Rande des Bankrotts.

Cosimo hatte sich anfangs dazu bereit erklärt, Mitglied des Florentiner Kriegsrats zu werden, zog sich dann aber 1430 wieder zurück, nachdem er keine Unterstützung für die Beendigung der fruchtlosen Auseinandersetzungen mit den Nachbarstädten gefunden hatte. Er begab sich nach Verona, wo er Gerüchten zufolge, die die rivalisierende Albizzi-Familie verbreiten ließ, einen Plan schmiedete, Florenz zu überfallen; unter einem Vorwand wurde er nach Hause gelockt,

wo man ihn verhaftete und zu zehn Jahren Verbannung verurteilte.

Triumphale Rückkehr: Cosimos Zeit der Verbannung war kurz. Nachdem Florenz im Jahre 1434 vernichtend von den Mailändern geschlagen worden war, konnte es keine Kriege mehr führen. Die Stellung der Albizzis wankte, das Urteil gegen Cosimo wurde aufgehoben, und er kehrte im September desselben Jahres zurück.

Obwohl die Bevölkerung Cosimo wie einen siegreichen König willkommen hieß, übernahm er die Macht auf eine charakteristisch zweideutige Weise. Um effektiv re-

Vorherige Seiten: Die Uffizien. Links: Im Palast der Medici – das Porträt des jungen Lorenzo. Oben: Das Wappen der Medici in Marmor.

gieren zu können, hielt er sich soweit wie möglich im Hintergrund: Es war eher ein Manipulieren als Regieren. Nach außen erhob er den Anschein, Bürger unter Bürgern zu sein, und achtete die republikanische Tradition der Stadt.

Daher wird verständlich, warum er einen Plan Brunelleschis für einen Familienpalast verwarf, der ihm zu auffällig erschien. Auf seine Zeitgenossen wirkte er undurchsichtig, als Politiker oder Bankier war er listenreich und diskret und wußte andere für seine Zwecke zu gewinnen.

Er unterstützte begeistert die neue geistige Bewegung, den Humanismus – eine Be-

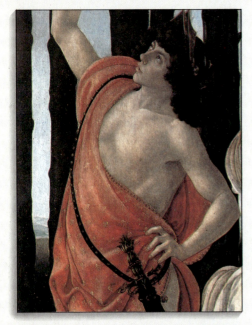

zeichnung, die es bis zum 16. Jahrhundert nicht gab. Im 15. Jahrhundert galt eine Person humanistischer Auffassung als „Orator", Redner.

Der Humanismus griff die Ideen der Antike auf, und man glaubte an die Kraft des Wortes: Überredungskunst, Wissen, gesunder Menschenverstand und das Wohlwollen Gottes war alles, was zur Gestaltung der Welt erforderlich war.

Die „Redner" waren die herausragenden Persönlichkeiten ihrer Zeit: Leonardo Bruni, Staatskanzler von Florenz, Aeneas Sylvius Piccolomini, der spätere Papst Pius II., und

Cosimo selbst. Der Ursprung des Humanismus liegt am Beginn des 15. Jahrhundert, als der Konstantinopler Manuel Chrysoloras nach Florenz geholt wurde, um eine fast vergessene Sprache zu lehren – Griechisch.

Von Beginn an waren die Humanisten vom Entdeckungsfieber ergriffen und durchstöberten die Alte Welt nach antiken Handschriften. Cosimo finanzierte die Reisen des Poggio Bracciolini, der die verloren geglaubten Werke Ciceros in einem abgelegenen Kloster wiederfand, er baute Bibliotheken, um einen Teil seiner umfangreichen Handschriftensammlung unterzubringen, und er bezahlte die Ausbildung Marsilio Ficinos, damit dieser die bis dahin unbekannten Dialoge Platons übersetzen konnte.

Ruhm und Krankheit: 1464 starb Cosimo und hinterließ Florenz reich und friedvoll, zu Recht gekürt mit dem Titel „neues Rom", waren doch hier Humanismus und die Renaissance geboren worden. Und die Signoria gab ihm jenen Ehrennamen, den einst Cicero getragen hatte: „Pater Patriae". Da sein Sohn wie er die Gicht hatte, starb auch der bald, und Cosimos Enkel Lorenzo trat das Erbe an.

Lorenzo hatte wenig Sinn für Malerei. Er sammelte lieber Edelsteine, antike Münzen und Vasen (heute im Museo degli Argenti im Palazzo Pitti). Dank Botticellis Gemälde *Primavera* kennt jedermann sein geschöntes Konterfei: Als Merkur tanzt er mit den drei Grazien.

Die athletische Figur des Merkur schmeichelt. Lorenzo war bemitleidenswert häßlich: mit einer Nase wie ein Schnabel und einem vorstehenden Unterkiefer, in dem die Oberlippe fast verschwand. Ihn jedoch als Merkur darzustellen, als den Gott der Beredsamkeit, des Ausgleichs und der Vernunft, war in vollem Umfang gerechtfertigt.

Ein literarisches Talent: Lorenzo war ein hervorragender Dichter, der satirische, oft zotige, manchmal romantische Verse verfaßte. Er schrieb sie in seiner Muttersprache, was zu Cosimos Zeiten undenkbar gewesen wäre: Damals schrieb oder sprach man Latein. Lorenzo förderte das Studium der Werke Dantes und unterstützte Schriftsteller wie Boccaccio und Petrarca, die im *volgare* schrieben und deren Sprache die Grundlage für die italienische Literatur legte.

Wie sein Großvater war Lorenzo Humanist, vertieft ins Studium der Antike und vielbeschäftigt mit der Philosophie des Neoplatonismus, wie ihn der Schützling Cosimos, Marsilio Ficino, zu entwickeln begonnen hatte. Die entrückte Atmosphäre der Bilder Sandro Botticellis mögen etwas von den halbmystischen Vorstellungen dieser Philosophie, aber auch etwas von Lorenzos Liebe für die Poesie widergespiegelt haben.

Der Staatsmann: Mochte Lorenzo noch so viele literarische Ambitionen gehabt haben, das Staatsgeschäft hatte Vorrang. In ganz Italien genoß er Respekt für sein Bemühen, Gräben zwischen alten Feinden zuschütten und die streitenden Stadtstaaten befrieden zu helfen. Sein Ziel war eine Allianz von Staaten, die jeder äußeren Bedrohung – wie sie beispielsweise vom Heiligen Römischen Reich ausging – widerstehen konnte.

Ironischerweise war der Papst der größte Feind dieser Politik Lorenzos, denn seine territorialen Ambitionen bauten auf ein zerstrittenes Italien. Papst Sixtus IV. löste die päpstlichen Konten bei der Bank der Medici auf, was fast zu deren Bankrott führte. Auch die Fäden der Pazzi-Verschwörung, deren Ziel die Entmachtung der Medici und die Ermordung Lorenzos war, liefen bei Sixtus zusammen. Der Papst schickte gar einen seiner Verbündeten, den König von Neapel, mit einem Heer nach Florenz. Lorenzo aber konnte den König für sich gewinnen und schnell mit ihm Frieden schließen.

Nach diesem Mißerfolg starb Sixtus IV. Mit dem Nachfolger, Innozenz VIII., suchte Lorenzo eine eher partnerschaftliche Beziehung aufzubauen, und es gelang ihm, seinen Sohn Giovanni, damals gerade 16 Jahre alt, zum Kardinal ernennen zu lassen. Damit saß ein Medici im Herzen des Vatikans.

Drei Wochen nach der Weihung Giovannis starb Lorenzo. „Das ist das Ende des Friedens in Italien", sagte Innozenz VIII., der zwei Monate später starb. Er sollte recht behalten, denn zwei Jahre später, 1494, überfiel der französische König Charles VIII. Italien und marschierte mit einem großen Heer auf Florenz zu. Piero de' Medici,

der Sohn Lorenzos, hoffte die Freundschaft des Königs zu gewinnen und kapitulierte. Wütend protestierten die Florentiner vor dem Palazzo Vecchio, und die Medici mußten aus der Stadt fliehen.

In das politische Vakuum stieß der Bußprediger Savonarola. Charles VIII. war für ihn die Strafe Gottes, die den Florentinern für ihre besessene Beschäftigung mit heidnischen Philosophien, weltlichen Büchern und gemeiner Kunst drohte. Florenz erlebte eine vierjährige Schreckensherrschaft.

Savonarola hatte Anhänger und Feinde. Erst als er exkommuniziert wurde und Florenz ein päpstliches Interdikt drohte, schlug

die Meinung um. Seine bleibende Leistung war die republikanische Verfassung von 1494, die auch nach seiner Hinrichtung 1498 Bestand hatte. Die Republik blühte fort, nun unter der Leitung von Piero Soderini, assistiert von Niccolò Machiavelli.

Rückkehr der Medici: 1512 – die neue Republik hatte einen Krieg gegen die Spanier verloren – bereiteten sich die Medici, angeführt von Kardinal Giovanni, auf ihre Rückkehr vor. Im folgenden Jahr wurde Giovanni zum Papst Leo X. gekrönt, und Florenz feierte vier Tage lang. Machiavelli, den die Medici als Gefahr ansahen, durfte sich nach

Links: Lorenzo als Merkur in Botticellis *Primavera*. <u>Oben</u>: Papst Leo X., gemalt von Tizian.

Gefängnis und Folter ins Privatleben zurückziehen, wo er mit der Arbeit am Buch *Il Principe* begann, einer Rechtfertigung seines eigenen Politikerhandelns und grundsätzliche Überlegungen über die Qualitäten eines guten Politkers. Häufig wird sein Werk als Verteidigung rücksichtsloser Machtherrschaft mißverstanden.

Ein derartiger Führungsstil war bis dahin nicht Sache der Medici gewesen. Das aber sollte sich fortan ändern, denn nun hielten sie plötzlich mit aller Kraft an der Macht fest. Zwei Päpste aus ihrem Hause, Leo X. und sein Vetter Clemens VII., regierten Florenz die kommenden 15 Jahre durch ihren Statt-

halter Alessandro de' Medici, von dem man annimmt, er sei ein unehelicher Sohn Papst Clemens' gewesen.

Der Versuch, die Republik im Jahre 1527 während des *Sacco di Roma* wiederherzustellen, wurde drei Jahre später durch päpstliche Truppen zunichte gemacht. Alessandro wurde daraufhin zum Herzog von Florenz gemacht. Er war der erste tyrannische und korrupte Medici, der zudem ein ausschweifendes Leben führte. Als er von

Oben: Cosimo I., gemalt von Vasari. **Rechts**: Der Autor der „Göttlichen Komödie", Dante Alighieri.

seinem Cousin und gelegentlichen Bettgefährten Lorenzaccio (auch Lorenzino) ermordet wurde, atmete ganz Florenz auf.

Zum Nachfolger wurde wieder ein Cosimo gewählt, der Sohn des angesehenen Giovanni delle Bande Nere und Maria Salviatis, der Großenkelin Lorenzos des Prächtigen. Seine Fürsprecher mögen tatsächlich geglaubt haben, daß er sich vor jeder politischen Entscheidung Rat holen und die Verfassung achten werde.

Florenz jedoch hatte den falschen Mann gewählt. Bald schon sah sich die Stadt unter neuer Willkürherrschaft. Als erstes schaltete Cosimo die Opposition aus, ein Heer der aufbegehrenden Republikaner besiegte er und ließ die Anführer auf der Piazza Signoria hinrichten – jeden Tag vier von ihnen. Die anderen Städte der Toskana brachte er mit brutaler Gewalt unter seine Herrschaft. Siena beispielsweise verlor bei der Verteidigung die Hälfte seiner Einwohner; bis zum heutigen Tag setzen deshalb einige Sienesen ihren Fuß nicht auf Florentiner Boden.

Cosimo war kein Freund der Kunst. Seine Aufträge in dieser Richtung – wie die Fresken im Palazzo Vecchio – dienten der Selbstbeweihräucherung oder praktischen Gründen: So wurden die Uffizien gebaut, um die Verwaltung, die Zünfte und die Gerichtsbarkeit unter einem Dach zu versammeln.

Cosimos Leistung: Er baute eine effektive Verwaltung auf, und die zwang die Toskana zu politischer Einheit. War der Cosimo des 15. Jahrhunderts einer von vielen mächtigen Männern in Florenz gewesen, so war Cosimo I. ein Monarch, seine Regierung ein Beraterstab, die Anhänger waren Höflinge.

Nach seinem Tod gelang es Florenz wieder, etwas von der Selbstregierung zurückzuerlangen, die der Stadt so lange verwehrt geblieben war. Cosimos Nachkommen regierten Florenz noch weitere sechs Generationen, allerdings überließen sie, gelangweilt, träge, trunken und degeneriert, die Staatsgeschäfte dem Verwaltungsapparat. Dennoch forderte niemand mehr die Herrschaft der Medici über Florenz heraus. Als die letzte Medici, Anna Maria, 1743 starb, trauerte ganz Florenz, denn mit dem Aussterben der Medici endete zugleich die großartigste Epoche in der Geschichte der Stadt.

FLORENTINER GEIST

Der Beitrag von Florenz zur modernen Welt umfaßt einiges. Einerseits „erfand" die Stadt so „praktische" Dinge wie die Straßenpflasterung und das Augenglas, andererseits wurden in Florenz die theoretischen Grundlagen der kapitalistischen Ökonomie und Staatsführung, aber auch Theorien über das Universum entwickelt.

Alte Dokumente beweisen, daß Florenz bereits 1235 damit begann, seine Straßen zu pflastern, und 100 Jahre später das gesamte Straßensystem mit einer befestigten Oberfläche versehen war – damals ein einmaliger Luxus in Europa.

Die Stadt hatte zwar nichts mit der Entdeckung Amerikas zu tun, aber jeder Florentiner wird gerne darauf hinweisen, daß einer der ihren, Amerigo Vespucci, dem neuentdeckten Kontinent seinen Namen gab und daß Leonardo da Vinci die erste Weltkarte zeichnete, die auch Amerika darstellte.

Eine Tafel in der Kirche Santa Maria Maggiore weist auf eine andere Erfindung hin: „Hier liegt Salvino d'Amato Degli Armata aus Florenz, der Erfinder des Augenglases. Möge Gott ihm seine Sünden verzeihen; im Jahre 1317."

Auch in der Musik hat Florenz einen wichtigen Beitrag geleistet. 1711 erfand Cristofori das Klavier, und die Ursprünge der Oper lassen sich auf eine Aufführung von *Euridice* im Jahre 1600 zurückverfolgen, als Iacopo Peri zur Hochzeit von Maria de' Medici mit Henri I. eine neue Form des Musikschauspiels schuf.

Eine andere, frühere Heirat ist vielleicht der Auslöser für die westlichen Tischsitten gewesen. Als Caterina de' Medici den späteren König Henri II. heiratete und nach Frankreich kam, war sie schockiert über die französischen Eßmanieren: Niemand aß – wie in Florenz – mit der Gabel! Aber bald darauf eiferte ihr ganz Paris nach.

Damit nicht genug: Katharina hatte über die französische Küche ähnliche Ansichten wie über die Tischsitten, und Florentiner erzählen gerne, daß sie heimische Köche nach Paris holte und damit erst die Grundlage für die *Grande Cuisine* legte. Da keine anderslautenden Urheberrechte behauptet werden,

wird allgemein angenommen, daß in Florenz auch das Speiseeis und die Gemüsesuppe, *minestrone*, erfunden wurden.

Weitere bedeutende Beiträge sind natürlich auf dem Gebiet der Kunst zu vermelden. Donatellos *David* von 1430 war der erste frei stehende Akt der Renaissance, desgleichen schuf er das erste frei stehende Reiterstandbild.

Eine der größten Meriten der Stadt wird ihr von kaum jemandem streitig gemacht. Filippo Brunelleschi ist *der* Vater der modernen Architektur: Als erster Renaissance-Architekt entwickelte er die Regeln der linearen Perspektive. Und seine Arbeitsweise – Detailplanung und Trennung von Entwurf und Bauausführung – machte die Architektur erst zur „geistigen Disziplin und Tätigkeit von kulturellem Rang".

Machiavelli, der Autor des *Principe* und anderer Schriften, ist nicht nur der Vater der Politikwissenschaft, sondern auch des Journalismus. Dantes florentinische Muttersprache wurde so bewundert, daß sie schließlich die Basis des modernen Italienischen wurde. Guicciardini wird zugeschrieben, die Grundlagen der modernen Geschichtsschreibung gelegt, Petrarca der Lyrik neue Dimensionen verliehen und Boccaccio die moderne Erzählprosa erfunden zu haben.

Angesichts von soviel Schaffensgeist klopft sich Florenz auf die Schulter und vergißt gerne, daß etwa Dante die Stadt einmal „als Hort der Parvenüs und schnellen Gewinne" bezeichnete. Zwar brüstet sich Florenz eines Galileo Galilei, der dem heliozentrischen Weltbild zum Durchbruch verhalf, erwähnt aber selten und nur nebenbei, daß er deshalb 1633 von der Inquisition ins Gefängnis geworfen wurde.

Es ist müßig zu diskutieren, ob die florentinischen Banken des 13. Jahrhunderts erster Ausdruck des modernen Kapitalismus oder ob die mittelalterlichen Kaufleute die ersten einer neuen und später herrschenden sozialen Schicht waren; unumstritten aber bleibt die Tatsache, daß die florentinischen Bankiers das Kreditwesen und die doppelte Buchführung einführten, die beide in gleichem Maße zum Erfolg der kapitalistischen Wirtschaftsordnung beitrugen. Schließlich sei nicht unerwähnt, daß Florenz 1252 als erste Stadt eigene Münzen prägte, die in ganz Europa zum akzeptierten Zahlungsmittel wurden. ∎

Auf die Frage, was das Leben lebenswert mache, zitierte der Schriftsteller Harold Acton meist mit Vergnügen die Worte von Cyril Connolly: „An einem Buch schreiben, ein Abendessen zu sechst, verliebt durch Italien reisen." Und als alter Herr bestätigt Acton: „Das alles hat mir Florenz gegeben."

Die fruchtbare Beziehung zwischen Florenz und seinen ausländischen Besuchern geht bis in das 17. Jahrhundert zurück. Am Anfang waren die Berichte abenteuerlustiger Sonderlinge wie Fynes Moryson, wenn dessen Beschreibung seines Zusammentreffens mit zwar geistreichen, aber „fremdländischen" Florentinern und der „barbarischen" Architektur auch seltsam klingt.

Ein Jahrhundert später war Florenz schon eine wichtige Station jeder Bildungsreise durch Italien: Die fremdartige Psyche, das milde Klima und die noch unterbewerteten Kunstwerke boten die richtige Mischung für eine Entdeckungsfahrt. Tobias Smollett allerdings charakterisierte diese neuartigen Reisen, die sich nur der Adel erlauben konnte, als „ snobistische und lasterhafte Mode". Er selbst stammte aus beengten, wenn auch wohlhabenden Verhältnissen, und für ihn bestand die Florentiner Oberschicht bestenfalls aus adligen Wilden und schlimmstenfalls aus Pferdedieben. Smolletts Ansichten waren wohl auch durch seine Ankunft geprägt: Mitten in der Nacht ging er mit seiner Gemahlin sieben Kilometer um die Stadtmauern, bis sie ein offenes Tor fanden.

Hofkonsuln: Horace Mann, der englische Gesandte am großherzoglichen Hof, protestierte bereits 1737 gegen die Vielzahl von Engländern in Florenz: „Wenn ich sie alle zum Dinner laden müßte, wäre ich ruiniert." Die kultivierte Gesellschaft von Horace Walpole und Thomas Gray waren ihm willkommene Abwechslung. Mann selbst gehörte einem vornehmen Geschlecht von Gesandten in Florenz an, einer Institution, die bis auf das Jahr 1456 zurückging. Die

Links: Das Portal des Doms. **Oben:** Santa Maria Novella, die Vielgepriesene.

lästigen Kontakte zur rasch wachsenden Kolonie von Landsleuten nahm er zwar hin, fühlte sich jedoch im Grunde der Florentiner Aristokratie weit mehr verbunden.

Zu seinem Leidwesen war sein Budget zu klein, um auf den prunkvollen Maskenbällen der Corsini und Niccolini im Teatro della Pergola mithalten zu können, in jenen prächtigen letzten Tagen der Medici. Nach Gian Gastones Tod nahm das Leben in Florenz unter der bürokratischen Herrschaft der

Lothringer einen gesetzteren Gang. Mann war ein arbeitsamer Konsul, während sich seine Landsleute nur dem Vergnügen und der Kultur widmeten. Der anglophile Mario Praz drückte es deutlicher aus: „Seit Jahrhunderten sind Italiener ins Ausland gegangen, um zu arbeiten, die Engländer hingegen, um sich zu vergnügen."

Während der Napoleonischen Kriege wurden die Reisen nach Florenz eingestellt. Joseph Forsyths Schicksal zeigte die Gefahren des touristischen Müßiggangs: Nach einer Erkundung der Toskana ohne Zwischenfälle wurde er von den Franzosen zwölf Jahre lang gefangengehalten und starb kurz nach der Entlassung im Jahre 1814 – der erste Märtyrer des Tourismus.

Nach dem Sieg der Engländer bei Waterloo schloß die Mittelklasse zu den aristokratischen Literaten und dilettierenden Kunstliebhabern auf. Pensionierte Generäle, Renaissance-Gelehrte, Rebellen auf der Flucht, spröde Gouvernanten und durchgebrannte Liebespärchen machten sich in Scharen auf nach Florenz.

Shelley und Byron: In seinem berühmten Zitat nannte Shelley Florenz das „Paradies der Vertriebenen", war es doch der Ausweg aus heimatlicher Verfolgung und Armut und chitektur interessierten, die Einheimischen jedoch ignorierten.

Kunst stand inzwischen ganz oben auf der Tagesordnung, und die Besucher strömten in die Uffizien, um Botticellis *Geburt der Venus* und andere Gemälde zu besichtigen; die „Primitiven" Giotto und Cimabue fanden erst nach John Ruskin's leidenschaftlichem Plädoyer von 1860 Beachtung, Masaccio und Piero della Francesca erst zu Beginn unseres Jahrhunderts.

Der Schriftsteller Walter Savage Landor war der einzige Sammler, der je einen Cimabue besessen hat. Landor prahlte oft damit: „Ich liebte die Natur, aber die Kunst nicht

wartete mit Kunst und Heiterkeit auf. Er bewunderte die Stadt, „die weißen Segel der Boote, belebt durch das tiefe Grün der Wälder, die bis an die Ufer heranwachsen, und das Hügelland mit seinen hellen Villen".

Byron hingegen interessierte sich mehr für die Menschen. „Was kennen die Engländer schon von Italien, außer ein paar Museen, Salons und ein wenig Lektüre?" Mit einer bezaubernden italienischen Mätresse und aktiver Beteiligung an der italienischen Unabhängigkeitsbewegung setzte er sich von seinen engstirnigen englischen Zeitgenossen ab, die sich zwar für Kunst und Ar-

weniger." Nach einem erfolglosen Prozeß floh er 1858 nach Florenz, wo er sich auf Dauer niederließ, und schmückte seine Villa Gherardesca mit Gemälden von Raffael und Lippi aus. Seine eigene streitsüchtige Vergangenheit vergessend, bezeichnete er die Florentiner als ein „über die Maßen hinterhältiges und käufliches Volk".

Florenz war für ihn „die schmutzigste Hauptstadt Europas". Er beschwerte sich empört darüber, daß in den klassischen Villen „Hausschweine, verfaulte Weintrauben, stinkender Ziegenkäse und verlauste Kinder" das klassische Bild störten.

William Cullen Bryant hingegen wäre es ganz recht gewesen, wenn Florenz, so gescholten, der englischen „Grand Tour" hätte entgehen können: „Am Morgen kommen die Engländer in weißen Hüten und weißen Hosen aus ihren Unterkünften und marschieren, begleitet von ihren stämmigen Gattinnen, steifen Ganges hinab zum Arno."

Angloflorentiner: Gegen 1850 machten die Flüchtigen des „hochviktorianischen" England Florenz zu einer „ville anglaise", wie die Brüder Goncourt es ausdrückten. Der Engländer begab sich am Morgen zu einem „Verdauungsspaziergang" in den Cascine-Park; in der Vieusseux-Bibliothek traf man sich zu einem Plausch; dann wurde es Zeit für *i muffins* in *i tirummi* (Teestuben). Geschäfte, Gemälde und Villen kamen in englische Hand; Italien und seine Sprache hatten fast Mühe, sich zu behaupten.

Der Erwerb von Villen war das Hauptgesprächsthema der Engländer. Henry James grübelte in seiner prachtvollen Villa Palmieri reumütig darüber nach, daß diese nicht auch „englischen und amerikanischen Familien als preiswerte Überwinterungsmöglichkeit" zur Verfügung standen.

Anders als für die Einheimischen war für die Engländer bei der Wahl ihrer Residenz die Aussicht und nicht die Bauweise, Funktion oder Größe ausschlaggebend. Die Brownings, das am meisten gefeierte Dichterpaar in Florenz, waren keine Ausnahme. Die Aussicht von „Casa Guida Windows" findet sich in Elizabeth Barrett Brownings berühmtestem Gedicht wieder. Da die kränkelnde Elizabeth größtenteils an das Haus gefesselt war, stand ihre Veranda, „nicht ganz eine Terrasse, aber auch kein gewöhnlicher Balkon", im Mittelpunkt ihres Daseins. Von dort, unter den Zitronenbäumen, beobachtete Elizabeth, die glühende Republikanerin, den Angriff der Österreicher auf die eingeschüchterte Stadt.

Elizabeth wurde nicht müde, Italien auf Kosten Englands zu rühmen: „Unser armer Engländer möchte Unterricht zur Fröhlichkeit. Er will im Sonnenschein, nicht im Feuer geläutert werden." Virginia Woolf

schrieb: „So beklagte sich Mrs. Browning Tag für Tag, während sie den Chianti einschenkte, eine Orange vom Zweige brach und ihr Italien pries, über das trübe, feuchte, verdrießliche, freudlose, teure, konservative England." Die Besserung ihres Gesundheitszustandes war einer Chianti-Kur zuzuschreiben, die auch ihre Abhängigkeit vom schmerzstillenden Opium minderte.

Robert Browning liebte Florenz, „meine Seele fühlt sich hier zu Hause". Er widmete sich der Theologie, Psychologie und Botanik, richtete literarische Salons ein, schrieb oder kümmerte sich um seine „Lyrische Liebe". Obgleich keiner von beiden viel Interes-

se am wirklichen Florenz hatte, zeigten beide eine tiefe Leidenschaft für die Stadt.

Das Browning-Institut: Das Browning-Institut hat die Casa Guida neu in viktorianischem Grün und Rosarot eingerichtet. An der Wand gedenkt das dankbare Florenz der Dichterin: „In ihrem Frauenherzen verschmolz Gelehrsamkeit mit Poesie und machte aus ihrem Werk einen goldenen Ring, der Italien mit England verbindet."

Der berühmte und luxuriöse Browning-Salon stellte die anderen ausländischen Kolonien von Florenz zweifellos in den Schatten. Doch gemeinsam war allen das

Links: Zu Besuch in der Villa Belvedere. **Oben:** Elizabeth Barrett Browning.

Gefühl, in einer einzigartigen Zeit zu leben. Die amerikanische Kolonie wurde durch Henry James' nachdenkliche Analysen bereichert. In der deutschen umgab sich Adolf von Hildebrand mit berühmten Malern und Komponisten. Eines Abends spielte gar Liszt am Klavier Stücke von Chopin. In Hildebrands Villa an den Hängen des Bellosguardo waren unter anderem Richard Wagner und Clara Schumann zu Gast.

Einen Steinwurf vom Haus der Brownings entfernt beendete Dostojewski sein berühmtes Werk *Der Idiot*. Die slawische Gemeinde von Florenz blühte unter Graf Demidoffs Schirmherrschaft. Tschaikowski lebte und arbeitete in der Via di San Leonardo, Maxim Gorki und Alexander Blok hielten einen späten Einzug in die Florentiner Szene.

Nicht alle Besucher von Florenz waren jedoch Autoren und Künstler. Die Inschrift auf dem Grab eines Arthur Clough lautet: „Gestorben in Florenz am 13. November 1861 im Alter von 42 Jahren – er kam, um gesund zu werden, und starb am Fieber."

Kunstsammler: Um die Jahrhundertwende war die angloflorentinische Gemeinde genauso zu einem Teil von Florenz geworden wie die Medici-Villen, die sie bewohnte, und die Kunstsammlungen, die sie begründete. Die Sammlungen von Acton, Berenson, Horne und Perkins zeugen vom bleibenden Eindruck, den die „Großen Touristen" in Florenz hinterlassen haben.

Alan Moorhead schildert, wie der noch mittellose junge Bernard Berenson „die Fresken in den toskanischen Kirchen Zentimeter für Zentimeter" untersucht hat und „jeden Morgen mit einer Tasche voller Kerzen auf dem Fahrrad" losgezogen ist. Passenderweise ist seine „Villa i Tatti" heute das Zentrum für Renaissance-Studien der Universität Harvard.

Der Erste Weltkrieg vertrieb die meisten ausländischen Besucher und Bewohner der Stadt. D. H. Lawrence sah den politischen Wandel aus der Touristenperspektive, den Wechsel von Sozialismus zu Faschismus als den Austausch einer „Tyrannei" durch die andere. Während des Sozialismus „waren die Droschkenkutscher anmaßend und forderten das dreifache Fahrgeld". Im Faschismus hatten die Droschken einen niedrigeren Preis, berichtete Lawrence, aber auch das menschliche Leben: So wurde der sozialistische Bürgermeister von Fiesole vor seiner Familie von den Faschisten ermordet.

In den zwanziger und dreißiger Jahren nahm man die Bildungsreisen wieder auf. Es waren jedoch nicht mehr die müßigen Adligen, sondern eher Normalbürger und Intellektuelle, die sich auf den Weg machten. Aldous Huxley betitelte Florenz als „zweitklassige Provinzstadt mit abstoßender gotischer Architektur und endlosen Flächen, bemalt von kitschigen Naiven". E. M. Forster hingegen war berauscht von der fremdartigen Lebendigkeit der Stadt.

1947 reiste Dylan Thomas an, um in der „speckröstenden Sonne" zu arbeiten. Er betrank sich jedoch regelmäßig, von arbeiten war kaum die Rede. Die literarische Elite der Stadt beschimpfte er dennoch unverzagt als „Schreiberlinge, die noch bei ihren Müttern wohnen, vom Vermögen leben und Apollinaire übersetzen".

Studenten: Die heutigen Nachfolger der „Großen Touristen" sind die Söhne und Töchter der Etablierten, die Sprach- und Kunstkurse über die Renaissance in Florenz besuchen. Die Dreisteren klettern bei Dämmerung mit ihrer Geliebten in den Boboli-Garten; die Phantasieloseren lungern in ihren Hermès-Halstüchern und Gucci-Halbschuhen herum. Die „Langweiligen" finden immerhin Zeit, sich zuweilen auch die Gemälde anzusehen.

Doch der Ennui läßt nicht lange auf sich warten, man bringt es schnell hinter sich; nur wenige sehen, „in der Sonne am gelben Fluß sitzend", das wirkliche Florenz, in dem „... nichts als Briefbeschwerer und Alabaster-Cupidos industriell gefertigt werden, jeder Tätigkeitsdrang, jede Dynamik oder Ernsthaftigkeit fehlt, jene robusten Tugenden, die man gemeinhin als unentbehrlich für den Fortbestand eines Gemeinwesen ansieht". Für Henry James war Florenz eine Grenzstadt, überlebend zwischen Huldigung und Verachtung. Weniger romantisch, sehen andere in der Stadt am Arno eine gelangweilte Schöne, der man zu oft schon dieselben Komplimente gemacht hat.

Vasaris *corridoio*.

L 3)Florence,Nov.5(AP)View of the square in front
lica of Santa Croce with several cars stranded i
after the Arno river swept over it.(AP-Wirephoto
(rv51m0 news.)1966.

COMUNE DI FIRENZE
FABBRICA PALAZZO VECCHIO
LAVORI DI CONSOLIDAMENTO E RESTAURO
progetto e direzione lavori: DOTT. ARC____O MUCCINI
collaborazione tecnica: RENATO ___DI
Impresa GIUNTINI GIOTTO___
LUNGARNO DELLE GRAZIE. 4/R. FIRENZE · TEL. 24
OPERA FINANZIATA DALLA CASSA DD. PP. CON I FONDI DEL ___

Kurz vor Tagesanbruch, am 4. November 1966, nachdem es 48 Stunden unaufhörlich geregnet hatte, trat der Arno über die Ufer und wütete durch Museen, Galerien, Kathedralen und Kunsthandwerksläden. Tausende von Kunstwerken wurden beschädigt – Gemälde, Statuen, Skulpturen, Fresken, Wandteppiche und Manuskripte, wissenschaftliche Instrumente und antike etruskische Töpferwaren.

35 Menschen kamen ums Leben, 16 000 Fahrzeuge wurden zerstört und Hunderte von Wohnungen unbewohnbar, als die schlammigen, mit dem Heizöl geborstener Kellertanks verseuchten Fluten auf sechs Meter anstiegen. *Bella Firenze*, das schöne Florenz, Kulturhauptstadt der Welt, Stadt der Kunst und der Träume, versank im stinkenden, schwarzen Morast.

Kriegszoll: Die Stadt hatte zuvor schon in jedem Jahrhundert unter mindestens einer katastrophalen Überschwemmung zu leiden gehabt. Das einzige Ereignis anderer Art, das derartige Verheerungen anrichtete wie das Hochwasser von 1966, war jedoch der Zweite Weltkrieg. Nach einem zweiwöchigen erbitterten Artilleriegefecht zwischen deutschen und alliierten Truppen beiderseits des Arno zog sich die Reichswehr zurück, blockierte den Ponte Vecchio mit dem Schutt zerstörter mittelalterlicher Gebäude und jagte die restlichen sechs Arnobrücken in die Luft. Aber nur Stunden, nachdem der letzte Deutsche abgezogen war, begann der Wiederaufbau der Brücken.

Die einzigartige Stellung, die Florenz in der Kulturgeschichte einnimmt, bringt die schwere Bürde mit sich, die angehäuften Schätze für den Rest der Welt erhalten zu müssen. Florenz ist daher zum führenden Zentrum für Kunstrestauration geworden: Und die Stadt steht beständig im Brennpunkt der Auseinandersetzung darüber, wie, wann, ob und was bewahrt werden soll.

Vorherige Seiten: Eines der ersten Fotos der Nachrichtenagenturen von der Flutkatastrophe. **Links:** Die Restaurierung kennt kein Ende.

Geteilte Meinungen: Eine der am hitzigsten geführten Debatten der letzten Jahre konzentrierte sich auf die mittelalterliche Piazza della Signoria. Die Stadtväter brauchten 13 Jahre, bis sie den Beschluß faßten, daß die Piazza, deren alte, wiederholt ausgebesserte Steinplatten inzwischen mehr aus Asphalt als aus Stein bestanden, einen neuen Belag bräuchte.

An diesem Punkt der Diskussion trat Francesco Nicosia, der Chefkonservator der Region Toskana, mit dem Argument auf den Plan, daß der geplante Straßenbelag für immer die römischen Bäder und die uralten Gebäude zudecken würde, die unter dem Platz liegen. Er startete eine Kampagne, um den Platz aufzugraben und ein unterirdisches Museum zu schaffen.

Die Stadtregierung wollte jedoch kein weiteres Museum und auf keinen Fall eines mit Ein- und Ausgängen, Luftschächten und Oberlichtern, das den Charakter der 600 Jahre alten Piazza Signoria zerstören würde. Schließlich fand man einen Kompromiß: Die Archäologen durften graben und alles dokumentieren, danach sollten die Hohlräume wieder zugeschüttet und die Bepflasterung endlich in Angriff genommen werden.

Nicosia stimmte zu, stellte aber dann fest, daß unter dem Platz eine komplette römische Stadt inklusive einer Wollfärberei lag. Daraufhin gelobte er, den Kampf für ein unterirdisches Museum fortzusetzen, und die Stadtväter schworen, ihn dabei zu bekämpfen. Im Moment sieht es danach aus, daß die Stadtväter gewonnen haben. Die Piazza della Signoria wurde restauriert.

Keine Zweifel, was zu geschehen habe, gab es 1966. Die Florentiner taten, was sie immer getan hatten, wenn eine Katastrophe ihre Stadt traf: Sobald die Flut zurückging, fingen sie an, die Schäden zu beseitigen.

Nach der Sintflut: Der amerikanische Künstler Francis Kelly schrieb später ein Buch über die Rettungsarbeiten. Er war einer der vielen Studenten aus aller Welt, die nach Florenz kamen, um dort Kunst zu studieren: „Die wahren Retter von Florenz waren die Studenten, die in den Schlamm sprangen und Gemälde, Statuen und Manuskripte herausholten." Sie bildeten eine Menschenkette hinab in das stinkende Innere des Kellers der Nationalbibliothek und reichten alte Manuskripte heraus, die wenige Stunden später verloren gewesen wären.

Sie halfen dabei, die Gemälde in japanisches Spezialpapier zu wickeln, um zu verhindern, daß die Farbe Blasen warf. Sie kratzten den Schlamm von Michelangelos *David*. Die Studenten lebten in Notunterkünften, und viele von ihnen verbrachten Monate in den blauen Overalls, die die Stadt für die freiwilligen Helfer ausgegeben hatte, um bei der Restaurierung, der Säuberung der Straßen und dem Leerpumpen der Keller zu helfen.

Kelly hat noch die riesige Halle vor Augen, in der die berühmten Meisterwerke nebeneinander standen: „Es war furchtbar", erinnert er sich an die Beschädigungen, „neben jedem Gemälde hing ein Beutel mit den Farbflocken, die abgeblättert waren."

Spenden: Als die Nachricht vom Hochwasser bekannt wurde, flossen Millionenbeträge von Regierungen und Privatpersonen aus aller Welt nach Florenz. Experten, die aus Amerika und Europa eintrafen, stimmten überein, daß es 20 Jahre dauern würde, bis Florenz sich erholt hätte und die Kunstwerke restauriert wären.

Sie behielten nur zum Teil recht. Florenz hat sich endgültig von der Katastrophe erholt, die Restaurierungsarbeiten jedoch sind heute längst noch nicht abgeschlossen. Von den beschädigten Meisterwerken hängen zwar die meisten wieder in den Ausstellungsräumen, und die Geschäfte und Galerien haben wieder geöffnet. Die Uferanlagen des Arno wurden wiederhergestellt und verstärkt; wertvolle Kunstgegenstände wurden auf höhergelegene, sicherere Orte verlegt.

Im Archäologischen Museum jedoch, das in solch einem Zustand war, daß die Direktoren die gleichen Grabungstechniken anwenden mußten, die sie sonst zur Freilegung der eigenen Exponate einsetzten, sind noch einige Räume sowie im Museumsgarten die Rekonstruktionen etruskischer Gräber nicht zugänglich. In der Nationalbibliothek erhalten Studenten auf ihre Frage nach alten Nachschlagewerken häufig die Antwort: „Dieses Buch wurde leider noch nicht restauriert." Insgesamt wurden eineinhalb Millionen Bände beschädigt und etwa eine Million Bücher vernichtet, darunter eine Serie unwiederbringlicher antiker Miniaturen. Mehr als 500 000 neuere Bücher und 40 000 seltene oder historische Bände wurden allerdings gerettet.

Zügige Arbeit: Nachdem sie getrocknet und, um einen weiteren Zerfall zu verhindern, mit Chemikalien behandelt worden waren, wurden die Bände für die Restaurierung ausgelagert, diesmal allerdings nicht im Keller. Die 80 festangestellten Restaura-

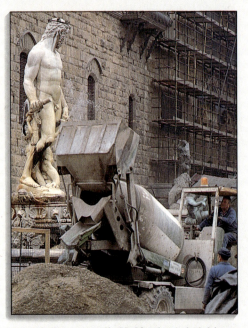

teure haben etwa die Hälfte der Arbeit hinter sich. Viele dieser Experten sind der Meinung, daß der Restaurierungsaufwand auch ohne die Flut nötig gewesen wäre.

Nutzen des Hochwassers: Im ältesten Teil des mittelalterlichen Florenz, inmitten von kleinen Juwelierläden und Schreinereien, betreiben Paola Lucchesi und Beatrice Cuniberti eine Werkstatt, die antike Landkarten, Drucke und Manuskripte für Privatleute restauriert. Sie sehen sich als „Studenten des Hochwassers" und profitieren von Techniken, die ohne das verheerende Unglück niemals entwickelt worden wären.

Frau Lucchesi bestätigt, daß ihr Spezialgebiet, die Papierrestauration, vor der Überschwemmung nahezu unbekannt war, sich jedoch rasch entwickelte, als die Experten in Florenz zusammenkamen, um gemeinsam die heutigen Trocknungsmethoden und chemischen Behandlungen zu entwickeln. Viele stimmen darin überein, daß die Flutkatastrophe für die einzelnen Kunstwerke ein Unglück, für das Gebiet der Restauration jedoch ein Segen war. Die neuen Techniken werden wichtige Werke über weit längere Zeiträume erhalten können als zuvor.

In der gleichen großen Halle, in der Francis Kelly vor 20 Jahren gewissenhaft die

ker und Mikrobiologen untersuchen die Leinwände und Pigmentstruktur der Gemälde, bevor entschieden wird, wie die beschädigten Flächen restauriert oder rekonstruiert werden. Die größeren Gemälde, deren Instandsetzung bis zu drei Jahren dauern kann, werden sorgfältig retuschiert, wobei Pinsel und Farben „wiedererfunden" wurden, um möglichst genau die Arbeitsweise der ursprünglichen Künstler zu kopieren.

Von den 3000 Meisterwerken, die man aus dem Schlamm geborgen hat, hängen 2000 wieder in den Ausstellungsräumen, warten jedoch noch auf ihre Restaurierung. Zur gleichen Zeit werden die vom Labor entwik-

Farbstückchen wieder zu Gemälden zusammensetzte, führt Marco Ciatti heute die Aufsicht über ein vom italienischen Kultusministerium gegründetes Labor, in dem 60 Spezialisten an der Gemälderestaurierung arbeiten. Ein ähnliches Labor auf der anderen Seite von Florenz restauriert Statuen.

Wissenschaftliche Unterstützung: Chiattis Künstler benutzen Gammastrahlen, Spektrophotometer, Chromatographen und andere moderne technische Apparaturen. Chemi-

Links: Ausgrabungsarbeiten auf der Piazza della Signoria. **Oben**: Spiegelglatter Arno.

kelten Techniken an anderen wichtigen Werken eingesetzt, die restaurationsbedürftig sind. Gemälde, die man lange vor der Flut entfernt hatte und von denen man einst annahm, daß sie nicht mehr zu retten seien, können bald wieder bewundert werden.

Heute besuchen mehr als sieben Millionen Besucher jährlich die Stadt. Auch wenn sie mit den Folgen des Massentourismus, mit ständig wechselnden Öffnungszeiten und mit „in-restauro"-Schildern zu kämpfen haben, können sie heute Kunstwerke in einem Zustand bewundern, der Ruskin vor Neid erblassen lassen würde.

GESTERN, HEUTE, MORGEN

Besucher, die das erste Mal nach Florenz kommen, werden häufig desillusioniert von den vielen Menschen und dem allgegenwärtigen Lärm. Beim zweiten Besuch stellen sie jedoch oft erfreut fest, daß die Stadt weder so laut noch so überfüllt ist, wie sie es in Erinnerung haben. Mit anderen Worten, Florenz ist auf dem Weg der Besserung. Es ist jedoch noch ein langer Weg zur Balance zwischen vergangener Pracht und den Anforderungen der Zukunft.

Wichtige Fragen: Florenz steht wieder einmal vor einer jener Grundsatzentscheidungen, die seine lange und ruhmreiche Geschichte gekennzeichnet haben: Wird die Stadt sich völlig dem Tourismus ergeben und zu einem schicken Kulturdisneyland verkommen? Oder werden Anstrengungen unternommen, um bestehende, nicht tourismusorientierte Unternehmen zu unterstützen und neue in die Stadt zu holen? Was kann getan werden, um den Touristen, deren Zahl nach der Flutkatastrophe von 1966 dramatisch angestiegen ist, noch eine besuchenswerte Stadt bieten zu können? Wieviel mehr Pizzabuden, Schnellimbisse und Modeboutiquen dürfen die alteingesessenen Läden und Werkstätten ersetzen? Wird Tourismus oder Kultur der Maßstab für die Zukunft von Florenz sein? Metropolis oder Nekropolis?

Die Beziehung der Florentiner zu ihrer Vergangenheit ist vielschichtig und ungewöhnlich. An der Oberfläche ist kein Konservierungswahn zu erkennen, keine Spannung zwischen Alt und Neu. Die Vergangenheit der Stadt ist kein Thema, sie ist Teil der Luft, die man atmet, sie ist etwas, das so selbstverständlich dazugehört, daß eine Veränderung unvorstellbar geworden ist. Wenn die Probleme nach einer radikalen Lösung verlangen, weigern sich die Florentiner halsstarrig, die Notwendigkeit einer solchen einzusehen oder zu reagieren.

Ausflüchte: Das historische Stadtzentrum war bis zum 19. Jahrhundert von mittelalterlichen Mauern umgeben. Diese Mauern

Warten auf den Touristen.

IRRGARTEN DER POLITIK

Florenz ist nicht mehr als ein rosaroter Flicken im „Roten Gürtel" der Toskana. Die Vorliebe der Florentiner für linke Koalitionen auf kommunaler Ebene spiegelt traditionellen Antiklerikalismus und Skepsis gegenüber Rom, aber auch ein Maß an *campanilismo*, an „Provinzialismus", wider.

Jeder der früheren Bürgermeister bekam einen Vertrauensvorschuß, was seine Fähigkeit anbelangt, einen stringenten Kurs in den Streitfragen zu verfolgen, die bei der Administration, womöglich schon jahrelang, zur Entscheidung anstanden. Dabei galt es zu beachten, daß die Florentiner sehr protestfreudig sind, egal um welche Angelegenheit es sich handelt, und daß es in der Stadt eine Überfülle verschiedenster Interessengruppen gibt: Ladenbesitzer und Reiseveranstalter; Grüne und Freimaurer; Fahrradklubs und die Liga der Jagdgegner; Katholiken und Radikale. Nicht zu vergessen Fiat und Montedison, den Chemiemulti.

Das Wählerverhalten in Florenz ist weniger von sozialen Schichtungen geprägt als von althergebrachten Loyalitäten; man ist entweder Laizist oder Katholik.

Die Parteizugehörigkeit sagt wenig über den Lebensstil aus: Ein Sozialist mag eine Zweitwohnung besitzen und ein öffentliches Unternehmen leiten, ein Kommunist (es soll noch einige geben) Mode von Salvatore Ferragamo tragen und an Gott glauben.

Geheime Absprachen, Stimmenkauf und *clientelismo* gehörten ebenso zum politischen Alltag wie die Korruptionsskandale, die seit 1992 Italien bis ins Mark erschüttern. Zwar wurden einige bekannte Politiker in Haft genommen und angeklagt, dennoch glauben die meisten Florentiner, daß sich das politische System nicht geändert habe und sich niemals ändern wird.

Clientelismo gibt es bereits seit der Renaissance, wenn nicht schon früher. Dieser persönliche Lobbyismus ist oft der einzige Weg, die starre Bürokratie zu überlisten. Die Bürokratie ist allgegenwärtig: Die Ausstellung eines Führerscheins kann Wochen beanspruchen, und kein Führer für die Staatsgalerien darf ohne abschließenden Segen des Kulturreferats gedruckt werden.

Kommunale Volksentscheide haben auf der anderen Seite das Gleichgewicht zugunsten der Schwächeren wiederhergestellt. Jüngere Referenda haben sich für die Jagd, für die Dezentralisation der Stadtregierung, den Bau einer U-Bahn und für die Erweiterung des Modellversuchs der „Blauen Zone" ausgesprochen.

Die Auseinandersetzungen über die Verkehrsberuhigung hatte eine ernsthafte Diskussion über die Umweltproblematik, Wirtschaft, Stadtentwicklung und die Zukunft von Florenz in Gang gebracht. Lapo Mazzei, Direktor der *Cassa di Risparmio*, der Sparkasse, glaubt, daß Florenz „der Sinn für die Moderne fehlt, indem es zwar die Reputation, nicht aber die Verantwortung der Rolle als regionales Zentrum akzeptiert." Obwohl Florenz nun den stadtnahen Flughafen A Vespucci in Peretola hat, fürchten Kritiker, daß es ohne ein verbessertes Transportsystem und effektivere Umweltschutzmaßnahmen zu einem mittelmäßigen Touristenzentrum degeneriert.

Auf dem Höhepunkt der großen Debatte hatte der Stadtrat den Bau von Novoli und Firenze Nuova genehmigt. Die neue Stadt wurde von Fiat und von „La Fondiaria", Montedisons riesigem Versicherungsunternehmen, finanziert. Sie liegt zwischen Florenz und Prato. Das kommerzielle und industrielle Zentrum, inklusive großer Fiatfabrik und Erholungsgebiet, soll dem „alten" Florenz die Konzentration auf Kunsthandwerk, Restaurationswissenschaft, Mode, Kultur und akademische Studien ermöglichen.

Die Liberalen, Grünen, Radikalen und ausländische Intellektuelle charakterisierten die neue Stadt als Betonwüste. Sie befürchteten, daß das „alte" Florenz zu einem Freilichtmuseum verkomme. Die Mehrheit der Kommunalpolitiker sah das Projekt jedoch als eine zweite Renaissance und Chance, endlich die Verkehrs- und Umweltprobleme der Stadt zu lösen. Der verantwortliche – amerikanische – Architekt ging so weit, glauben machen zu wollen, daß die Wolkenkratzer doch nichts anderes als die Wachtürme des mittelalterlichen Florenz seien! Wer im Endeffekt recht behält, wird sich schon in naher Zukunft zeigen. ∎

wurden niedergerissen, als Florenz nach der Republiksgründung kurzzeitig zur Hauptstadt von Italien gekürt wurde.

Die Florentiner taten wenig, um ihre Stadt vor der fortschreitenden Zerstörung zu bewahren. Trotz einer oder mehrerer Überschwemmungen in jedem Jahrhundert wurden erst nach der Flut im Jahre 1966 die Uferanlagen des Arno verstärkt. Viele Bewohner kehrten nach der Katastrophe nicht in ihre Häuser zurück, und der Raumbedarf des Tourismusgeschäfts vernichtete in den siebziger Jahren weiteren Wohnraum.

Verkehrschaos: Die Einwohnerzahl des alten Florenz schätzt man heute auf 150 000

mehr Besucher im Jahr, von denen viele ebenfalls mit dem eigenen Wagen oder luftverpestenden Bussen ankommen, zu einem ernsthaften Problem geworden. Da Florenz in einem Kessel liegt, kann die verschmutzte Luft nicht abziehen und hängt wie eine Glocke über der Stadt. Statuen, die Jahrhunderte überlebt haben, wurden in den letzten 30 Jahren stark geschädigt, und viele folgten dem *David* in das Innere der Gebäude.

Einschränkungen: Anfang 1988 führte Florenz ein Experiment zur Verkehrsberuhigung durch. Das gesamte Stadtzentrum innerhalb der alten Stadtmauern aus dem 14. Jahrhundert wurde zur *zona blu*, zur

im Vergleich zu 400 000 vor 1966. An einem beliebigen Tag im Sommer sind mehr Touristen als Florentiner in den Straßen unterwegs. Damit wachsen die Probleme. Der Massentourismus hat vielen Florentinern zwar einen hohen Lebensstandard gesichert, vielen aber auch das Gefühl vermittelt, zu Statisten in einem Freilichtmuseum degradiert zu werden.

Die Luftverschmutzung ist für die Florentiner und die etwa sieben Millionen und

Oben: Ausgrabungen auf der Piazza della Signoria 1989.

„Blauen Zone", erklärt. Jedem Haushalt in dieser Zone wurde gestattet, nur ein Auto zu fahren oder zu parken – unabhängig davon, wie viele Autos er sein eigen nannte.

Dem Lieferverkehr wurden bestimmte Stunden zugewiesen, alle übrigen Fahrzeuge und Lastwagen mußten außerhalb der Blauen Zone auf eigens zu diesem Zweck eingerichteten Parkplätzen abgestellt werden. Die Stadt stellte kostenlos Fahrräder und eine Flotte von Minibussen bereit, die, mit umweltfreundlichem Methangas betrieben, die Passagiere in die Innenstadt transportierten. Die Verkehrspolizei wurde von

450 auf 750 Mann aufgestockt, die für die Einhaltung der Regelungen sorgen müssen. Bereits nach wenigen Wochen erbrachten Testergebnisse einen Rückgang der Verschmutzung und des Lärms. In den Seitenstraßen hängten die Hausfrauen erstmalig wieder ihre Wäsche zum Trocknen auf.

Die Verbannung der Autos wurde von Besuchern und Bewohnern gleichermaßen begrüßt, obgleich viele Einwohner alte Gewohnheiten aufgeben mußten.

In einem Referendum sechs Monate später bekräftigten mehr als 70 Prozent der stimmberechtigten Florentiner das Verbot von Privatautos und unterstützten den Antrag, das

Des weiteren gaben die Wähler im Prinzip ihr Jawort zum Bau einer U-Bahn – ein Vorschlag, der, wie viele andere, schon seit Jahren auf eine Entscheidung wartet. Geplant sind zwei Linien, die im Stadtzentrum zusammenlaufen und während der Stoßzeiten etwa alle drei Minuten verkehren. Angesichts des allseits bekannten Widerwillens des Stadtrats gegenüber wichtigen Entscheidungen (siehe Piazza della Signoria) und der angeborenen Abneigung der Florentiner gegenüber jeglicher Veränderung ihres geliebten Stadtbildes ist es jedoch sehr unwahrscheinlich, daß der U-Bahn-Bau jemals in Angriff genommen wird – vor allen Dingen,

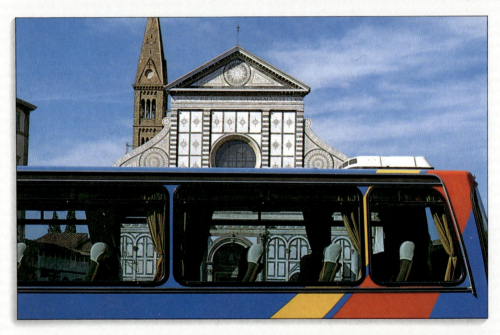

Verbot auf die Privatwagen und Busse der Touristen auszuweiten. Das inzwischen erlassene Fahrverbot hat den Fußgängern – Florentinern und Touristen – das historische Zentrum von Florenz zurückgegeben.

Radikale Vorschläge: Bei dieser Volksbefragung standen noch weitere wichtige Punkte für die Zukunft von Florenz zur Entscheidung an. So fand beispielsweise der Vorschlag, die Stadtregierung zu dezentralisieren und einige städtische Ämter nach außerhalb des historischen Stadtkerns zu verlegen, die Zustimmung einer großen Mehrheit der abstimmenden Florentiner.

weil man damit rechnen muß, alle paar Meter auf erhaltenswerte römische oder etruskische Ruinen zu stoßen.

Trabantenstadt: Einer der kühnsten Vorschläge, Florenz als „arbeitende" Stadt zu erhalten, kam von La Fondaria, Italiens zweitgrößter Versicherungsgruppe und neben Fiat das einzige Unternehmen, das nichts mit dem Tourismus zu tun hat. La Fondaria hat zusammen mit Fiat ein Milliardenprojekt gestartet: In absehbarer Zeit soll eine zweite Stadt mit 3500 Appartements und Wohnungen für 15 000 Menschen, einige Millionen Quadratmeter Bürofläche mit

18 500 Arbeitsplätzen, das erste überdachte Einkaufszentrum Italiens, drei Hotels, ein Kongreßzentrum, eine Universität mit Bibliothek und ein Computerzentrum in einem trockengelegten Sumpfgebiet im Nordwesten von Florenz entstanden sein.

Massimo Reale, der Vizepräsident von La Fondaria, betonte bei Baubeginn, daß Firenze Nuova eine lebendige Stadt werden solle. „Das wird keine Vor- oder Schlafstadt. Sie wird modern sein, aber die Menschen werden hier leben und arbeiten wie im alten Florenz."

Widerstände: Doch das vom Stadtrat bereits genehmigte Projekt stieß auf zuneh-

Abwasserregelung, im Straßenbau und bei anderen Dienstleistungen entstehen werden.

Dem Durchschnittsbürger schien das Projekt egal zu sein. Er begrüßte alles, was das Verkehrschaos mindert, und fürchtete alles, was die Atmosphäre von Florenz und die Pracht der Renaissance verändern könnte. Der Architekt Roberto Sabelli faßte die Ansichten vieler zusammen, als er sagte: „Es wäre schön, wenn das Projekt von La Fondaria funktionieren würde, aber eine andere Stadt, eine zweite Stadt mit eigenem Mittelpunkt würde nicht Florenz sein. Ich glaube nicht, daß die Florentiner es als Florenz anerkennen und dort leben würden."

menden Widerstand der Umweltschützer, deren Ziel die Erhaltung der Grünflächen war, und junger Kommunisten, die den Beweggründen von La Fondaria nicht trauten und die versteckten Kosten des Projektes fürchteten. Sie glaubten, daß der Plan einzig und allein auf die Umstufung des erworbenen Landes zu Bauland abzielte, und argumentieren, daß der Plan nicht ausreichend diskutiert worden sei: Keine einzige Zahl sei bekannt, die Aufschluß über die Kosten gebe, die der Stadt für Wasserversorgung,

Links: Touristenbus. **Oben:** Am Arno.

Leben oder Tod: Massimo Reale war jedoch überzeugt, daß Firenze Nuova ein Erfolg werden wird: „Es kann nicht so weitergehen", sagte er, „das Florenz von heute ist zu alt und zu beengt. Hier sitzen die Sekretärinnen wegen des Raummangels in den Büros der Chefs, angemessene Kommunikations- und Computerausrüstung findet keinen Platz. Moderne Tagungs- und Ausstellungsräume fehlen. Es ist die Entscheidung zwischen einer lebendigen Stadt und einer Stadt lebloser Zeugnisse der Vergangenheit."

1990 wurden die ersten Bürogebäude vermietet und die ersten Läden eröffnet.

Ein Florentiner der Renaissancezeit, der heute auf der Piazza della Signoria stünde, wüßte genau, wo er sich befindet. Der Platz und die nähere Umgebung haben sich kaum geändert – sieht man von Neonlichtern und Fast-food-Restaurants einmal ab. Außerhalb des historischen Kerns aber wurde im letzten Jahrhundert der alte Markt eingeebnet, um den Monumentalbauten der Piazza della Repubblica Platz zu machen. Und die alte Stadtmauer ist von dem festen „Blechwall" der Autos ersetzt worden.

Um die Jahrhundertwende war Florenz noch eine Stadt der Rentner, Kaufleute und kleinen Handwerker. Noch vor 45 Jahren gab es klar definierte soziale Klassen: den landbesitzenden Adel, die gutsituierte *borghesia* und die mittellose Schicht der *contadini*, der Bauern. Heute ist Florenz jedoch durch und durch bürgerlich geprägt. Die Wirtschaft beruht auf dem Handwerk und Dienstleistungsgewerbe, die Industrie beschränkt sich auf die Peripherie. Ungehinderter Kommerz und eine zwar verfeinerte, aber provinzielle Kultur halten sich die Waage. Der Glaube an gute Erziehung, an den Wert der Familie und des „guten Lebens" ist unerschütterlich.

Kontinuität: Das alte und das moderne Florenz wohnen oft unter einem Dach. Ein *palazzo del trecento* mag heute ein Restaurant oder eine Modeboutique beherbergen, die von den Nachkommen einer alten florentinischen Familie geführt werden. Der alte Adel ist eine kleine Gruppe von hohem sozialem Prestige, und sei dies nur, weil Straßen, Plätze oder Paläste den eigenen Namen tragen. Neuerdings widmet er sich wieder Tätigkeitsfeldern, die er schon in der Renaissance ausübte, dem Bankwesen, dem Weinhandel und der Kunstförderung.

Handwerker wie Kunsttischler, Goldschmiede und Buchbinder gehen ihrer Arbeit, wenn auch auf bescheidenerem Niveau,

nach wie ehedem. Und an der Stadtgrenze fahren die jungen Bauern teure Schlitten, lesen aber die Oliven noch mit der Hand.

Das Bild der sozialen Eliten von Florenz bestimmt das Polit- und Kulturestablishment, allen voran der Bürgermeister als Zeremonienmeister und bejahrte Intellektuelle wie der geheimnisvolle Dichter Mario Luzi. Auch der Adel spielt dabei eine nicht unbedeutende Rolle. Zwar verliert er seit den fünfziger Jahren stetig an Einfluß, sieht sich

selbst aber als Garant der Tradition sowie als Schiedsrichter des guten Geschmacks; so gab der Designer Emilio Pucci seine Meinung über Architektur bekannt, oder die Rucellai schreiben Literaturwettbewerbe aus und veranstalten Fotoausstellungen.

Eins muß man den modernen Adligen lassen: Sie sind keine Müßiggänger, sondern dynamische Unternehmer in der Lebensmittelindustrie und im Weinbau. Als ein früher *imprenditore* „gründete" Baron Ricasoli die Chianti-Industrie. Die Familien Frescobaldi und Rucellai betreiben seit dem 14. Jahrhundert Weinhandel. Ebenbürtige

Vorherige Seiten: Blumenstand auf dem Mercato Nuovo. **Links:** Studentinnen der Accademia di Belle Arti. **Oben:** Was Kinderherzen begehren.

imprenditori sind die Strozzi als Geldspeku-
lanten, die Pucci als Modezaren und die
Corsini im Bereich Dekoration und Restaurierung. Weder wird dem Adel übermäßiger
Respekt gezollt, noch beharren die *nobili* auf
altem Zeremoniell.

Das Schicksal der Stadt wird gelenkt von
Parteifunktionären und Mitgliedern des *sot-
togoverno*, Grundbesitzern und Unterneh-
mern, die dafür sorgen, daß die verdeckten
Absichten der Parteien auf regionaler wie
nationaler Ebene Gehör finden. Nichtsdestotrotz werden die Handlungen der Florentiner Politiker wesentlich vom *campanilismo* („Kirchturmpolitik") bestimmt, spielt
die Tradition eine nicht unbedeutende Rolle.

Soziale Mischung: Die *borghesia*, das Bür-
gertum, setzt sich aus unterschiedlichen Elementen zusammen: Intellektuellen, Angestellten und Verwaltungsbeamten. Die
intellettuali sind eher Sammler als Schöpfer:
Ausstellungsmacher, Theaterkritiker und
Kunsthistoriker. Ein Mann wie Alessandro
Parronchi – Experte des florentinischen
Post-Impressionismus – ist der Prototyp:
Die Vorsitzendenstühle der Literaturkomi-
tees sammelt er ebenso wie Werke von Lega
und Fattori, die er nur denjenigen verkauft,
die sich als Kenner ausgewiesen haben. Die
Kreativen arbeiten als Architekten, Bildhauer, Fotografen oder Designer.

Die *professionisti* arbeiten als Rechtsanwälte, Architekten oder Ärzte und halten
sich selbst für geschmackvoll und hart arbei-
tend. Sie fühlen sich den *funzionari*, den
Angestellten des öffentlichen Dienstes, die
in der Falle uninteressanter Karrieren sitzen,
überlegen. Die *funzionari* sind die geistigen
Abkömmlinge jener Beamten, die während
der Medici-Zeit so erfolgreich in den Uffizi-
en überwinterten. Vom Lohnsteuerabzug
betroffen, verdächtigen sie die *professionisti*
gerne der Steuerhinterziehung.

Als wollten die *professionisti* diese Ver-
leumdung widerlegen oder bestätigen, trifft
man die Freiberufler häufig am Sonntag mit
ihrem *commercialista*, dem Teilzeitsteuer-
berater, im vertrauten Gespräch an.

· Die *impiegati* arbeiten sowohl auf öffent-
lichem wie privatem Sektor, etwa für die
Regionalverwaltung, Banca Toscana oder
die Fondiaria-Versicherungsgesellschaft.

Man zieht sie wegen ihrer „Sachbearbeiter-
mentalität" auf, aber die *impiegati* lachen
als letzte: Festes Gehalt und Kündigungs-
schutz sorgen für ein bequemes Leben.

Die *commercianti* werden allein durch den
Profit angetrieben; sie, die Geschäftsleute,
Hoteliers und Reiseveranstalter, sind der
Inbegriff des merkantilen Geistes in der Tra-
dition der Medici und Pratesi. Sie wissen die
Schattenwirtschaft zu ihrem Vorteil zu be-
einflussen; niemand kommt zu kurz – abge-
sehen vom Finanzamt.

In der Regel werden die Geschäfte von
Familienangehörigen geführt: Tanten, Cou-
sins und Onkel leiten die Filialen oder leisten

Teilzeitarbeit hinter den Empfangstischen.
Die *commercianti* stellen eine beachtliche
Lobby dar, die immer wieder, aus Angst um
ihre Kundschaft, gegen die *zona blu* in der
Innenstadt hetzt.

Arbeitsmoral: Der florentinische Kapitalismus gedeiht prächtig unter jeder Stadtverwaltung. Doch was die Arbeitsmoral betrifft, herrscht eine tiefe Kluft zwischen den
Selbständigen und den Angestellten aller
Richtungen, den *dipendenti*.

In den Staatsunternehmen und in gerin-
gerem Maße in den Privatunternehmen prägen
Lethargie und Sicherheitsdenken das Ar-

beitsklima: Festes Einkommen, feste Arbeitszeiten und abgegrenzte Verantwortlichkeiten stellen sicher, daß die meiste Zeit dem Privatvergnügen gewidmet werden kann. Im Gegensatz dazu versprühen die ehrgeizigen Ladenbesitzer und Freiberufler Unternehmungsgeist. Ein Angestellter mag aber durchaus seinen Arbeitsplatz frühzeitig verlassen, um daheim die Frau hinter dem Tresen der Familienbar abzulösen.

Die sogenannten unteren Schichten setzen sich aus Gruppen zusammen, die nur wenig gemein haben. Die Handwerker, *artigiani*, spielten in der Geschichte schon immer eine Rolle. Ihre Zahl ist zwar gering, doch die

den Vororten am deutlichsten zu sehen. Wer versehentlich nach Osmanorro gerät, wähnt sich auf einem anderen Planeten: Die Laster haben riesige Schlaglöcher in die Straßen gerissen, zweigeschossige Betonbauten und rechtwinklig verlaufende Straßen, die abrupt an halbfertigen Fabrikhallen enden, bestimmen das Bild. Trotz des augenscheinlichen Wildwuchses deutet dies immerhin auf wirtschaftliche Aktivität hin, die die Stadt mit Lebensblut versorgt.

Das bäuerliche Florenz ist nicht verschwunden, es hat sich lediglich hinter Bellosguardo zurückgezogen. Das Ende der *mezzadria*, des feudalen Agrarsystems, fiel

Schuhmacher, Goldschmiede, Weber und Marmorschneider symbolisieren das Image der Stadt, und keiner wird sie missen wollen.

Eine neuere und mächtigere soziale Gruppe sind die o*peraii*, die Facharbeiter in den Vororten, wo sich die Industrie niedergelassen hat: Dazu zählen die Pirelli-Autofabrik in San Giovanni Valdarno und die Textilfabriken in Osmanorro.

Betondschungel: Die Expansion der Stadt und die damit verbundenen Probleme sind in

mit der Flucht vom Land in die Stadt zusammen. Übrig blieben die *fattorie*, die großen Güter um Florenz, die oft noch immer vom Adel, etwa den Frescobaldi, geführt werden.

Aber nach wie vor bewirtschaften einfache Bauern das Land zwischen der Sternwarte und dem Viale Galileo, unweit des Stadtzentrums. Einer von ihnen, Signor Parenti, besitzt noch ein steinernes Bauernhaus, hinter dessen Mauern sich alte Pflüge, Obstgärten, Weinstöcke und der „einzige Esel von Florenz" verbergen. Da die Familie allerdings hart arbeitet, hat sie nur ein paar Tage im Jahr Zeit, um die Idylle zu genießen.

Links: Auf dem Markt von San Lorenzo. **Oben:** Kirchgänger vor Santissima Annunziata.

Ein geringerer Teil des Landes wird wie zuvor von den *contadini* bewirtschaftet, die man im September die Olivenbäume schütteln sieht. Das Äußere kann jedoch täuschen: Signor Rossi, der wie der Inbegriff eines wettergegerbten Bauern aussieht, entpuppt sich als Besitzer einer Werkstatt und will mit seiner Schwester einen Landsitz kaufen.

Selbstgefälligkeit: Gegenüber anderen Italienern legen die Florentiner eine Arroganz an den Tag, die unter weniger feinen Leuten als Rassismus ausgelegt werden könnte. Die *meridionali* (Süditaliener) sind besonders unwillkommen, und die Sarden, die im Ruf stehen, einen Hang zum Kidnapping und zu Familienfehden zu haben, brauchen sich gar nicht bemühen, die Vorurteile zu entkräften. Lapo Mazzei freilich, der Direktor der Sparkassen, kritisiert die Engstirnigkeit, Arroganz und Selbstgefälligkeit seiner Mitbürger, aber ein Großteil des Florentiner Bürgertums verachtet ohne wenn und aber *questi primitivi* („diese Primitivlinge").

Die *borghesia* wird von einer ausländischen Unterschicht bedient: den Filippinos. Um Santa Maria Novella, nahe der chinesischen Restaurants, ist ein kleines Manila entstanden, und am Sonntag kommen die Jugendlichen aus den Vororten mit ihren Motorrädern in die Stadt. Doch trotz dieser „Außenseiter" ist Florenz keine Immigrantenstadt; eine große Anzahl „echter" Florentiner lebt weiterhin im Stadtzentrum.

Neuankömmlinge: Wenngleich Nordeuropäer und Amerikaner ein wenig freundlicher empfangen werden, schert so manch ein Florentiner alle *stranieri* („Fremden") über einen Kamm. Der Architekt Giovanni Koenig mag gar nicht mehr von den Hügeln seines Fiesole in die Stadt hinunter: „Florenz ist an die Ausländer verkauft worden."

Seit dem 18. Jahrhundert waren die Engländer präsent und sind es heute noch: manchmal durchaus integriert, und, wie der 1993 verstorbene Kunsthistoriker Sir Harald Acton, wild entschlossen, wenn auch ziemlich exzentrisch, eben britisch.

Die Nordamerikaner sind zur ernsthaften Konkurrenz der Engländer geworden, großzügige Forschungsgelder und Außenstellen von 15 amerikanischen Universitäten sorgen für ihren Unterhalt. Ihre Zahl wächst während der Saison durch Sprach- und Kunststudenten erheblich an. Deutsche und Schweizer stoßen auf der Suche nach Kunst und Kultur dazu; meist wohnen sie aber außerhalb der Stadt in geschmackvoll restaurierten Landhäusern der Chianti-Hügel.

Wertsachen: Die Florentiner verbindet mehr als nur der *campanilismo*: Schichtenübergreifend erfreut sich das eigene Heim, fast schwäbisch, größter Wertschätzung – sei es die Villa in den Marignolle-Hügeln, ein *appartamento* an der Piazza Donatello, ein Landhaus bei Fiesole oder eine Behausung in den Wohnblocks des Campo di Marte. Das Familienleben ist heilig: Häufig le-

ben die Kinder bis zur Heirat bei den Eltern, die dann dem jungen Paar eine Wohnung oder ein Haus kaufen.

Eltern aller Klassen bemühen sich, ihren Nachwuchs mit den neuesten Konsumgütern zu versorgen: Dazu gehört der letzte Modeschrei ebenso wie die aktuellen CDs. Im Gegenzug helfen die Kinder im elterlichen Geschäft mit. Selbst der Conte Rucellai erwartet von seinem Sohn, daß er während der Schulferien im elterlichen Restaurant arbeitet.

Das soll nicht heißen, daß Ausbildung keine Bedeutung hätte. Gebildete Florentiner beherrschen ein breites Spektrum an *cultura* im weitesten italienischen Sinn, und Schüler rechnen damit, an den *licei*, den höheren Schulen, hart arbeiten zu müssen. Die Universität von Florenz hat einen Ruf für das Architektur-, Wirtschafts- und Jurastudium. Wegen fehlender Stipendien und Wohnungen studieren allerdings meist nur „Einheimische" an der Universität, oft mit Zimmern in Pisa oder Arezzo.

Neben der Universität sind noch andere Bildungsinstitute aktiv. Touristik-, Buchhaltungs-, Grafik- und Computerkurse finden laufend statt; von den Kunst- und Kunsthandwerksinstituten gar nicht zu spre-

chen. Wissenschaft und Kultur haben in Florenz Tradition: die Marucelliana, eine der großen Bibliotheken der Stadt, entwickelte sich aus der Sammlung eines Adligen und verströmt noch eine Aura von Exklusivität.

Florenz ist und bleibt das Mekka der Kunst- und Designstudenten. Universitäten aus Übersee wie Harvard und Princeton haben hier Außenstellen eingerichtet; die „Europäische Universität", in einem ehemaligen Kloster bei Fiesole untergebracht, zieht Gelehrte aus der ganzen Welt an.

Links: Wildbret. **Oben:** Junge Studentin.

Zweitwohnungen: Über die Jahrhunderte hinweg haben die Florentiner ihren Geschäftssinn eingesetzt, um sich des „guten Lebens" zu versichern; Ausbildung und Arbeit waren immer Mittel zu diesem Zweck. Die Lebensqualität wurde immer höher eingeschätzt als der bloße Besitz. In der Vergangenheit hieß „gutes Leben" vielleicht eine Villa in den Chianti-Hügeln, wohin man der Sommerschwüle und der Malaria entfliehen konnte. Heute ist es womöglich eine *villetta* oder ein *appartamento* am Meer; für die *borghesia* in Forte dei Marmi und für die *impiegati* und *operai* in weniger exklusiven Orten der toskanischen Küste.

Im Sommer frönen die Florentiner alle dem Müßiggang. Anfang Juni verschwinden zuerst die Kinder aus Florenz, begleitet von ihren Großeltern oder ihren Müttern, sofern sie nicht arbeiten müssen. Bald folgen die älteren Schüler, allerdings nur diejenigen, denen keines der gefürchteten *esami* bevorsteht. Ende Juni sind nur noch Studenten in der Stadt und verbringen ihre Studierstunden in den Schwimmbädern. Nach den Examen verschwinden auch sie, und Mitte Juli hat sich auch die arbeitende Bevölkerung ans Meer verzogen.

Manche Geschäfte schließen einfach von Juli bis August, aber nicht alle ihre Besitzer sind im Urlaub: Das zweite Geschäft in Forte dei Marmi wartet auf den Inhaber, der dort Urlaub und Arbeit miteinander verbindet. Nichtarbeitende Ehefrauen und Großmütter zählen zwischen Anfang Juni und Ende August zum Stammpublikum der Badeorte: Die Schmuck- und Modegeschäfte leben von dieser gelangweilten Kundschaft, die sich die obligatorische Sonnenbräune mit entsprechender Leidensmiene erwirbt.

Gemeinsames Erbe: Im Sommer verbinden die Florentiner den allgemeinen Müßiggang mit Kulturbeflissenheit: Quer durch alle Schichten besucht man die aktuellen Kunst- oder Fotoausstellungen. Obwohl die Florentiner Szene keine internationale Bedeutung mehr hat, wartet die verfeinerte, wenn auch zumeist provinzielle bürgerliche Kultur zuweilen mit einem Genieblitz auf. Über allem steht jedoch der Sinn für den eigenen Wert, der sich auf die Vergangenheit gründet, ohne in Nostalgie zu verfallen.

PUCCI, GUCCI UND FERRAGAMO

Wer nicht auf die Kleidung abgestimmte Socken, Goldschmuck, einen handgefertigten Ledergürtel oder eine leichte Sonnenbräune aufweist, ist kein Florentiner.

In Florenz glaubt man daran, daß der äußere Schein nie trügt: Schlecht gekleidet zu sein, grenzt an Verschrobenheit. *Fare bella figura* („eine gute Figur machen") ist instinktives Vergnügen und Bürgerpflicht. Die Mode steht sowohl für auffallende Oberflächlichkeit als auch für Intellektualität. Der 1992 verstorbene Emilio Pucci erklärte gar, daß es das „Ziel der Mode" sei, „Glück zu produzieren".

Florentinische Mode hat Tradition: Schon vor der Renaissance wurden in Prato Tuche für die Schneider der Stadt gewebt. Und im Palazzo Pitti wurde einst die größte Garderobe Europas, die der Medici natürlich, aufbewahrt. Spätere Herzöge machten die prächtigen Kostüme leider zu Bargeld.

Neue italienische Mode wurde erstmals 1945 im Palazzo Pitti der Öffentlichkeit präsentiert. „Pitti Moda" ist heute immer noch das bedeutendste Modeereignis der Stadt. Mailand hat Florenz zwar als Modehauptstadt Italiens abgelöst, doch nur als „kommerzielles Zentrum, Florenz bleibt nach wie vor der kreative Mittelpunkt", so Giovanna Ferragamo. Die Florentiner Designer sind zu gut, um bescheiden zu sein.

Inspiration: Die Florentiner Designer halten sich für die legitimen Erben der großen Maler und Kunsthandwerker der Renaissance. Die Handwerkertradition war es auch, die Salvatore Ferragamo in die Stadt lockte. Seine Familie, die heute den Palazzo Spini-Feroni bewohnt, ist florentinischer als die Florentiner. Auch Gucci, ursprünglich ein bescheidener Sattlermeister, hat seinen Hauptsitz noch in der Stadt. Der *marchese* („Fürst") Pucci leitete sein internationales Unternehmen vom angestammten Palazzo Pucci unweit des Duomo aus. Regelmäßige Besuche bei Michelangelos *David* dienten ihm zur Inspiration, sagte er.

Lederwarengeschäft an der Piazza Santa Croce.

Pucci, Gucci und Ferragamo repräsentieren drei Aspekte des Modegeschehens. Emilio Pucci vertrat die aristokratische Linie, während Gucci trotz internationalen Ruhms für florentinische Maßstäbe immer noch ein bescheidener Handwerker ist. Ferragamo, einst der Außenseiter, hält heute klar die Führungsposition.

Körper-Stimmungen: Vom Palazzo Pucci aus genoß Emilio Pucci die selbsternannte Rolle als Botschafter florentinischer Kultur. Staatsoberhäupter und Mitglieder des englischen Königshauses zählten zu seinen Gästen. Er war der kreative Geist seines weitgefächerten Imperiums, in dem Mode-

doch seine Modelle waren auch zweckmäßig. Seine „neokolonialen" Uniformen mit den blauen Spitzmützen hat man zur Berufskleidung der florentinischen *vigili* („Stadtpolizei") gemacht. Das traditionelle florentinische Handwerk war aber nie vergessen: Seine *bottega* („Werkstatt") hatte nichts mit „Boutique" zu tun. Pucci bezeichnete seine Mode als „ein bescheidenes Unternehmen im *rag trade*" („Lumpenhandel") – eine britische Ausdrucksweise, mit der er die anderen italienischen Designer der Großspurigkeit zu überführen hoffte. Nach dem Tod Emilio Guccis 1992 führt seine Tochter Laudemia die Familientradition fort.

artikel, Stoffe, Textilien, Parfums, *objêts d'art* und Autodesign hergestellt werden. Innovatives und handwerkliches Geschick bestimmen Puccis Produkte, die er für „den Körper in Bewegung, in allen Stimmungslagen" entwarf. Zwischen 15 und 20 Anproben brauchte er, bis er seinen flüssigen Stil gefunden hatte. Pucci war stolz auf seine Erfindung des Seidenjersey, „ein Gewebe, das nicht klebt, das niemals vulgär wirkt", und auf seine „signierte" Unterwäsche, die er erstmals 1957 aus restlicher Seide kreierte.

Romantisch veranlagt, wie er war, zelebrierte Pucci den Mythos der Weiblichkeit,

Rivalen: Im Gegensatz zu Pucci hat Gucci sein Parvenü-Image niemals völlig abschütteln können. Das exklusive Ledersortiment von Guccio Gucci wird aus mit Honig gegerbtem Leder gefertigt. „Guter Geschmack ist überall auf der Welt gleich", lautet das, elitär verstandene, Werbemotto von Gucci: Was besonders für die Seitenstraßen von Hongkong und Taiwan gilt. Eine Flut von Gucci-Imitationen aus dem Fernen Osten hat die Firma veranlaßt, die Produktion leicht kopierbarer Modelle einzustellen.

Hollywoodschuster: Ferragamo hingegen sieht echt florentinisch aus, auch wenn der

Gründer ein neapolitanischer Schuhmacher war. Mit 15 machte sich Salvatore Ferragamo auf nach Hollywood, um dort sein Glück zu versuchen. Er nähte Schuhe für Greta Garbo und Vivien Leigh und verstand es schließlich, die Persönlichkeit und den Gesundheitszustand seiner Kunden an den Füßen „abzulesen". „Ich liebe Füße - sie sprechen zu mir", pflegte er zu sagen. Seine Hochachtung vor dem sonst so vernachlässigten Körperteil fand Ausdruck in dem innovativen Prinzip, daß Schuhe leicht sein, aber dennoch die Wölbung des Fußes stützen sollten: eines der Ferragamo-Kennzeichen bis heute.

im Palazzo Spini-Ferroni, die er nie ausliefern konnte.

Träume: Das Unternehmen gründet sich weiterhin auf die Schuhherstellung, auch wenn Ferragamo inzwischen alle Modeartikel verkauft: Lederwaren, Accessoires und *Prêt-a-porter*-Kollektionen für Damen und Herren. Von Salvatores sechs Kindern ist jedes für einen Produktionszweig verantwortlich. Ferragamo-Produkte kennzeichnet die klare Linienführung, mit der dekorative Details kontrastieren und die von kühnen Accessoires wie Seidenschals, die mit orientalischen oder Tier-Motiven bedruckt sind, unterstrichen wird. Giovanna

Palazzo Spini-Ferroni wurde 1937 Unternehmenssitz. Dort experimentierte Ferragamo während der Kriegsjahre mit Schnur, Bast und Zellophan; und auf dem Höhepunkt seines Ruhmes warteten einmal fünf gekrönte Häupter in seinem Salon auf ihre handgefertigten Schuhe. Politik hat ihn eigentlich nie interessiert, so fertigte Ferragamo Schuhe auch für Mussolinis Geliebte. Der Tod Claretta Petaccis und Mussolinis hieß für Ferragamo 40 Paar neugefertigter Schuhe

<u>Links:</u> Schick in Leder. <u>Oben:</u> Textilien im Stil der Renaissance.

Ferragamo ist für die Damenmode verantwortlich und definiert den Firmenanspruch als auf die „klassische Moderne, auf einen vielseitigen und unabhängigen Look für die Frau über 30" abzielend.

Die Spitzendesigner sind ein wichtiges, wenn auch elitäres Aushängeschild für die Florentiner Modeindustrie, deren Einnahmen im Jahr 1992 immerhin zehn Prozent des städtischen Wirtschaftsaufkommens ausmachten. Jeden Monat kommen die Einkäufer zu den Präsentationen von Pitti Moda in der Sala Bianca des Palazzo Medici, und die florentinische Schuhindustrie hat es verstanden, die anderen italienischen Hersteller auf den internationalen Märkten zu verdrängen.

Doch der Binnenmarkt ist nicht weniger wichtig. Der Durchschnittsflorentiner, so heißt es, gibt jährlich eine Million Lire für Kleidung aus. Verkauft wird die Florentiner Mode vor allem in dem Rechteck zwischen Dom, Santa Maria Novella, Ponte Vecchio und Piazza Goldoni. In der Via dei Tornabuoni und der Via della Vigna Nuova kann man am teuersten einkaufen. Florentinern, denen es nicht aufs Gesehenwerden, sondern auf den preiswerten Einkauf ankommt, setzen schon einmal dunkle Brillen auf und

erledigen Besorgungen in den Vororten. Ferragamo und Coveri lassen ihre Damen- und Herrenoberbekleidung in industriellen Vororten wie Osmanorro herstellen.

Kleinere Werkstätten findet man in Oltrarno, und Prato im Nordwesten ist immer noch das Zentrum der Stoffherstellung und Färberei. Die Gründung von „Polimoda", einem Lehrinstitut, das der Absatzförderung florentinischer Mode und der Stoffe aus Prato dient, hat auch die traditionelle Rivalität zwischen den Städten abklingen lassen.

Exklusivität: Florentiner Mode kann mit den billigen Produkten aus Fernost oder der Mailänder Professionalität nicht konkurrieren. Statt dessen baut sie auf traditionelle Qualität und auf handwerkliches Geschick. Kleine Stückzahlen gewährleisten sowohl Exklusivität als auch Flexibilität. Die Designer arbeiten nur mit hochwertigen Materialien: Jersey, Tweed, feinstem Leder und handgefärbten Seidenstoffen. Alessandro Puccis Firma Antico Setificio arbeitet noch mit althergebrachten Produktionsmethoden; sie hat sich auf seidenbezogene Einrichtungen und auf die Herstellung von Taft und Satin auf alten Webstühlen spezialisiert.

Florenz kann sich nicht auf eine kreative Anarchie wie London oder auf einstudierte Eleganz wie Paris stützen. Dennoch hat sich die Stadt einen bemerkenswert eigenständigen Stil geschaffen. Ein Schuß Renaissance, ein wenig englische Nüchternheit, eine Dosis orientalische Exotik und eine Spur Mailänder Minimalismus – herausgekommen ist etwas, das erstaunlicherweise nur sich selbst gleicht.

Experimente: Florentiner Einfallsreichtum ist auch in den kleineren Modehäusern und Boutiquen zu erkennen. Am „autonomen" Ende des Spektrums präsentierte der junge Designer Samuele Mazza einmal eine Art Sado-Maso-Kollektion in einer profanierten Kirche von Florenz. Dieses „Sakrileg" sorgte für einen Sturm der Entrüstung, hatte jedoch lediglich den Verkaufserfolg der eher unbedeutenden Kollektion zur Folge.

Am künstlerischen Ende des Spektrums zaubert Lietta Cavalli zeitlose Entwürfe hervor, die mehr bestickten Schmetterlingsflügeln oder metallenen Skulpturen ähneln als Gewändern.

Die Florentiner machen sich selten zum Sklaven der Mode, der Umgang mit Mode ist unabhängig von sozialem Status, Reichtum, Geschmack oder der Physis der Träger. Der schicke Geschäftsführer und der ihn kopierende Oberschichtteenager stehen im Einklang mit ihrem Image und ihrer Umgebung. Exklusive Kleidung und künstlerischer Anspruch ergeben vor der Kulisse von Florenz eine reizvolle Mischung und passen zueinander.

Oben und rechts: Bei der Schaufensterdekoration kennt die Phantasie keine Grenzen.

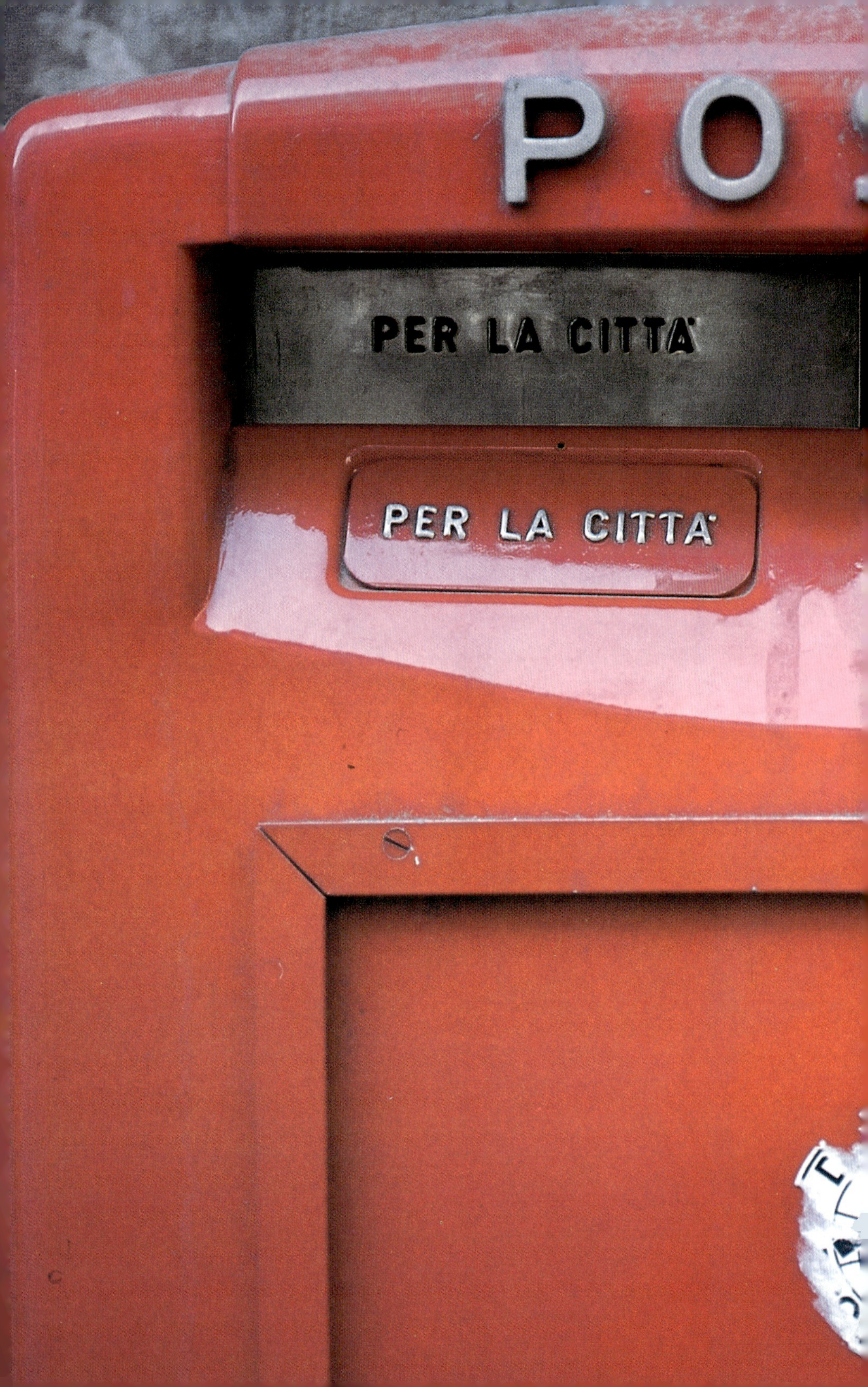
POS
PER LA CITTÀ
PER LA CITTÀ

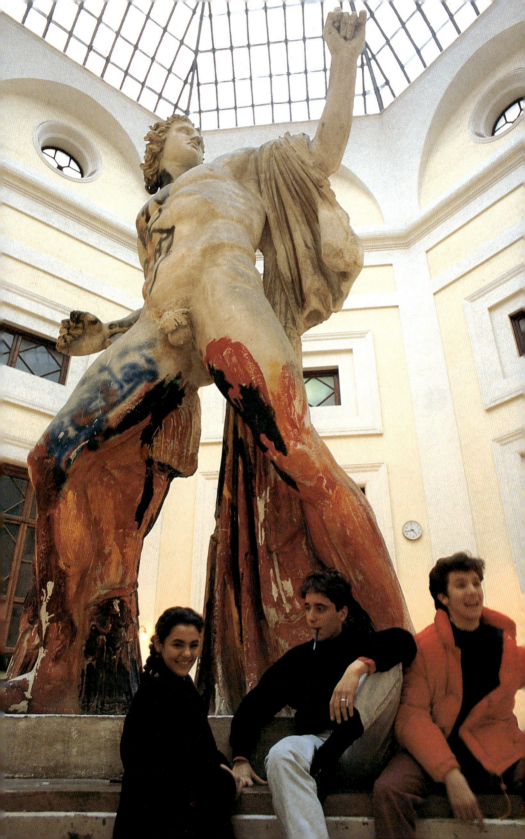

Anläßlich eines Aufenthalts in Florenz meinte David Hockney einmal, er würde lieber in Los Angeles malen, „weil es dort keine Geister gibt – die Last der Vergangenheit kann in einer Stadt wie Florenz nicht abgeschüttelt werden". Doch macht gerade diese „Last" das Besondere an der modernen florentinischen Kunst aus.

Wer sich über die zeitgenössische Kunst informieren möchte, beginnt seinen Streifzug am besten im Palazzo Pitti, in der Galleria d'Arte moderna. Die leuchtenden Bilder der *Macchiaioli*, einer Gruppe florentinischer Impressionisten wie Signorini, Fattori und Lega, haben die toskanische Landschaft zum Thema. Werke des frühen 20. Jahrhunderts, die der Maler und Sammler Primo Conti nach seinem Tod im Jahr 1988 der Stadt vermachte, sind in Fiesole zu sehen.

1988 verlor Florenz einen weiteren Künstler: Pietro Annigoni. Er kam zu Ruhm durch seine zeitlosen Porträts der Königin Elisabeth, der Kennedys und anderer Persönlichkeiten der High Society.

Annigoni fühlte sich mehr dem Erbe Breughels oder Dürers verpflichtet als dem Masaccios oder Michelangelos. Obgleich ihn immer wieder moderne Künstler in seinen Ateliers in Santa Croce und im Borgo degli Albizzi besuchten, lag ihm das 16. Jahrhundert näher. Er sei, sagte er einmal, ein Mensch, der lebe, ja überlebe kraft seiner Sehnsucht nach der Vergangenheit.

Romantische Maler: Die Raccolta d'Arte Contemporanea an der Piazza della Signoria konzentriert sich auf die Kunst der toskanischen Maler zwischen den Weltkriegen. Umfangreich ist die Sammlung des Spätwerks von Ottone Rosai, dessen Bilder eher romantisch als futuristisch sind. Auf dem Gemälde *Via di San Leonardo* ist die Straße seiner Jugend zu sehen, gewunden und schattig, eingetaucht in das Purpurrot der Abenddämmerung; die dunklen Gestalten in

Omino di Strada symbolisieren die verdeckte Angst vor dem Faschismus. Einen thematisch ähnlichen Weg beschritt sein Neffe Bruno Rosai. Ein weiterer Schüler Ottone Rosais, Enzo Fargoni, malt heute ähnlich geheimnisverhangene Bilder in seinem Studio an der Piazza Donatello.

Die abstrakte Kunst hat sehr viel dem avantgardistischen Werk von Alberto Magnelli zu verdanken, zu dessen hundertjährigem Geburtstag 1988 eine Retrospektive im

Palazzo Vecchio stattfand. Obwohl Magnelli als einer der Väter der europäischen Abstrakten gilt, entzieht sich sein individuelles Werk jeder Einordnung.

Magnelli, der erklärtermaßen nur an die „Wirklichkeit der Schönheit" glaubte, wurde zu Recht für die Verschmelzung von Farbe und Form gerühmt. In seinem Bild *Lyrische Explosion* erhebt er die Farbe zum alleinigen Inhalt und erreicht eine formale Reinheit, die ohne Parallelen ist.

Wie man im Museum für Moderne Kunst in Prato vor den Toren von Florenz feststellen kann, lassen sich die zeitgenössischen

Vorherige Seiten: Ab geht die Post! **Links:** Kunststudenten in legerem Umgang mit der Moderne. **Oben:** *Steine* von Alberto Magnelli.

Künstler der Stadt nur schwer einordnen. Sandra Brunetti, eine geheimnisvolle Porträtistin, die sich selten an die Öffentlichkeit begibt, zeigt uns Florenz als eine in Gedanken versunkene Stadt, die mit der modernen Gegenwart nicht zurechtkommt. Ihr Bild *Lorenzo consiglia* verleiht Lorenzo de' Medici die Rolle eines Fremdenführers, der einen Touristen über die Piazza della Signoria führt. Claudio Sacchi folgt den Spuren Brunettis in seinem *Calcio in costume*, auf dem sich mittelalterliche und moderne Fußballspieler mischen.

Die Bildhauerei hat sich seit Michelangelo zwar weiterentwickelt, ist aber weiterhin

klassisch und naturalistisch geprägt. Das Museum von San Pancrazio unweit der Via dei Spada huldigt Italiens größtem Bildhauer des 20. Jahrhunderts: Marino Marini. Seine Bronzen sind nach innen gekehrt, rein und statisch, seine dynamischen Pferde und Reiter streben nach Freiheit.

Liebhaber seiner Werke können diese auch im Freien bewundern: Viele seiner klassisch inspirierten Skulpturen haben unter den Bäumen des Parco Museo di Seano außerhalb der Stadt einen Platz gefunden.

Architektur: 1826 nannte William Hazlitt Florenz eine Stadt, „die sich überlebt hat".

Was die Architektur betrifft, stimmt das nicht ganz, denn seitdem ist einiges zerstört worden. Die alte Stadtmauer wurde für die weiten *viali* abgerissen, und mittelalterliche Straßen wurden verbreitert. Poggi, der Stadtplaner in der Zeit des Risorgimento, wollte die Stadt nach dem „neuen" Vorbild von Paris und Wien umformen.

Auf die Poggi-Schule geht ein so großartiges, der Renaissance nachempfundenes Gebäude wie das derzeitige Amerikanische Konsulat (Lungarno Amerigo Vespucci 38) zurück, aber auch die häßliche provinziell-klassizistische Piazza della Repubblica.

Immerhin hatte die rücksichtslose Stadtplanung zur Folge, daß ab 1870 der Restaurierung der Vorzug vor dem Abriß gegeben wurde. 1911 entwarf Michelazzi, der wichtigste Vertreter des Florentiner Jugendstils, im Borgo Ognissanti ein Gebäude von anmutiger Eleganz, das eines Victor Horta würdig gewesen wäre. Das schönste Jugendstil-Gebäude ist das Odeon-Kino (Via Sasetti 27) mit der kunstvollen Glaskuppel.

In der Zeit des Faschismus bewies Florenz, daß es trotz der langen Architekturgeschichte genauso primitiv wie andere italienische Städte bauen konnte. Das Stadion von Campo di Marte und der Bahnhof von Santa Maria Novella bilden rühmliche Ausnahmen. Nervis Stadion ist ein kühner, gewagter Entwurf aus Stahlbeton von schwereloser Leichtigkeit. Das Innere der Anlage ist – nicht ohne Protest – von Gamberini für den World Cup 1990 umgebaut worden.

Der Bahnhof von Florenz wird oft als das erste funktionalistische Gebäude in Italien bezeichnet, tatsächlich ist es das homogenste Beispiel moderner Architektur in Florenz. Nach einem Entwurf Gaberinis wurde es von Giovanni Michelucci und seinem Gruppo Toscana errichtet. Bis ins hohe Alter beeinflußte Michelucci, der bedeutendste florentinische Architekt, die moderne Baukunst, und noch im hohen Alter von 98 Jahren gab er seinen Segen für den geplanten Ausbau des Bahnhofs. Toraldo de' Francia will den Bahnhof um einen Touristenbahnhof mitsamt Lesehalle, Geschäften, Restaurants und einem Innenhof unter Verwendung von Marmor, Kristallglas, Kupfer und anderen wertvollen Materialien erweitern.

Stadtsanierung: Die zeitgenössische Architektur umfaßt sowohl die Restaurierung als auch die Umgestaltung und verschließt sich weder postmodernen Experimenten noch der „Nostalgie-Architektur", die der glorreichen toskanischen Vergangenheit huldigt. Beispielhaft ist der Wiederaufbau des Ponte Santa Trinità, der 1944 gesprengt wurde. Die Brückensteine wurden aus dem Arno herausgefischt, und ein antiker Steinbruch in den Boboli-Gärten wurde eigens hierfür wieder geöffnet.

Einige Paläste sind mit Sorgfalt umgebaut worden. Eine einfühlsame Verbindung von Altem und Neuem hat Gamberini beim

Die Architekten schlagen aber auch neue Wege ein. Der Palazzo degli Affari wurde zum funktionellen Kongreßzentrum umgebaut. Der verantwortliche Architekt, Pier-Luigi Spadolini, Bruder des 1994 verstorbenen Expräsidenten des italienischen Senats, spielt eine wichtige Rolle in der Florentiner Szene: Er hat den Lehrstuhl für Industriedesign inne. Seine Entwürfe werden häufig als zu nüchtern kritisiert, doch ein jüngeres Projekt, eine Carabinieri-Schule, wird als gelungene Verschmelzung von Funktionalität und romantischem Villenstil gefeiert.

Nostalgie: Einige Architekten versuchen sich gelegentlich auch an der Neuinter-

Umbau eines Palazzo zum Sitz des Banco Monte dei Paschi in der Via dei Pecori 626 geschaffen: Das großartige Interieur ergänzt einen Brunnen aus dem 15. Jahrhundert und den Innenhof. Ferragamo im Palazzo Spini-Ferroni aus dem 13. Jahrhundert (Via dei Tornabuoni) hat das wundervolle Fresko von della Robbia in der Eingangshalle restaurieren lassen, die Gestaltung der Verkaufsräume verstellt nicht den Blick auf das gotische Kreuzgratgewölbe.

Links: Marino Marinis *Pomona*. **Oben:** Gelenkiger Akt im Palazzo Pitti.

pretation toskanischer Bauelemente. So hat der sonst so funktionalistisch orientierte Michelucci in der Via Guicciardini die Casa Torre gebaut, die moderne Ausgabe eines mittelalterlichen Wachturms. Etliche phantasievollere Projekte gelangen nie über den Entwurf hinaus. Die Stadtverwaltung mauert, und der Vorwurf, bei der Vergabe öffentlicher Aufträge gehe es nicht mit rechten Dingen zu, steht im Raum. Bestimmte große Architekturbüros gewinnen regelmäßig die interessanten Ausschreibungen.

Ohne politische Verbindungen hat man in den *concorsi* keine Chance. Die Entscheidungen der Stadtverwaltung sind häufig widersprüchlich: Dem glühenden Bekenntnis zu bewahrender Stadtplanung folgen meist ganz andere Taten. Protzige Kommunalbauten und Wildwuchs bestimmen das Bild in den Vororten.

Die etwa 300 Architekten in der Stadt verstehen die Postmoderne als Supermarkt pragmatischer Lösungen. Elio di Franco, ein junger unabhängiger Architekt, hat sich in Anlehnung an den Jugendstil geschwungene Formen ausgedacht, die er auch in den von ihm entworfenen Papstthron einfließen ließ.

Doch die Florentiner Architektur hat Projekte, die Novoli und Firenze Nuova heißen:

Ökonomisch wie architektonisch war Florenz in einen Dornröschenschlaf gefallen. Als es jedoch Hauptstadt Italiens wurde, begann eine hektische Zeit des Abrisses und des Aufbaus. Giacomo Brogi, der beste Fotograf der Alinari-Brüder, bannte das Verschwinden der längst verfallenen Schönheit von Florenz auf Platte. Später spielte er mit dem reizvollen Kontrast der unveränderten ländlichen Umgebung und der neuen Stadtlandschaft. 1988 machte sich der führende Fotograf des Studios, George Tatge, auf die Spuren Brogis und stellte zu seiner Überraschung fest, daß das bäuerliche Florenz noch immer das gleiche Gesicht hatte.

im Norden eine neue Stadt mit Industriegebiet, Fiat-Fabrik, Gerichtsgebäuden, Vergnügungsparks und Grünanlagen. Unter den Architekten haben diese Mammutprojekte freudige Erwartung ausgelöst, und an der Universität hat das Architektur-Studium neue Anhänger gefunden.

Fotografie: Die Römer sind gute Filmemacher, die Florentiner gute Fotografen. Schon 1852 gründeten die Alinari-Brüder ein Fotostudio, das noch heute zu den bedeutendsten der Stadt gehört. Mit dem neuen Medium hielten sie den dramatischen Wandel des Florenz zu jener Zeit fest.

Florentiner Fotografie ist porträtistisch, ironisch und menschlich geprägt, aber auch Landschaften kommen nicht zu kurz. Vollkommen verkörpert diese Elemente der große Fotograf Mario Nunes Vais. Sein Nachfolger, Gino Barsotti, hielt sich bis zu seinem Tode 1984 an die Themenkombination Landschaft, Menschen und Kunstwerke der Toskana.

Arbeiten der Florenzer Fotografen zeigt das Museo di Storia della Fotografia Fratelli Alinari im Palazzo Rucellai (Via della Vigna Nuova); die modernen Exponate kontrastieren mit den Deckenfresken.

Ausstellungen an wechselnden Orten zeigen die Arbeiten George Tatges, der in der Tradition der Alinari-Brüder steht und die romantischen Sichtweisen des letzten Jahrhunderts pflegt, oder die Fotografien eines Pietro Nardi, der ebenso humorvoll wie entlarvend die Sandwich-kauenden Touristen unter den wachsamen Augen des *David* oder die Drogensüchtigen von Santa Croce auf Zelluloid bannt.

Goldschmiedekunst: Das große florentinische Kunstvermächtnis kennt keine Unterschiede zwischen Künstlern und Kunsthandwerkern: Künstler kennen keine Überheblichkeit und Kunsthandwerker keine

Münzen mit dem Kopf des Schutzheiligen San Giovanni. Franco Torrini ist stolz auf das noch mittelalterliche Firmenzeichen mit dem vierblättrigen Kleeblatt, das die alchimistischen Fähigkeiten der Zunft symbolisierte. Heute wird in seinen Werkstätten Schmuck für Fürsten und Päpste gefertigt. Der Vatikan kaufte bei ihm einen silbernen Altar, und ein Musiker bestellte eine goldene, mit Edelsteinen besetzte Flöte. Einige Goldschmiede arbeiten noch immer im Stadtzentrum, viele ziehen aber die Abgeschiedenheit ihrer *botteghe* neben San Stefano vor, von wo es nur ein Katzensprung – oder treffender: einen (Edel-)Steinwurf – zu

ne falsche Bescheidenheit; häufig sind Künstler zugleich Kunsthandwerker und umgekehrt, geschäftstüchtig sind sie in jedem Fall. So setzt Annigoni seine Kunstfertigkeit ein, um Goldmedaillons in Anlehnung an die alten florentinischen Münzen herzustellen: Der reißende Absatz unter Touristen und Sammlern ist ihm gewiß.

Seit 1369 sind die Torrini, die ältesten Goldschmiede von Florenz, in der Stadt. Sie prägten schon die alten florentinischen

ihren Geschäften auf dem Ponte Vecchio ist, in denen seit Jahrhunderten schon Schmuck und Edelsteine verkauft werden.

Die Kunsthandwerker sind die geborenen Unternehmer. Nach Kriegen und Überschwemmungen waren es immer die Juweliere auf dem Ponte Vecchio, die als erste wieder ihre Geschäfte aufmachten. In Florenz einen Laden zu haben, heißt auch, ihn immer geöffnet zu halten – es sei denn, es ist August. Die Geheimnisse der Kunst der Juweliere werden auch in der heutigen Zeit noch vom Vater auf den Sohn übertragen, und so bleibt das handwerkliche Können in

Links: Steinmetze bei der Arbeit. **Oben:** Moderne Skulptur vor dem Palazzo dei Congressi.

FESTE UND FEIERN

Zu Neujahr werden wie hierzulande Feuerwerkskörper in den Himmel gejagt, Amateurjäger böllern Gewehrschüsse in die Luft, und früher pflegte man altes Geschirr, das Sinnbild des vergangenen Jahres, aus dem Fenster zu werfen – ein Brauch, der mittlerweile gesetzlich verboten ist. Florenzbesucher leben jetzt länger.

Das Dreikönigsfest kündigt sich in den Schaufensterauslagen in Form gräßlicher holzkohleartiger Süßigkeiten an; „belohnt" werden damit unartige Kinder. Diese Süßigkeiten werden zur Erinnerung an die böse Hexe Befana verteilt, die derart in ihren Hausputz eingespannt war, daß sie es völlig

Die weltlichen Feste beschränken sich auf den 1. Mai und den Jahrestag der Befreiung 1945 am 25. April; jede Veranstaltung, auf der gesungen und rote Fahnen geschwenkt werden, ist vermutlich ein Streik der Transportarbeiter.

Die *Festa del grillo*, das Grillenfest, wird am Sonntag nach Christi Himmelfahrt gefeiert. Im Parco delle Cascine essen und trinken Familien und kaufen sich in winzigen Käfigen gefangene Grillen. Diese bringen Glück, wenn sie noch vor der Dämmerung freigelassen werden.

Ein besonders populäres Fest ist das *Calcio in costume*, ein rauhes Fußballspiel, das am 17. und 24. Juni sowie am 1. Juli zu Ehren des Schutzpatrons der Stadt, Johannes des Täufers, ausgetragen wird. Es wurde schon von den römischen Legionä-

versäumte, dem Christuskind ein Geschenk zu machen.

Der *carnevale* von Florenz – einst dem von Venedig ebenbürtig – spielt sich heute meist auf privaten Bällen ab. Doch man sieht noch genügend Medici-Prinzessinnen und in Ketten gelegte Bären auf dem Weg zum Ball über den Ponte Vecchio laufen, um einen Eindruck zu bekommen, wie es dort wohl zugehen mag.

Das älteste religiöse Fest ist das österliche *Scoppio del carro*, das auf der Piazza del Duomo gefeiert wird. Weiße Ochsen ziehen einen vergoldeten Karren vor die Kathedrale, wo am Ende der Messe eine „Raketen"-Taubenattrappe an einem Seil vom Hochaltar schießt und die Feuerwerkskörper auf dem Karren entzündet. Für die Kinder ist das tatsächlich ein Wunder.

ren gespielt. Jedes Spiel beginnt mit einem Umzug von Trommlern, Fahnenträgern, Soldaten und berittenen Adligen – bis 1991 angeführt vom *marchese* Emilio Pucci, dem Modeschöpfer. Der Umzug startet in Santa Maria Novella und führt über den Dom zur Piazza Signoria (dem „Spielfeld").

Die vier historischen Stadtviertel stellen je eine Mannschaft, und der Sportdreß stammt aus dem Mittelalter: Santa Croce trägt blaue, Santo Spirito weiße, Santa Maria Novella rote und San Giovanni grüne Trikots. Die Spiele haben manchmal Ringkampfcharakter, und daß ein Ohr verlorengeht oder ein Bein bricht, ist gar nicht so selten.

Mit dem *palio*, einer Seidenfahne, feiert das siegreiche Rione die Nacht durch, bis ein großartiges Feuerwerk auf dem Piazzale Michelangelo das Fest zu Ehren von San Giovanni beendet. ■

der Familie; Werkzeug und Techniken haben sich seit den Zeiten der Medici wenig, wenn überhaupt geändert.

Möbel: In Oltrarno sind noch ein paar Handwerker tätig, die Ledermöbel und Schränke fertigen, meistens allerdings nur auf Bestellung und Einzelstücke. Nicht zuletzt deshalb wurde 1950 die Santo-Spirito-Schule des Lederhandwerks in einem ehemaligen Franziskanerkloster eingerichtet, um das traditionelle Handwerk in dem vernachlässigten Gebiet wieder ansässig zu machen und Lehrlinge auszubilden.

Obwohl Luciano Fiorentinis Möbelfabrik aus Oltrarno weggezogen ist, bestimmt die

Tradition weiterhin den Fertigungsprozeß. Das toskanische Walnußholz wird noch von Hand bearbeitet, und das Ergebnis kann man im Palazzo Medici-Ricardi oder im Palazzo Vecchio bewundern.

Das florentinische Kunsthandwerk hat im Istituto per l'Arte e il Ristauro einen institutionellen Hintergrund erhalten. In drei Palazzi können die Studenten Restaurierungskurse für Keramik, Stoffe, Manuskripte, Goldschmuck, Holzmöbel und Gemälde belegen. Die Gemälderestaurierung wird auch an der Università Internationale dell' Arte angeboten. Gegründet wurde sie 1968, um nach der Flutkatastrophe die Erforschung von Konservierung und Restaurierung der Kunstwerke voranzutreiben. Selbst die Corsini, erfolgreiche adelige Unternehmer, haben sich dem Trend angeschlossen und veranstalten Kurse für Design und Innenarchitektur – natürlich standesgemäß im Familien-Palazzo. Alles in den Uffizien wird auch als Miniatur in der Stadt verkauft; die ebenfalls geschäftstüchtigen Renaissancekünstler hätten ihre helle Freude daran gehabt.

Theater: Die Florentiner sind begeisterte, wenn auch konservativ eingestellte Theatergänger. Viele von ihnen, seien es Gewerkschaftler, Handwerker, Angestellte oder Lehrer, sind Inhaber von ermäßigten Abonnementkarten. Mit Rücksicht auf die langen Sommerferien und ausgedehnte Abendessen läuft die Saison nur von September bis April und beginnt nicht vor 21 Uhr.

Man spielt italienische Klassiker von Goldoni bis Pirandello und gelegentlich traditionelle Florentiner Stücke wie *La Strega* (die Hexe) von Il Lasca. Ergänzt wird das Programm durch amerikanische, englische und französische Klassiker. Die Florentiner sind ja bekannt für ihren Sinn für Humor, der durch die beliebten Komödien des Pirandello und die bös-satirischen Stücke Dario Fos genährt wird.

Wer sich mehr für experimentelles Theater interessiert, fährt am besten zum Teatro Medastasio in Prato. Die Konkurrenz in Florenz indes wächst, in jüngerer Zeit wurden Theater eröffnet, die auch avantgardistische Stücke spielen. Das Teatro della Compagnia, entworfen vom bekannten Architekten Natalini, wurde renoviert, und das Teatro Comunale ist Hauptschauplatz für Konzerte, Opern und Ballett.

Musik und Oper: Die Opernsaison läuft von Oktober bis März, daneben finden noch Open-air-Veranstaltungen im Rahmen der *Estate Fiesolana* statt. Die Florentiner hören sich gern die Opern Puccinis, ihres toskanischen Landsmanns, an, können sich aber genausogut für Tschaikowski, der eine Zeitlang in Florenz weilte, begeistern. Unter der Leitung Zubin Mehtas und Riccardo Mutis

Links: Zur Feier des Festes von San Giovanni.
Oben: Musiker einer toskanischen Kapelle.

erlebte das Florenzer Symphonieorchester ausverkaufte Häuser, und anläßlich des *Maggio Musicale* treten auch internationale Stars auf. Der Ruhm hat schließlich Muti aus Florenz weggelockt, was die Stadt stolz und zugleich traurig über den Verlust zurückließ.

Barockmusik und *aperitivi* ziehen im Winter Hunderte von Hörern in die Kirche von San Stefano. Sommers finden Open-air-Konzerte auf den unzähligen *piazze*, in Kreuzgängen oder auf dem Gelände der Badia Fiesolana statt. Letzte Bastion gegen die Modernität ist das Luigi-Cherubini-Konservatorium.

Tanz: Der Aufschwung des Balletts ist besonders dem Tanzfestival *Maggio Danza* zu verdanken. Das ehrgeizige Programm umfaßt klassisches und experimentelles Ballett. Selbst internationale Stars wie der 1993 verstorbene Rudolf Nurejew konnten schon nach Florenz gelockt werden.

Literatur: Einmal im Jahr trifft sich die Florentiner Schriftstellerszene im Restaurant „Latini", um dem Gewinner des Literaturpreises einen riesigen Schinken zu überreichen. Einen der letzten Preise erhielt der 1994 verstorbene Giovanni Spadolini, der ehemalige Präsident des italienischen Senats und Gelegenheitspoet, aus den Händen der Dichter Mario Luzi, Piero Bigongiari und des vom Rechtsanwalt zum Autor gewordenen Giorgio Saviane. Saviane, Florentiner aus freien Stücken, ist stolz, auf den Spuren eines Petrarca und Goldoni zu wandeln, indem er Jurisprudenz und Literatur miteinander verbindet. „Rechtsanwälte und Schriftsteller sind die Verteidiger der Menschheit", sagt er.

Mario Luzi ist der große alte Mann der florentinischen Dichtung. 1986 hielt er die Hauptansprache auf dem Weltschriftsteller-kongreß, als Florenz für ein Jahr „Kulturhauptstadt" Europas war. Seinen Kollegen erklärte er, daß es in einer Stadt wie Florenz unmöglich sei, nicht an die Kraft der Dichtung zu glauben. Sich an die Kriegszeit erinnernd, erzählt er, wie im Oktober 1944, inmitten eines heftigen Feuergefechts, eine Explosion die Umgebung plötzlich in grelles Licht tauchte, Soldaten und das Mauerwerk zu Boden stürzten und Luzi, überwältigt von „der Fragilität städtischer Geschichte", noch vor Ort ein Gedicht niederschrieb, das die Geschichte von Florenz zum Inhalt hat.

Das Werk Piero Bigongiaris spiegelt die Intensität des Erlebens, die Florenz vermittelt, wider. In seinem Buch *Frammenti del poema* schildert er eine Reise durch Zeit, Raum und Florentiner Straßen, um das Fragmentarische aller Lebenserfahrung auszudrücken. Nostalgie ist die literarische Droge in Florenz, der selbst Journalisten wie Vittorio und Maria Brunelli verfallen: „Einst flogen die Kraniche über die Dächer der Stadt, heute nur noch Flugzeuge."

Besonders typisch für Florenz sind Autoren wie Aldo Palazzeschi und Vasco Pratolini, die sich die aussterbende Welt von Oltrarno mit den Kunsthandwerkern, Webern, kleinen Händlern und Metzgern zum Thema gemacht haben. In *Le sorelle Materassi* schildert Pallazzeschi, selbst Sohn eines Krämers, die Geschichte zweier älterer Schwestern, die für die Reichen Aussteuerstickereien herstellen, wobei sie über ihre Jugend nachsinnen.

Pratolini, der das Florenz der zwanziger Jahre beschreibt, setzt den Menschen von Sanfrediano ein Denkmal, wenn er sie als „die standhaftesten und vitalsten Florentiner" bezeichnet, als „... die einzigen, die sich die Fähigkeit erhalten haben, aus dem Unförmigen Anmutiges zu schaffen." Im Florentiner Sinn für Kultur sind gerade diese einfachen Menschen „kultiviert". Auch das Werk des anerkannten zeitgenössischen Florentiner Romanschriftstellers Roberto Calasso ist nostalgisch angehaucht.

In einer Stadt, die derart mit Kunst und Kunstgeschichte überladen ist, nimmt es nicht wunder, daß in allen modernen Werken etwas von der Vergangenheit widerhallt. Und in der Tat bedauern die Florentiner andere Städter, die nicht mit den *cose delle arte*, einem *David*, die ohne die Verse Dantes, das Römische Theater und ohne die Romane Pratolinis aufwachsen mußten. Verfallen die Florentiner einmal nicht ihrer narzißtisch geprägten Nostalgie über die gute alte Zeit der Medici, gelingt es ihnen tatsächlich gelegentlich, sich des kulturellen Erbes ihrer Stadt zu entsinnen.

Maggio Danza, **das Tanzfestival.**

DER WEIN UND DAS ESSEN

Ich glaube nicht mehr an Himmel und Hölle, aber ich glaube an gedünsteten oder gerösteten Kapaun und an Butter und Bier ... am meisten aber glaube ich an den guten Wein, und ich schätze, daß derjenige, der daran glaubt, errettet wird.

– Luigi Pulci

Ob Pulci heute an einem Bratspieß in der Hölle röstet oder ob er seine Harfe zu einem himmlischen Soufflé spielt, zu Lebzeiten war der florentinische Dichter des 15. Jahrhunderts bekannt für seinen gesunden Appetit. Die Stadt, die Caterina de' Medici, die „Mutter der französischen Küche", gebar, entdeckte in der Renaissance die Speisenzubereitung als Kunstform.

Die Behauptung, daß die französische Küche bei Caterinas Vermählung mit Henri II im Jahre 1535 entstand, wird gestützt durch die Ähnlichkeit zwischen typischen französischen und typisch toskanischen Gerichten: *canard à l'orange* unterscheidet sich wenig vom florentinischen *papero alla melarancia; vol au vents* findet man in Florenz unter dem Namen *turbanate di sfoglia*.

Tatsache oder Gerücht, die Medici waren berühmt für ihre mehrgängigen Festgelage, und die Vorliebe für gutes Essen brachte die Florentiner in zunehmende Schwierigkeiten mit der Kirche: „Ihr seid richtige Feinschmecker", schimpfte ein Prediger, „es genügt euch nicht, die Ravioli zu kochen und mit der Brühe zu essen, sondern ihr müßt sie auch noch mit Käse überbacken."

Einfache Kost: Dennoch bleibt das Einfache und weniger das Ausschweifende das Element des florentinischen Charakters, und die Florentiner freundeten sich trotz ihrer Liebe zum Essen nie ganz mit den komplizierten Soßen der Medici-Küche an. Populäre Renaissance-Gerichte waren einfach und kräftig, mit viel Gemüse und gegrilltem Fleisch, gleichermaßen gesund wie ein Genuß. Die geschäftigen Kaufleute in der blühenden Stadt hatten wenig Zeit für zuviel Firlefanz.

Einfache Kost, stilvoll serviert.

Ein Nachtbummel

Der florentinische Abend beginnt mit einer *passeggiata:* einem Spaziergang auf einem *lungarno* („entlang dem Arno"), einem Bummel um den Piazzale Michelangelo oder einem Ausflug zum Sonnenuntergang in Fiesole. Im Sommer sitzt man in den kühlen Bars von Fiesole, nippt einen *aperitivo* und schaut hinunter auf die Stadt. Im Winter sucht man die eleganten Lokale in der Stadtmitte auf. Das elegante „Rivoire" an der Piazza della Signoria ist die beste Bar, um Leute zu beobachten.

Essen in zwangloser Atmosphäre steht im Mittelpunkt eines jeden Abends in Florenz. Vielbeschäftigte Florentiner schätzen eher die hektische, aber freundliche Atmosphäre einer *trattoria* oder gehen in einer rustikalen *osteria* essen. Die Jüngeren gehen lieber in eine *pizzeria,* in der leicht angebrannte Pizza aus dem Holzofen und gutes Bier zu haben sind. Wer drei Stunden Zeit hat, wählt ein klassisches *ristorante* mit weißgedeckten Tischen und einer reichhaltigen Weinkarte. Vor der Oper oder dem Theater könnte ein Mahl in der edlen „Cantinetta Antinori" munden. Als schick gelten auch die Lokale in Oltrarno um Santo Spirito. Künstler und Intellektuelle bevorzugen teure Restaurants in armen Gegenden. Das „Cibreo" versteht es, ausgezeichnete toskanische Küche zuzubereiten, sich aber dennoch *popolare* zu geben.

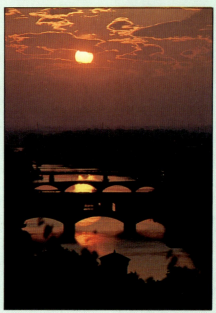

Essen ist eine Angelegenheit, die ernst genommen wird. Die Qualität der Weine oder des Mineralwassers wird ausgiebig diskutiert. Der Chianti muß den *gallo nero* aufweisen, um in die Auswahl zu kommen. Der einfache, leichte Galestro wird jedoch an Sommerabenden ebenso gerne getrunken wie der rote Brunello im Winter.

Der Florentiner bevorzugt einfache und kräftige Kost. Auf den toskanischen *antipasto* wie *crostini* (Pastete aus Leber, Sardellen und Kapern auf Brot) und kaltes Fleisch folgt der *primo:* Nudeln, Spargel, Risotto oder eine *ribollita*-Suppe. Beim *secondo* wählt man zwischen Wild und einer gewaltigen *bistecca alla fiorentina,* die mit toskanischen Bohnen, *fagioli all' uccelletto,* besonders mundet.

Wer noch Platz hat, kann zum Nachtisch *dolce* bestellen: *zuccotto* (Softeiscreme), *schiacciata* (ein trockener Kuchen) oder *mascarpone* (cremiger milder Käse). *Biscotti di Prato* (Mandelgebäck) taucht man in süßen Visanto-Wein.

Nur wenige Restaurants haben guten Espresso, weshalb man ihn, vielleicht mit einem *digestivo*, in einer Bar einnimmt. Die Piano-Bars der großen Hotels und bekannte Lokale wie das „Giacosa" in der Via dei Tornabuoni oder das „Paszkowski" an der Piazza della Repubblica bieten außer Kaffee auch noch etwas fürs Auge.

Auf dem Verdauungsspaziergang kann man den talentierten Straßenkünstlern in der Via Calzaiuoli zusehen und die Schaufensterauslagen bewundern. Eine Menschentraube um einen Pappkarton deutet auf eine weitere Lieferung imitierter Lacoste-T-Shirts oder Vuitton-Taschen hin. Das beste Eis, wissen die *cognoscenti*, hat das „Vivoli" in der Via Isola delle Stinche, günstig gegenüber dem Programm-Kino „Cinema d'essai" gelegen.

Touristen zahlen auf der Piazza della Repubblica für das Eis weitaus mehr, können dafür aber den Jugendlichen zuschauen, die auf ohrenbetäubenden Mopeds vorbeirasen, auf dem Weg zu den Neon-Eisdielen, Videotheken und Diskotheken der Piazza Beccaria.

Steht Kultur anstatt Essen gehen auf dem abendlichen Programm, genügt eine schnelle Pizza, bevor es ins Barockkonzert oder ins Teatro della Compagnia geht. Der Jazzclub „Riflessi d' Epoca" in der Via dei Renai wäre eine neuzeitlichere Alternative. Im Mai fällt das Abendessen dem jährlichen „Maggio Musicale" zum Opfer, dem berühmten Musik- und Opernfestival.

An Sommerabenden flieht alles in die kühlen Berge um Bellosguardo oder Fiesole. Im römischen Theater von Fiesole finden Ballett- oder Konzertabende statt. Das Freilichtkino „Forte di Belvedere" kann mit Wolldecken, etwas zu essen und der(m) Geliebten unter dem Arm zu einem entspannenden Vergnügen werden. Nach einem Abend unter den Sternen schlendert die Menge dann für einen letzten *digestivo* hinab zu den Kneipen am Flußufer. ∎

Diese Ausrichtung auf das Handfeste prägt auch heute noch die Küche. Scherzhaft nennt man die Florentiner *mangiafagioli*, „Bohnenesser", und ihre Spezialität sind Eintöpfe, Steaks und schwere Weine. Zwar gibt es auch kulinarische Extravaganzen, die typische florentinische Küche ist jedoch gesund, erdverbunden und beruht auf dem Reichtum der toskanischen Landschaft.

Frühmärkte: Die bunteste Einführung in die Küche der Stadt ist ein Vormittag auf dem Mercato Centrale. Berge von Kürbissen, Tomaten, Pilzen, Pepperoni, Kartoffeln und Auberginen *(melanzane)* bilden einen Flikkenteppich möglicher Geschmacksvarian-

mit Thunfisch ein wundervoll schlichter Auftakt zu jeder Mahlzeit.

Eintöpfe: Einzeln für sich schon ein Genuß, ergeben die frischen toskanischen Gemüse zusammen die zwei großen Spezialitäten der Stadt: *ribollita* und *minestrone*. *Ribollita* heißt aufgekocht, und der von Natur aus sparsame Florentiner wirft alles übriggebliebene Gemüse in die Pfanne, um diesen reichhaltigen Eintopf zu erhalten, der mit Brot serviert wird. In der Minestrone-Suppe aber reift das toskanische Gemüse zur vollen Geschmacksblüte. Die Florentiner sind leidenschaftliche Suppenesser. Zwar teilen sie ein wenig Italiens Vorliebe für Nudelgerich-

ten. Einzeln gebacken oder frisch in reinstes toskanisches *extra vergine* Olivenöl getaucht, das – smaragdgrün – auf jedem Tisch der guten Restaurants zu finden ist, munden sie den Florentinern am besten.

Unbestrittener König unter dem bunten Gemüse sind die bescheidenen weißen Bohnen, die *fagioli*. Florentinische Kaufleute brachten sie wie auch die Kartoffel aus Amerika mit. *Fagioli,* heute ein Hauptnahrungsmittel der Stadt, sind in der Suppe oder

Links: Abend über dem Arno. **Oben:** Hausgemachte Pasta schmeckt am besten.

te, im Grunde jedoch mögen sie die eigenen reichhaltigen und nahrhaften Gemüseeintöpfe viel lieber.

Der Florentiner verschmäht jedoch keineswegs Fleischgerichte. *Crostini di fegato,* Hühnerleberpastete mit geröstetem Brot, dazu ein junger Weißwein, sind eine delikate Vorspeise. Ein nicht zu versäumendes Festmahl ist *fritto misto* (verschiedene Fleischsorten in Teig gebacken) oder das Bauerngericht *stracotto* (über mehrere Stunden geschmortes Rindfleisch).

Fleischgelage: Eine weitere Spezialität von Florenz ist *arista,* gegrilltes Fleisch aller

Varianten: Rind, Schwein, zu Ostern Lamm und zu bestimmten Jahreszeiten Wildschwein. Die Tiere auf den toskanischen Weiden haben aromatisches Fleisch, und die Florentiner weigern sich, diesen Wohlgeschmack mit Beilagen und Gewürzen zu überdecken. Huhn, Fasan und Kaninchen werden ebenfalls einfach zubereitet.

Das berühmteste der Fleischgerichte ist jedoch die *bistecca alla fiorentina.* Ein gewaltiges saftiges Steak vom weißen toskanischen Chianina-Rind wird auf Holzkohlenfeuer gegrillt, gesalzen und ohne großes Beiwerk serviert. Es zählt zu den schmackhaftesten Fleischgerichten Italiens, und das

Konsistenz und der säuerliche Geschmack ist jedoch nicht jedermanns Sache.

Süßigkeiten: Wenn auch die florentinische Küche äußerst einfach ist, die florentinischen *dolce* setzen der Phantasie keine Grenzen. In den Bars der Stadt, den Konditoreien und *gelaterie* wird der Gaumen immer Neues vorfinden. *Copie varie,* Früchtebecher mit Eis, wetteifern mit einer endlosen Reihe von Gebäck und hausgemachten Süßigkeiten: riesigen Nougattafeln, „Florentinern" und *baci*-Engelsküssen.

Auf keinen Fall sollte man die Eiscremes versäumen. Angeblich wurde das *gelato* in Florenz erfunden, und die Geschmacksrich-

beste wird angeblich auf den Marmortischen der alteingesessenen Trattoria „Sostanza" (Via del Porcellana) serviert. Doch Vorsicht: Der Preis wird nach dem Rohgewicht – in Schritten zu hundert Gramm – berechnet, und man erwartet, daß mindestens 500 Gramm pro Person bestellt werden.

Am preiswerten Ende des kulinarischen Spektrums und im verständlichen Bestreben, nichts zu verschwenden, kochen die Florentiner sogar aus den Kaldaunen eine Spezialität. *Trippa alla fiorentina,* mit Tomaten gegart und Parmesankäse bestreut, ist ein preiswertes Gericht; die gummiartige

tungen kennen kein Ende. Das Schild *Produzione propra* („hausgemacht") garantiert für Originalität, bevor man jedoch woanders probiert, sollte man „Vivoli" in der Via Isola delle Stinche einen Besuch abstatten. Die Auswahl und der Geschmack sind hier un-übertroffen, vor allem die „englische Suppe" *zuppa inglese* (Biskuit, Likör und Vanillecreme mit Früchten).

Der Wein: Italiens berühmtester Wein, der Chianti, von Sonne verwöhnt und idealem Boden genährt, war nicht nur für Pulci der Inbegriff von Lebenslust: „Ich glaube", schrieb schon Leonardo da Vinci, „dort, wo es guten Wein gibt, da ist des Menschen Glück zu finden." Das Glück ist nicht einfach zu finden, selbst in der Toskana, guter Wein hingegen ist weniger rar.

Hier ist das Königreich der Sangiovese-Traube, die das Bouquet und den Körper der toskanischen Rotweine prägt. Ungezählte andere Traubenarten dienen der Königin als loyale Untertanen. Dies ist die erste Lektion über die toskanischen Weine – die Auswahl ist grenzenlos. Und wie im übrigen Italien sind die Lagen und Qualitätsbezeichnungen milde gesagt unübersichtlich.

Qualität: Das Fehlen einheitlicher Gütestandards läßt eine vergleichende Kontrolle immer sicher. Von den vielen *vini da tavola* hat sich der Sassicaia wiederum einen legendären Ruf erworben.

Weine über Weine: Weine der weltberühmten Chianti-Klasse werden in sieben Gebieten rund um Florenz und Siena angebaut. Dort wächst, unter sehr unterschiedlichen Klima- und Bodenbedingungen, eine große Bandbreite an Qualitätsweinen heran. Das Herzland des Chianti liegt beiderseits der Chiantigia, die Florenz und Siena seit alters her verbindet. Hier wird der Chianti Classico angebaut, und hier wurde im 13. Jahrhundert die Chianti-Liga gegründet. Das Markenzeichen, der schwarze Hahn *(gallo nero)*, steht

kaum zu, und die Qualität der Weine ist sehr unterschiedlich. Seit dem Methanol-Skandal von 1986 ist man jedoch zunehmend um Qualitätskontrollen bemüht. Die Qualifizierung DOC schreibt gewisse Herstellungsmethoden vor, DOCG versichert dem Käufer, daß sich der geschätzte Wein auch tatsächlich in der Flasche befindet. Damit sind die besten Weine zwar zu identifizieren, vor Überraschungen ist man jedoch nicht

Links: Vorbereitung der *bistecca alla fiorentina*.
Oben: Chianti-Weinberge. **Folgende Seiten:** Die berühmte Chianti-Flasche. Toskana-Käse.

dafür, daß hier auf Dauer Wein von hoher Qualität gekeltert wird.

Schwergewichte: Östlich von Florenz, in den Hügeln oberhalb des Flusses Sieve, liegt ein kleines Anbaugebiet, in dem einige der großen italienischen Weine produziert werden: Selvapiana, Castello di Nipozzano, Fattoria di Vetrie und der Newcomer Montesodi. Die mit Bast eingeschlagenen typischen Flaschen mit dem Chianti Colli Fiorentina kommen ebenfalls von den Hügeln um Florenz. Schwer und oft widerborstig, passen diese Weine wunderbar zum einfachen florentinischen Essen.

Nach dem Genuß des kräftigen Chianti und einer mächtigen *bistecca* bietet sich eine Delikatesse an, die zur Legende geworden ist: *Biscotti di Prato,* Mandelbiskuits, die in dunkel-goldenen Visanto getaucht werden. Das toskanische Sonnenlicht scheint sich in dieser Spätlese zu einer Geschmackssymphonie zu verflüssigen.

Essen gehen: Ob der Anlaß geschäftlicher Art ist oder ob es dem reinen Vergnügen dient, Essen gehen ist für die Florentiner ein wichtiges Ereignis. Hauptmahlzeit ist das Mittagessen, eine ausgedehnte Angelegenheit, die das offenkundige Ruhebedürfnis der Bewohner zwischen ein Uhr und drei

Uhr erklärlich macht. Abends speist man gegen acht, und da den Florentinern die Begeisterung für lange Nächte abgeht, schließen die besten Restaurants früh. Der Besucher sei auch gewarnt, daß im August viele gute Restaurants geschlossen bleiben.

Gourmet-Tempel: Die Auswahl an Restaurants ist jedoch groß genug. *Haute cuisine* findet man in einigen Restaurants, etwa in der eleganten und weltbekannten „Enoteca Pinchiori", wo Köstlichkeiten der *nouvelle cuisine* zubereitet werden, „Harry's Bar" und das „Sabatini" hingegen zaubern ausgezeichnete florentinische Küche auf den Tel-

ler. „Mamma Gina" fällt in die erschwinglichere Kategorie, „La Loggia" hat dafür eine wunderschöne Aussicht vom Piazzale Michelangelo zu bieten.

Auf dem Weg durch die Restaurants wird man feststellen, daß man in Florenz durchweg italienisch speist. Abgesehen von einigen Crêperies und einsamen Chinarestaurants ist die internationale Auswahl beschränkt, und deshalb sollte man sich auf toskanische oder florentinische Spezialitäten konzentrieren.

Ein Ratschlag: Es ist leicht, sich in Florenz den Magen zu füllen, schwerer verdaulich sind oft die Preise. In guten Restaurants mag das geforderte Entgelt angemessen erscheinen, in der Gegend um den Ponte Vecchio stellen sich jedoch viele Pizzastuben und Trattorien als mittelmäßig und teuer heraus. Das beste Essen findet man in unauffälligen Restaurants, oft in kleinen Seitenstraßen versteckt westlich der Piazza Signoria oder über dem Fluß in Oltrarno. Im „Benvenuto" und im „Sostanza" wird noch echte Hausmannskost zubereitet.

Für einen kleinen Imbiß bietet Florenz eine wachsende Anzahl von lärmenden Selbstbedienungsrestaurants. Besser ist eine *rosticceria,* in denen mit Käse oder Fleisch gefüllte Teigtaschen über den Ladentisch verkauft werden.

Al fresco: Ein unverzichtbares kulinarisches und ästhetisches Vergnügen ist ein florentinisches Picknick. Auf dem zentralen Obst- und Gemüsemarkt oder „Da Vera" im Borgo San Jacopo kann man die eigene Speisekarte zusammenstellen: Florentinische Salami, cremigen Peccorino da Siena, Mortadella, Feigen und eine Flasche Pomino verzehrt man am besten in schöner Umgebung. Die Treppen von Santo Spirito, Fiesoles Amphitheater mit herrlichem Panorama oder der Fluß im Parco della cascine gehören hier in die engere Auswahl. Speisen *al fresco* entfalten ihren Zauber auch inmitten der Terrassen und der schattigen Plätzchen im Boboli-Garten. Hier über der Stadt, mit Blick über die Ziegeldächer zu den jenseitigen Hügeln, helfen ein guter Wein und einfacher Käse, die Symbiose von Land und Licht zu feiern – den Inbegriff florentinischer Träume.

STRASSENMÄRKTE

Unter den eleganten Säulengängen der Uffizien, entlang dem Arno und neben den Re-pubblica-Cafés verhökert Florenz alles, von Postkarten und Drucken bis hin zu Second-hand-Ware, geschnitzten Sonnenuhren und den allgegen-wärtigen Plastik-*Davids*.

Ist kein Stand verfügbar, breiten die Straßen-händler ihren Laden auf dem Pflaster aus, immer ein wachsames Auge auf potentielle Käufer und Po-lizeistreifen gerichtet. Einige preisen ihre Ware lauthals an, während andere, dunkelhäutige Händ-ler aus Italiens früheren Kolonien, sich in die

Antiquitäten" Ausschau zu halten. Gelegentlich kann man noch einen echten Schatz heben. Auf der Piazza Sant' Ambrogio wird morgens neben Gemüse Kleidung verkauft, vor Santo Spirito hingegen findet jeden zweiten Sonntag ein Kunsthandwerks- und Antiquitätenmarkt statt.

Diese Märkte sind schon ziemlich auf Touristen ausgerichtet, während der Dienstagsrummelplatz im Parco delle Cascine ein rein florentinisches Ereignis ist. Im Schatten von Pappeln erstrecken sich kilome-terweit die Buden dieses riesigen Warenhauses unter freiem Himmel, auf dem von Nahrungsmitteln bis zu billigen Klamotten alles geboten wird.

Der größte und beste der florentinischen Märkte ist jedoch der Mercato Centrale von San Lorenzo. Außerhalb der traditionellen Marktbuden werden

Hauseingänge zurückziehen. Wenn der Abend auf dem Ponte Vecchio dämmert, wird das verlockende Sortiment der berühmten florentinischen Imitatio-nen herausgeholt; trügerisch echt, bis der Valenti-no-Pullover einläuft und das *Lacoste*-Krokodil sich zum Schwimmen verabschiedet.

Interessanter und ein besseres Geschäft für den Kunden als die fliegenden Nachthändler sind die auf Dauer eingerichteten Märkte von Florenz. Im Gewirr des Mercato Nuovo sind weitere Souvenirs zu finden – und endlich der Museumsführer, den man vergebens in den Museen gesucht hat – sowie eine Anzahl von „frechen" Postkarten, auf denen ehrwürdige Renaissance-Statuen mit Sprechblasen belebt werden.

Der wenig bekannte Flohmarkt an der Piazza Ciompi ist der beste Ort, um nach „Beinahe-

die üblichen Touristenwaren angeboten: Wolle, Seide, Leinen und florentinische Lederarbeiten; Geldbörsen, Schuhe, Handschuhe, Taschen und Jacken. Innerhalb des Marktes jedoch, im gußeiser-nen Palast des zentralen Lebensmittelmarktes, pul-siert das Herz der Stadt.

Hier ist Florenz im Original anzutreffen: Händ-ler, Hausfrauen und Ladeninhaber kaufen, verkau-fen und kosten von dem Füllhorn des toskanischen Landes. Die Ladentische ächzen unter den Fleisch-bergen. Käse, Antipasti und Wein werden ebenso feilgeboten wie kleine Mahlzeiten. Im oberen Stock-werk wird das Geschrei der Gemüsehändler, inmit-ten von Bergen aufgedunsener *porcini*-Pilze, gewal-tiger Kartoffeln, Trockenfrüchten und natürlich Bohnen jeder denkbaren Form und Größe, zum Pulsschlag in der Lebensader von Florenz. ∎

DIE STADT

Automobile deinen Atem fauchen
Um der Häuser verkrüppelten Stein,
In Alleuropas gelben Staub zu tauchen
Gabst du, Verräterin, dich selber preis!
　　　　　　－ Alexander Blok, *Gedichte – Poeme*, 1909

Mit derartigen Belanglosigkeiten verrinnt wohl so manche kostbare
Stunde, und der Reisende, der nach Italien gekommen ist, um sich mit
den fühlbaren Werten Giottos oder der Verderbtheit des Papsttums zu
beschäftigen, kehrt heim nur mit der Erinnerung an den blauen
Himmel und die Menschen, die unter ihm leben.
　　　　　　－ E. M. Forster, *Zimmer mit Aussicht*, 1908

　　Diese Meinungen zu Florenz sind durchaus zutreffend, denn Florenz ist eine Stadt, die sich dem subjektiven Blickwinkel anpaßt. Manch ein Besucher wandert mit gesenktem Kopf durch die Straßen, vertieft in den Reiseführer, und hebt das Auge nur, wenn der Autor dazu auffordert, ein bestimmtes Detail der Renaissance-Architektur zu bestaunen. Andere sitzen den ganzen Tag über im Café und bewundern angelegentlich die Bilder von Botticelli oder spazieren über den Ponte Vecchio. Manch einer verabscheut Florenz wegen der Hitze, des Lärms und der Touristen, andere lieben die Stadt so sehr, daß sie sich für immer hier niederlassen.

　　Florenz vereint beide Extreme. Es stimmt zwar, daß man nicht lange bleiben wird, wenn man keine Bilder mag, denn trotz der Behauptung der Einheimischen, daß Florenz mehr sei als nur eine „Museumsstadt", ist es genau die Kunst, die es von anderen Städten unterscheidet. Andererseits können die völlig uneinsichtigen Öffnungszeiten der Kirchen und Museen den Besucher auf der Suche nach ästhetischem Genuß in die Erschöpfung, wenn nicht gar zur Verzweiflung treiben. Nachmittags können manche Sehenswürdigkeiten nicht besichtigt werden, so daß man prächtige Ausreden fürs Faulenzen und die Vorbereitungen auf den Abend hat.

　　Das ist die Zeit zum Sehen und Gesehenwerden und für den Einkaufsbummel. Erstaunt wird man feststellen, wie klein Florenz eigentlich ist, denn jeder scheint jeden zu kennen, und die Fußgängerzonen füllen sich mit Menschen, die ein wenig miteinander schwatzen oder das Tagesgeschehen diskutieren.

　　Von alledem muß sich der Besucher nicht ausgeschlossen fühlen. Wer länger als ein paar Tage bleibt und das gleiche Geschäft oder Restaurant zweimal hintereinander aufsucht, ist auf dem besten Weg, Stammkunde zu werden. Schon der Versuch, mit Händen und Füßen Italienisch zu reden, macht die Einheimischen zugänglicher.

Vorherige Seiten: Über den roten Dächern von Florenz. Klassische Körper. Abblätternde Zeugnisse moderner Plakatkunst. **Links**: Im Schatten des Domes.

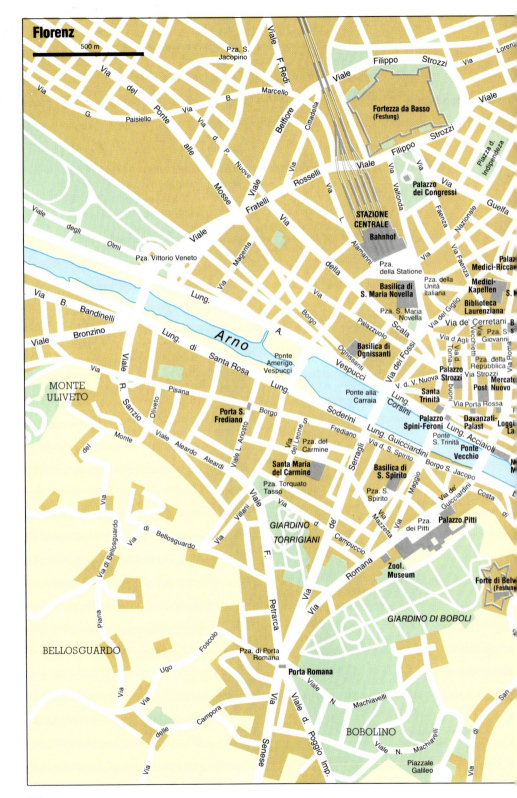

Florenz

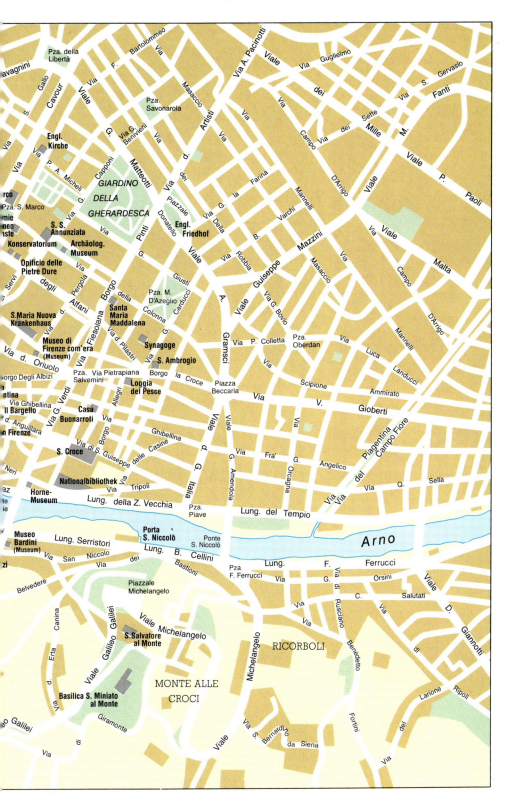

Pza. della Libertà

Bartolommeo Via

Via A. Pacinotti Viale Via Guglielmo

avagnini Gallo Via F. Masaccio Aristi Viale S. Gervasio Via Fanti

Cavour Viale Pza. Savonarola Campo dei Sette Mille M.

Engl. Kirche Via G. Benivieni Via la Farina Mannelli D'Arrigo Viale P. Paoli

Capponi Matteotti dei G. Viale Malta

GIARDINO DELLA GHERARDESCA Piazzale Donatello Engl. Friedhof Varchi Mazzini Masaccio Campo

S. S. Annunziata Pinti Giuseppe Via G. Bovio D'Arrigo

Konservatorium Archäolog. Museum Viale Robbia Mannelli

Opificio delle Pietre Dure Pergola Giusti Viale Via Luca Landucci

degli Alfani Borgo della Pza. M. D'Azeglio Colonna Carducci Via P. Colletta Pza. Oberdan Ammirato

S.Maria Nuova Krankenhaus Santa Maria Maddalena Gramsci Scipione V. Gioberti

Museo di Firenze com'era (Museum) Synagoge Via Via Piagentina Campo Fiore

Via d. Oriuolo Fiesolana S. Ambrogio Borgo la Croce Piazza Beccaria Via Angelico Sella

orgo Degli Albizi Pza. Via Pietrapiana Salvemini Via Fra' G. Q.

ntina Via Ghibellina Loggia del Pesce Ghibellina Orcagna Angelico

Il Bargello Casa Buonarroti Allegri delle Casine Amendola

d. Anguillara Borgo Italia del

n Firenze Via di S. Giuseppe Ghibellina G. Viale

S. Croce Via Tripoli Pza. Piave Lung. del Tempio

Nationalbibliothek Lung. della Z. Vecchia Lung. Serristori Porta S. Niccolò Ponte S. Niccolò Arno

Horne-Museum Belvedere San Niccolo Lung. B. Cellini Bastioni Pza. F. Ferrucci Lung. F. Ferrucci Via di Rusciano

Museo Bardini (Museum) Via dei Via G. Orsini C. Salutati Viale

zi Piazzale Michelangelo Via Via D. Giannotti

Canina Viale Galileo Galilei Viale Michelangelo S.Salvatore al Monte Michelangelo RICORBOLI Benedetto di Lariobe Ripoli

d. Erta Galileo Galilei Basilica S. Miniato al Monte MONTE ALLE CROCI Viale Via S. Bernardino da Siena Fortini del

o Galilei Giramonte di Via

DAS RELIGIÖSE ZENTRUM

Piazza del Duomo: An diesem Platz ist deutlich die Intention der mittelalterlichen Bauherren abzulesen, ein einheitliches, in sich geschlossenes religiöses Zentrum zu schaffen, unterstrichen durch die konsequente Verwendung von polychromem Marmor als Verkleigung am Dom, am Baptisterium und am Campanile di Giotto.

Von einem der Straßencafés an der Südseite der Piazza del Duomo läßt sich am besten ein erster Eindruck von den Proportionen dieses großartigen Ensembles gewinnen.

Wer es einrichten kann, sollte hier am Ostersonntag mittags dem *Scoppio del carro* („Explosion des Karrens"), einem Volksfest mit Wurzeln im Mittelalter, beiwohnen. Dabei wird am Hochaltar im Dom mit Feuersteinen, die vom Grab Christi stammen, eine taubenförmige, über ein Drahtseil geführte Feuerwerksrakete entzündet. Wenn alles funktioniert, saust die Rakete durch das mittlere Hauptportal hinaus auf die Piazza del Duomo und entzündet dort weitere Feuerwerkskörper auf einem Karren, den weiße Ochsen herbeigezogen haben. Das wird von den Zuschauern dann als Zeichen für eine gute Ernte verstanden.

Das Baptisterium: Der im Exil lebende Dante nannte das Gebäude stolz sein *bel San Giovanni.* Für ihn stammte es aus der Antike – denn die Florentiner haben stets übertrieben, wenn das Alter des Baptisteriums zur Debatte stand: So wird behauptet, der Bau gehe auf einen von den Römern errichteten Mars-Tempel zurück, mit dem einst des Sieges über die Etrusker-Stadt Fiesole gedacht wurde.

In der Rivalität unter den mittelalterlichen toskanischen Städten spielte das Alter eine nicht unwichtige Rolle, und das Baptisterium eignete sich bestens als Beweis für die Verbindung von Florenz mit dem Goldenen Zeitalter der Antike. Es deutet jedoch alles darauf hin, daß San Giovanni erst im 6. oder 7. Jahrhundert – wenngleich unter Verwendung römischen Mauerwerks – erbaut wurde. Ab dem 12. Jahrhundert nahm sich dann die *Arte di Calimala –* die Tuchhändlergilde – des Baptisteriums an.

Die Gilde trug auch die Kosten für die wunderschöne Marmorverkleidung mit den grünen geometrischen Mustern auf weißem Grund. Der Zierat stieß in der ganzen Toskana auf Bewunderung und fand in manchem Kirchenäußeren, auch dem des Florentiner Doms, Nachahmung.

Zwischen 1270 und 1300, als der Dom mit aufwendigen Mosaikzyklen ausgestattet wurde, die die gesamte Schöpfungsgeschichte bis zum Jüngsten Gericht darstellen, gestaltete man auch das Innere des Baptisteriums neu und verlegte den Fußboden mit den Tierkreiszeichen um das Taufbecken.

Dann nahm die Gilde die Portale in Angriff, die die großen Bronzeportale

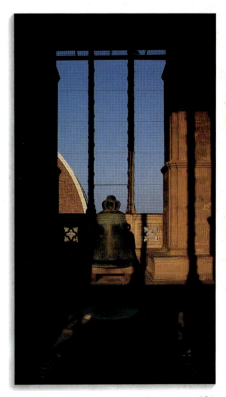

Links:
Campanile di Giotto.
Rechts:
m Glockenraum.

des Doms in Pisa übertrumpfen sollten. Es dauerte aber ein paar Jahrzehnte, bis im Jahre 1339 Andrea Pisano das **Südportal** vollendet hatte, auf dem die Geschichte von Johannes dem Täufer, dem Schutzpatron der Stadt, in bester gotischer Handwerkskunst gezeigt ist. Aber es waren das Nord- und das Ostportal von Lorenzo Ghiberti, die 60 Jahre später *das* Gesprächsthema in Europa lieferten.

Pforte zum Paradies: Das Jahr 1400 markiert eine Zäsur. Im Winter dieses Jahres schrieb die Gilde einen Wettbewerb aus, um einen Künstler für die verbleibenden Portale zu finden. Von den Bewerbern wurden Entwürfe zum Thema *Die Opferung Isaaks* gefordert. Nur die Entwürfe Ghibertis und Brunelleschis (heute im Bargello) sind erhalten geblieben.

Der Sieger des Wettbewerbs hieß 1403 Ghiberti, doch die Kunstgeschichte – zu Recht zögerlich, einen einzelnen Künstler als „Vater der Renaissance" zu bezeichnen – betrachtet das Jahr der Wettbewerbsausschreibung als Beginn der Renaissance.

Das Werk Ghibertis verdeutlicht bereits die wichtigsten Merkmale der Renaissancekunst: Zentralperspektive, realistische Darstellung des menschlichen Körpers und Anspielungen auf die klassische Antike. Ghiberti ist nicht der Schöpfer dieser Elemente, aber er verstand es, die künstlerischen Tendenzen seiner Zeit wiederzugeben.

1424 vollendete er das **Nordportal,** auf dem das Leben Jesu dargestellt ist. Am **Ostportal**, von Michelangelo als „Pforte zum Paradies" gepriesen, arbeitete er fast bis an sein Lebensende. Das zweiflügelige Portal besteht aus zehn vergoldeten Bronzeplatten, wobei jeder Flügel wiederum von einem vergoldeten Bronzerahmen umgeben ist. Auf Hochglanz poliert, machte es der Bezeichnung Michelangelos volle Ehre. Heute sind die Platten „in restauro" und durch Kopien ersetzt. Die bereits restaurierten Originale werden im Museo dell'Opera del Duomo ausgestellt. Die

Die neugotische Fassade des Doms aus dem 19. Jahrhundert.

Rahmen sind dagegen „in situ" und zeigen u. a. auf dem linken Flügel in der Mitte ein Selbstporträt Ghibertis.

Il Duomo: Der Dom steht als Sinnbild dafür, daß die Florentiner stets nach dem Größten und Besten trachten. Finanziert wurde er durch eine allen Bürgern auferlegte Grundsteuer. Wegen der ständigen Restaurierungsarbeiten ist er weiterhin eine Last für Stadt und Staat. Seine Fertigstellung dauerte von 1294 bis 1436. An seiner Gestaltung wirkten viele Baumeister mit.

Die bombastische neugotische **Westfassade** aus dem späten 19. Jahrhundert steht im Widerspruch zur mittelalterlichen Gesamtkonzeption. Sie läßt einen das Genie Brunelleschis um so mehr würdigen – der Blick wird magisch nach oben gezogen zur frisch restaurierten Kuppel, die die Kathedrale in 107 Metern Höhe krönt.

Seitlich des Doms steht der mit 85 Metern etwas niedrigere **Campanile di Giotto**. Mit dem Bau begann Giotto kurz nachdem er 1331 zum Dombaumeister ernannt worden war. Die Besteigung lohnt sich, denn von dort kann man die Kuppel des Doms besonders gut sehen und hat einen Panoramablick über die ganze Stadt.

Kahle Schlichtheit: Im Gegensatz zur Polychromie der Außenfassade ist der Dom im Innern bemerkenswert schlicht. Durch Jahrhunderte angesammelte Votivgaben, Kirchengestühl und Gedenksteine sind verschwunden, zurück bleiben Kunstwerke, die Bestandteil des Gesamtkomplexes sind.

Meisterwerke sind im Chor Luca della Robbias Bronzetüren zur Neuen Sakristei (1445-1469) sowie dort die hölzernen Intarsienschränke. Lorenzo der Prächtige fand hier 1478 Zuflucht, als die Pazzi-Verschwörer in einem gescheiterten Versuch, den Medici die Macht zu entreißen, ihm während des Hochamts nach dem Leben trachteten.

Im nördlichen Seitenschiff befindet sich ein Gemälde, das Dante vor den Mauern von Florenz zeigt – Symbol für sein Exil. Es wurde 1465 anläßlich des

Die Marmorverkleidung des Seitenschiffs.

200. Geburtstags des Dichters in Auftrag gegeben.

Unweit davon ist das berühmte Bildnis (1436) des englischen Söldnerführers Sir John Hawkwood zu bestaunen. Oft schon wurde es als Beispiel für den Geiz der Florentiner angeführt, denen die Verdienste Hawkwoods um die Stadt kein bronzenes Reiterstandbild, sondern nur ein von Uccello gemaltes Wandfresko in Trompe-l'œil-Manier wert war. Uccello freskierte auf der Westseite auch das Zifferblatt der Uhr, auf der die *hora italica* anzeigt wird, wie sie bis ins 18. Jahrhundert galt.

Nur Brunelleschi wurde das Privileg zuteil, im Dominneren begraben zu werden, eine späte Anerkennung seines genialen Entwurfs der Kuppel. Die Inschrift auf seiner Grabplatte (in der **Krypta**) stellt die Verbindung zu Ikarus her. Ein passender Vergleich, denn wie der mythische Held scheint auch die Kuppel der Schwerkraft zu trotzen.

Die Kuppel: Der Gesamtplan für den Dombau sah von Anfang an eine Vie-

rungskuppel vor, nur wußte niemand, wie die gewünschte Höhe und Spannweite ohne enormen Aufwand an Gerüsten zu realisieren sei. Brunelleschi reiste nach Rom, um das Vorbild aller Kuppelkonstruktionen – das Pantheon – zu besichtigen, und kam mit einem Konzept zurück, das sich die Technik der römischen Antike zunutze machte.

Zuzeiten muß der bedauernswerte Baumeister die Florentiner gehaßt haben. Die skeptischen Geldgeber verlangten zunächst ein Modell am Ufer des Arno, um die Stabilität der Kuppel prüfen zu können, und ernannten dann den zaghaften, dreinredenden und inkompetenten Ghiberti – den alten Rivalen Brunelleschis im Wettbewerb um das Ostportal des Baptisteriums – zum Leiter des gesamten Vorhabens.

Doch auch für Ghiberti hatte Brunelleschi eine Lösung parat, indem er sich unter dem Vorwand einer Erkrankung so lange aus dem Projekt zurückzog, bis die Bauarbeiten eingestellt werden mußten. Erst nachdem ihm die alleinige

Il Duomo in all seiner Pracht.

Verantwortung übertragen wurde, erkärte er sich bereit, weiterzumachen.

Die Kuppel Brunelleschis ist zum Wahrzeichen von Florenz geworden, ein von weitem erkennbarer Orientierungspunkt, der sich über einem Meer von roten Ziegeldächern erhebt. Um die architektonische Leistung jedoch angemessen würdigen zu können, muß man in die Kuppel hinaufsteigen.

Die Treppe nach oben verläuft zwischen den beiden Kuppelschalen. Die innere Schale wurde im Fischgratverbund aus leichten Ziegeln aufgemauert – eine selbsttragende Konstruktion, die von oben errichtet werden konnte und dann den Unterbau für das Gerüst lieferte, von dem aus man die äußere Schale in Angriff nahm.

Die Pforte zum "Paradies". Nächste Seite: Das Baptisterium, as älteste Gebäude in Florenz.

Im Jahre 1436 war die Kuppel vollendet, und Papst Eugen IV. weihte den Dom ein. Erst 1461, 15 Jahre nach dem Tod Brunelleschis, wurde die noch von ihm selbst geplante Laterne fertig. Und den letzten Schliff sollte die Kuppel durch einen rundherum laufenden Bogengang erhalten, mit dessen Bau Baccio d'Agnolo 1506 begann. Nachdem jedoch ein Abschnitt fertig war, stellte man die Arbeiten wieder ein: Michelangelo – dessen Wort Gesetz war – hatte ihn als „Grillenkäfig" bezeichnet.

Museo dell'Opera del Duomo: Die Dombauhütte wurde im 15. Jahrhundert errichtet. Im winzigen Hof schuf Michelangelo seinen gewaltigen *David*. Heute beherbergt die ehemalige Werkstatt als Museum Bildwerke aus dem Baptisterium, Dom und Campanile, um sie vor Luftverschmutzung und Witterungseinflüssen zu schützen.

Ein Raum im Erdgeschoß ist Brunelleschi gewidmet: Die Totenmaske, ein Holzmodell der Kuppel sowie Winden, Räder, Rollen und Gußformen, die beim Bau Verwendung fanden, gehören zu den gezeigten Stücken. In einem anderen Zimmer werden Modelle aus dem 16. und 17. Jahrhundert für die Westfassade des Doms aufbewahrt – allesamt ansprechender als der im 19. Jahrhundert realisierte Entwurf.

FORMELLA RESTAURATA ESPOSTA NEL MUSEO DEL DUOMO

Zahlreiche einst hochverehrte Reliquien finden sich in einem kleinen Vorzimmer: Nägel vom Kreuz Christi, einige Finger von der Hand Johannes des Täufers und der Pfeil, der den hl. Sebastian tötete.

Buße und Frohlocken: Doch das sind nur Kuriositäten, die wirklich interessanten Schätze sind in den oberen Stockwerken zu bewundern. Das Zwischengeschoß beherrscht Michelangelos mächtige *Pietà*. Um 1550 hatte er die Arbeit, die sein eigenes Grab schmücken sollte, begonnen. Unzufrieden mit dem fehlerhaften Marmor und der eigenen Arbeit, zerschlug er das Werk, nachdem er den Körper Jesu und den Kopf des Nikodemus (ein Selbstporträt) vollendet hatte. Ein Diener sammelte die Bruchstücke auf, und ein Schüler setzte sie wieder zusammen. Nach dem Tod des Meisters fügte dieser zudem noch die Figur der Maria Magdalena hinzu.

Im nächsten Raum sieht man zwei wundervolle, für den Dom geschaffene, im 17. Jahrhundert aber entfernte Sängerkanzeln. Luca della Robbias von 1431-1438 gemeißelte Marmorempore ist links, die Arbeit Donatellos aus den Jahren 1433-1439 rechts plaziert. Einen krassen Gegensatz zu den lebensfrohen Kanzeln bildet Donatellos Maria Magdalena (wohl aus dem Jahre 1455) aus Holz, eine eindrucksvolle Studie der gealterten früheren Hure, ausgemergelt und voller Reue.

Im gegenüberliegenden Raum bewahrt man Basreliefs von der Sockelzone des Campanile auf (aus dem frühen 14. Jahrhundert). Einige davon stammen von Giotto, die meisten von Andrea Pisano. Der Zyklus stellt auch die Künste, Wissenschaften und Handwerke dar, mit denen die Menschheit versuchte, seit der Erbsünde und der Vertreibung aus dem Paradies die Welt zu begreifen und zu verschönern. Die Reliefs – gotisch im Stil – entspringen dem Geist der Renaissance, stolze Zurschaustellung menschlicher Erkenntnis und Leistung.

DAS POLITISCHE ZENTRUM

Piazza della Signoria: Der wichtigste Platz von Florenz erregt stets die Gemüter. Leidenschaftlich diskutieren die Einheimischen über seine Zukunft, und die Nachbarstädte mokieren sich über dessen Mangel an architektonischer Einheit. Entsprechend enttäuscht fühlen sich oft auch die von weiter hergekommenen Besucher: Die trutzigen Bauten scheinen nicht in eine Stadt zu passen, in der die Farbenpracht und Lebenslust der Renaissance entstanden. Daß historische Bauten und Skulpturen „vorübergehend" hinter Gerüsten und grünen Netzen verschwinden, trägt ein übriges dazu bei.

Wenigsten sind nach der Restaurierung des Belages der Piazza die diesbezüglichen Diskussionen verstummt: Die Archäologen, die seit 1987 nach altertümlichen Schätzen unter dem Platz gegraben hatten, wollten nämlich

Links:
Der Palazzo
Vecchio
vor der
Restaurie-
rung.
Unten:
Donatellos
Judith und
Holofernes.

einen Belag, durch den die Überreste römischer und mittelalterlicher Gebäude unterirdisch erhalten blieben. Eine einflußreiche Minderheit wollte ihn mit roten Ziegeln gepflastert sehen, wie zwischen 1386 und dem 18. Jahrhundert. Wieder andere hätten gerne graue Steinplatten gehabt, die ins Straßenbild der Stadt passen.

Alter Streit: Diese Zwistigkeiten sind nichts Neues; die Piazza verkörpert geradezu die unterschiedlichsten Meinungen und Vorstellungen. Eine Gedenkplatte markiert die Stelle, an der 1498 Savonarola als Ketzer verbrannt wurde, und alle Skulpturen ringsum sind voll von politischen Anspielungen. Seit dem 14. Jahrhundert wandten sich die Politiker von der Stirnseite des Palazzo Vecchio aus an die Öffentlichkeit – ursprünglich diente dazu eine erhöhte Plattform, die *ringheria*, bis sie 1812 schließlich abgerissen wurde. Ehe 1987 die Archäologen kamen, waren auf diesem Platz politische Massenkundgebungen an der Tagesordnung, und daran hat sich nach der Restaurierung nichts geändert.

Schon die Entstehung der Piazza ist auf einen Streit zurückzuführen. Ursprünglich gehörte das Grundstück den Umberti, ihres Zeichens Anhänger der Ghibellinen, die jedoch im 13. Jahrhundert in den Auseinandersetzungen den Guelfen unterlagen. Den Besitz der verbannten Umberti ließ man anfangs zum Zeichen ihrer Niederlage brachliegen, dann nutzte man den Platz zum Bau des neuen Regierungspalastes.

Der Stadtpalast: Die Grundsteinlegung erfolgte 1299. Im Jahre 1322 wurde der Bau mit der Aufhängung der großen Turmglocke abgeschlossen, die bei drohenden Gefahren läutete und zu Versammlungen rief.

Der Name des Palastes änderte sich ebensooft wie die Machthaber. Aus dem Palazzo del Popolo („Volkspalast") wurde der Palazzo della Signoria, als die *signori* – die reichen Kaufmannsfamilien – die Regierungsgewalt über die Stadt an sich brachten.

Das blieb so von 1434, als Cosimo de' Medici seine inoffizielle Regentschaft antrat, bis 1492, als sein Enkel Lorenzo der Prächtige starb. Die Jahre 1494 bis 1537 waren dann von dem Versuch geprägt, eine auf die Ideen von Savonarola gründende Republik am Leben zu erhalten. Die Medici wurden mehrmals aus der Stadt vertrieben, und über dem Palasteingang brachte man auf Savonarolas Wunsch die Inschrift an, wonach Jesus der König von Florenz sei.

1537 übernahm Cosimo I. das Zepter und zog drei Jahre später in den Palast ein, der nunmehr Palazzo Ducale genannt wurde. Ab 1550 wurde der Palazzo Pitti zum neuen Amtssitz, und seitdem heißt der frühere Regierungssitz Palazzo Vecchio, „Alter Palast".

Loggia dei Lanzi: Dieses anmutige Gebäude mit den drei Arkaden steht rechts vom Palazzo Vecchio und hat seinen Namen von der Leibgarde Cosimos I. Fertiggestellt wurde es bereits 1382 und diente ursprünglich als Unterstand für die Würdenträger bei Feierlichkeiten unter freiem Himmel.

Auf Ratschlag Michelangelos erwog Cosimo, den ganzen Platz mit großen Arkadenbogen einzufassen, um mehr architektonische Harmonie zu schaffen. Aus Kostengründen kam es jedoch nicht dazu. Statt dessen wurde die Loggia zur Freiluftgalerie für neue und antike Skulpturen umfunktioniert.

Bildhauerei: Die erste Skulptur wurde nicht aus ästhetischen Gründen, sondern zur Demonstration politischer Macht errichtet. Donatellos *Judith und Holofernes* wurde 1456-1460 als Brunnenschmuck für den Hof des Medici-Palastes geschaffen. Nach der Vertreibung der Medici 1494 holten die Bürger der eben ausgerufenen Republik die Skulptur aus dem Palast und stellten sie hier auf. Der Symbolgehalt dieses Aktes war offenkundig: Wie die rechtschaffene Judith den trunkenen Tyrannen Holofernes hinrichtete, triumphierte nun Freiheit über Despotismus.

1554 stellte man in der Loggia eine weitere Bronzegruppe auf. Cosimo I.

Links: Der Brunnen Ammannatis. Rechts: Von den Kritikern abgetan – der Herkules von Bandinelli.

hatte bei Cellini den *Perseus* in Auftrag gegeben, um seine Rückkehr an die Macht zu feiern, aber auch zur Abschreckung: Wie Perseus mit dem Gorgonenhaupt der Medusa seine Feinde in Stein verwandelte, drohte den Gegnern Cosimos zumindest die Verbannung.

Einst glaubten die Florentiner, daß Bildwerken die Kraft innewohnt, Gutes oder Schlechtes über die Stadt zu bringen. Und so kamen bald Zweifel auf, ob es klug war, Judith derart in den Vordergrund zu rücken. Das Werk symbolisierte den Tod und zeigte, wie eine Frau einen Mann besiegte und tötete: Also schaffte man das Werk an einen weniger auffälligen Platz (heute steht eine Kopie vor dem Palazzo, und das restaurierte Original ist drinnen ausgestellt).

Auftritt des David: Daraufhin nahm Michelangelos *David* die Stelle der Judith ein, wodurch der Platz ein anderes Gesicht und einen neuen Mittelpunkt erhielt. Noch heute hat die von Umweltschäden gezeichnete Kopie (das Original ist in der Accademia zu sehen) durch

ihre Mehrdeutigkeit eine verblüffende Wirkung. Der *David* wirkt muskulös und unmännlich zugleich, nicht mehr kindlich, aber auch noch kein Mann, entspannt und doch kampfbereit: Eine Hymne an die Schönheit und Blöße des menschlichen Körpers, trotz der übergroßen Gliedmaßen und einem zu großen Kopf.

Zudem hatte die Statue auch einen politischen Symbolgehalt. Man konnte den Mut Davids gegenüber Goliath als Metapher für Florenz sehen, das bereit war, seine Freiheit gegen jede Bedrohung zu verteidigen. Wenn man wollte, konnte man David aber auch als aufbegehrend gegen die Medici, den Papst oder den Kaiser interpretieren.

Der *David* gab den Anstoß, weitere „Herkules"-Monumentalwerke in Auftrag zu geben, die meisten Arbeiten jedoch ernteten nicht mehr als Spott. Herkules wurde zum Thema gemacht, weil er die Sümpfe, auf denen Florenz erbaut wurde, trockengelegt hatte. Als Bandinellis *Herkules* 1534 enthüllt wurde, verglich Cellini das Werk mit „einem alten Sack voller Melonen".

Ammannatis **Neptunbrunnen**, eine Allegorie auf den Plan Cosimos I., Florenz zu einer starken Seemacht zu machen, entstand 1563-1575. Neptun blickt ebenso unbehaglich drein, wie dem Künstler zumute gewesen sein muß, als er das Urteil des Volkes vernahm, wonach das Ganze eine Verschwendung des schönen Marmors gewesen sei. Nur die bronzenen Satyrn und Nymphen zu Füßen Neptuns wirken etwas lebendiger.

Als Giambolognas *Raub der Sabinerinnen* 1583 in der Loggia enthüllt wurde, waren die Kritiker milder gestimmt. Der Titel entstand erst nachträglich, denn der Künstler hatte kein spezielles Thema im Sinn gehabt, sondern wollte drei menschliche Körpertypen darstellen: den alten und den jungen Mann sowie die Frau.

Ein weiteres Werk des Künstlers ist das Reiterstandbild Cosimos I. (1594), das dessen Sohn Ferdinando in Auftrag gegeben hatte. Trotz seiner Imposanz ist es künstlerisch gesehen nur Durchschnitt. Eine Wertung, die die gesamte Regierungszeit Cosimos charakterisieren könnte: Obwohl Florenz den Höhepunkt seiner Machtentfaltung unter Cosimo erlebte, war der Niedergang der Kunst nicht aufzuhalten.

Palazzo Vecchio: Dies wird insbesondere im Palastinnern deutlich, das Cosimo anläßlich seines Einzugs 1540 völlig umgestalten ließ.

Natürlich gibt es auch Gelungenes, wie etwa den 1453 von Michelozzo als Haupteingang konzipierten *cortile* (Innenhof). Der Brunnen in der Mitte wurde um 1555 von Vasari entworfen und ist den Putten und Delphinen nachempfunden, die Verrocchio 1470 für die Medici-Villa in Careggi schuf.

Auch der Stuck und die Fresken sind von Vasari. An den Wänden sieht man österreichische Stadtansichten, die dafür sorgen sollten, daß sich Johanna von Österreich nach ihrer Heirat mit Francesco de' Medici (Cosimos Sohn) 1565

Der Wachturm des Palazzo Vecchio.

hier zu Hause fühlen konnte. Die Decke ist mit farbenfrohen Sphinxen, Blumen, Vögeln und Satyrn bemalt.

Der wichtigste Raum im ersten Stock ist der **Salone dei Cinquecento**. 1495 von Cronaca entworfen, diente er der Ratsversammlung der Republik, dem *Consiglio Maggiore,* für die Zusammenkünfte. Obwohl der riesige Saal eine schlechte Akustik hat, wird er heute zu Konzerten genutzt.

Der siegreiche Herzog: Leonardo da Vinci und Michelangelo wurden mit der Bemalung der Decken und Wände beauftragt, doch keiner von beiden brachte mehr als ein paar Skizzen aufs Blatt. Schließlich war Vasari an der Reihe, dem die Arbeit dann zwischen 1563 und 1565 recht rasch von der Hand ging. Den Titeln zufolge feiern die Darstellungen die Gründung von Florenz und die Siege über Pisa und Siena. Cosimos Auftritt in jeder Szene demaskiert das Ganze als reine Werbekampagne.

Es ist kein Wunder, wenn der Besucher sich hier eher unbehaglich fühlt

und sich fragt, was den begabten Vasari zu solch offenkundiger Schmeichelei trieb. Aus dem gleichen Grund irritiert auch Michelangelos schonungslos realistische *Vittoria:* ein alter Mann, bezwungen von der überlegenen Kraft eines jungen Muskelprotzes.

Ursprünglich für das Grab von Papst Julius II. geschaffen, wurde die Skulptur von den Erben Michelangelos Cosimo I. zum Geschenk gemacht, in Erinnerung an den Sieg über Siena im Jahre 1559. Die Absicht des Künstlers war es gewesen, den Triumph des Verstandes über die Unwissenheit darzustellen. Im neuen Umfeld wirkt die Skulptur jedoch wie eine rohe Verherrlichung der Gewalt. Dennoch haben Künstler immer wieder versucht, die verdrehten und gepeinigten Figuren Michelangelos zu kopieren. Und die *Vittoria* wurde zum großen Vorbild der Manieristen im ausgehenden 16. Jahrhundert.

Erträglicher wird es mit Vincenzo de' Rossis *Herkules und Diomedes:* ein Kampf, in dem sich die Gegner nichts

Florenz erobert die Toskana – Fresko von Vasari im Palazzo Vecchio.

schenken. Kopfunter hängend greift Diomedes in letzter Verzweiflung nach dem Glied des Herkules.

Der einsame Alchemist: Abseits der großen Halle ist das fensterlose, um 1570/75 ausgestattete Studierzimmer des einsiedlerischen Francesco I. zu besichtigen. Seine Eltern, Cosimo I. und die schöne Eleonora von Toledo, sind in den Lünetten der Seitenwände dargestellt. Im „Tesoretto", der Geheimstube von Cosimo I., dienten die wundervollen Intarsienschränke der Aufbewahrung von Preziosen.

Nun kommt eine Reihe von Räumen, die nach Giovanni de' Medici (der mit 13 Jahren Kardinal und schließlich Papst Leo X. wurde) **Quartiere di Leone X.** heißen. Die Ausstattung besorgte Vasari 1556-1562.

Ein Stockwerk höher sind in der **Sala degli Elementi** Allegorien der vier Elemente zu sehen, darunter eine an Botticelli erinnernde Wasserszene, die ebenfalls von Vasari stammt. Das Eckzimmer – die Terrazza di Saturno –

ermöglicht einen herrlichen Blick auf Santa Croce im Osten und San Miniato al Monte im Süden.

Fürstliche Interieurs: Im **Quartiere di Eleonora di Toledo,** den Privatgemächern der Gemahlin Cosimos I., hat man in der von Bronzino gestalteten Kapelle (1540-1545) die Gelegenheit, wundervolle Fresken aus unmittelbarer Nähe betrachten zu können. Farbenreichtum und -brillanz sind atemberaubend: Die Palette reicht von intensiven Rosatönen über leuchtendes Blau zu phosphoreszierendem Grün.

Ein Gang, in dem die Totenmaske Dantes aufgestellt ist, führt zu den beiden prächtigsten Sälen des Palastes: **Sala d' Udienza** und **Sala dei Gigli.** Beide haben mit allen nur erdenklichen Ornamentformen geschmückte vergoldete Kassettendecken. Auf den Intarsientüren, die beide Säle miteinander verbinden (16. Jahrhundert), sind die Dichter Dante und Petrarca abgebildet.

Die Sala dei Gigli wurde nach den Lilien benannt, die die Wände bedecken und Symbol der Stadt sind. Neben dem Original von Donatellos *Judith* sind Hinweistafeln aufgestellt, die erläutern, wie die Bronze gegossen und später restauriert wurde.

Ein kleiner Raum dahinter wurde 1511 für Machiavelli eingerichtet, als er Kanzleivorstand war. Der Raum ist über eine Öffnung zugänglich, die im 13. Jahrhundert als Palastfenster gedient hatte. Ein Porträt Santi di Titos zeigt einen lächelnden jungen Autor des *Il Principe,* der nichts gemein hat mit der dämonischen Figur, zu der Machiavelli nach Veröffentlichung seiner Studien zu Politik und Pragmatismus gemacht worden ist.

Der Weg zum Ausgang des Palazzo führt am Turmeingang vorbei und durchquert eine Reihe von Räumen, in denen vorübergehend die Instrumentensammlung des „Conservatorio" mit Stradivari-Geigen und Tasteninstrumenten von Cristofori, dem aus Florenz stammenden Erfinder des Klaviers, ein Unterkommen gefunden hat.

**Links:
Johannes der Täufer, Schutzpatron von Florenz, in der Sala dei Gigli.
Rechts:
Bronze von Ammannati auf der Piazza della Signoria.**

KUNST UND NATUR

Uffizien: Liest man Vasaris Künstlerviten, ist man gut auf die berühmten Werke der Renaissance vorbereitet. Vasaris Schilderungen warnen vor zuviel Lobhudelei und zeigen, daß viele große Künstler auch nur Menschen waren, sinnenfroh, habgierig und stets bereit, sich der Launenhaftigkeit ihrer Gönner zu beugen.

Vasari selbst war ein Erzschmeichler. Als er die Uffizien gestaltete, plante er einen Korridor ein, der den **Palazzo Vecchio** über die **Uffizien** mit dem **Ponte Vecchio** und dem **Palazzo Pitti** verbindet. Cosimo I. und seine Erben nutzten den Gang in luftiger Höhe auf ihrem Weg zwischen Palast und Regierungssitz, ohne sich in Kontakt mit dem gemeinen Volk begeben zu müssen.

Die Räume im Erdgeschoß dienten als Regierungsbüros. Der *corridoio* wurde, dank Vasaris erstmaliger Verwendung von Eisenstreben zur Verstärkung des Mauerwerks, von einer durchgängigen Glaswand erhellt und diente als Ausstellungsraum für antike Skulpturen und andere von den Medici in Auftrag gegebene, gesammelte oder ererbte Meisterwerke.

Beliebtes Reiseziel: Die Uffizien besuchen heißt, den Spuren großer Persönlichkeiten zu folgen. Prominente Globetrotter machten sie im 19. Jahrhundert zu einem der meistbesuchten Reiseziele. Hauptattraktion und Zeichenvorlage waren zunächst die antiken Statuen. Erst als Ruskin sein Plädoyer für die Renaissancekunst hielt, interessierte man sich für Giotto, Cimabue, Lippi oder Botticelli. Ruskins Begeisterung für die Schätze der Uffizien war so ansteckend, daß sich neue Pilgerscharen aufmachten: Jetzt kopierte man den Renaissancestil, und die Bewegung der Präraffaeliten entstand.

Jährlich kommen 1,5 Millionen Touristen in die Uffizien, und besonders im Sommer sind die Säle überlaufen. Aufgrund des Bombenattentats 1993 wurden die Kunstwerke aus dem beschädigten Westflügel ausquartiert, knapp zwei Jahre später erstrahlen die Uffizien wieder in altem Glanz.

Die Gemälde sind chronologisch und nach Schulen angeordnet, so daß auch ohne Führer die Entwicklung der Inhalte und Techniken der Kunst in Florenz und Italien über fünf Jahrhunderte hinweg nachvollzogen werden kann.

Streben nach Realismus: In den Sälen 2 bis 4 hängen die Meisterwerke des Trecento. Typisch ist hier Cimabues *Madonna* (um 1285): Das Dekorative und Ikonographische gehen Hand in Hand, Frömmigkeit soll in spirituelle Vergeistigung übergehen. Duccios *Madonna* ist ein früher Versuch, dem Mutter-mit-Kind-Motiv menschliche Züge zu verleihen, während Giottos *Madonna* (um 1310) beispielhaft dafür ist, wie damals die toskanischen Künstler mit der Illusion von Tiefenraum und dem *chiaroscuro* (Wechselspiel von Hell und Dunkel) einfallsreich experimentierten.

vorherige Seiten: schattiges Plätzchen für den Kutscher. **links:** Die Uffizien und Vasaris *corridoio*. **rechts:** Im Café auf der Piazza della Signoria.

In den Sälen 5 und 6 findet man Arbeiten aus dem frühen Quattrocento, die zwar noch der Gotik verpflichtet sind, aber bereits neue Strömungen ahnen lassen. Gherardo Starnina verwendete für *Thebais* (um 1400/1410) erstmals anstelle des Goldgrundes naturalistisches Blau für den Himmel, und in Monacos *Anbetung der Heiligen Drei Könige* (1420) tritt mit der Darstellung von Santa Croce allmählich die wirkliche Welt auf den Plan.

Die Porträts von Federico da Montefeltro und seiner Frau Battista Sforza in Saal 7, das Werk von Piero della Francesca, markieren einen Neubeginn (1460). Bildgegenstand sind nicht mehr religiöse Symbole, sondern lebendige Menschen, und im Hintergrund verewigte der Künstler detailverliebt die Landschaft seiner Heimat um Arezzo.

Daneben hängt Paolo Uccellos *Schlacht von San Romano* (1456), eine wild-bewegte Szene, zu der der Künstler durch della Francescas Abhandlung über die Perspektive angeregt worden

sein soll und die seine besessene Beschäftigung mit dem Problem der realistischen Darstellung von Tiefenlandschaften verrät.

Religion und Begierde: Saal 8 beherbergt Arbeiten von Fra' Filippo Lippi, so die *Madonna mit dem Kind und zwei Engeln* (um 1465). Der Franziskanermönch war für seine Leidenschaftlichkeit bekannt, und Vasari berichtet, daß Lippi die Damen seines Herzens malte, um sein sexuelles Verlangen im Zaum zu halten. Dieses Madonnenporträt gehört zu den wunderbarsten Huldigungen an die weibliche Schönheit.

Saal 9 ist dem Frühwerk Botticellis gewidmet, und Saal 10 enthält seine großartig restaurierten Meisterwerke *Primavera* (um 1480) und *Geburt der Venus* (um 1485).

Das Bild *Primavera* ist ebenso schön wie rätselhaft, und die Fachleute interpretieren es nach wie vor unterschiedlich. Rechts sehen wir Zephyr, die Personifizierung des warm-sanften Westwinds, Blumen hervorbringend,

Madonna mit dem Kind und zwei Engeln von Fra' Filippo Lippi.

140

die dem Mund der Flora entströmen. In der Mitte Venus und Amor, links davon die drei Grazien. In der Figur des Merkur (Sinnbild der Beredsamkeit, des Ausgleichs und der Vernunft) erkennt man die Züge Lorenzo des Prächtigen.

Im selben Saal zelebriert auch die *Venus* von Lorenzo di Credi die Schönheit und Sinnlichkeit des weiblichen Körpers. Der Titel ist nur Vorwand, um einen nackten Körper darstellen zu können: Ein Kontext, Hintergrund oder Symbolgehalt ist nicht zu erkennen. Und genau diese rein menschliche und „säkulare" Darstellungsweise war es, die der puristische Savonarola und seine Anhänger verdammten.

Besondere Schätze: In Saal 18 (die „Tribuna") brachten die Medici die von ihnen am meisten geschätzten Werke unter. Der 1584 von Buontalenti entworfene Raum bildet ein von oben belichtetes Oktogon mit Marmorinkrustationen an der Decke. An den Wänden hängen Familienporträts. Berühmt ist hier die keusch anmutende *Mediceische*

Venus aus einer Medici-Villa in Rom. Es handelt sich dabei um eine Kopie der Aphrodite von Knidos (4. Jh. v. Chr.) aus dem 1. Jahrhundert v. Chr.

Säle mit holländischen, deutschen und venezianischen Gemälden führen zum Südkorridor, der einen schönen Blick über die Stadt bietet. Hier stehen meisterhafte Skulpturen, vor allem römische Kopien griechischer Originale. Saal 25 zeigt eines der wenigen Gemälde Michelangelos, *Die Heilige Familie,* das zur selben Zeit entstand wie der *David,* den Michelangelo für die Hochzeit von Angelo Doni und Maddalena Strozzi 1504 schuf. Das Bild wird durch lebhafte, später häufig von den Manieristen kopierte Farben beherrscht. An der Plastizität der Gestalten erkennt man den Bildhauer Michelangelo.

Obszönität: In Saal 28 wird Tizians richtungsweisende *Venus von Urbino* (1538) aufbewahrt, ein Bildnis, das die Impressionisten und Picasso ebenso inspirierte wie es Mark Twain entsetzte. In einem Anfall von Puritanismus und

otticellis
rimavera.

Strenge nannte er es „des einen Arms und der einen Hand" wegen „das gemeinste, nichtswürdigste, obszönste Bild [...], das die Welt besitzt."

Der Titel „Venus" ist auch hier reiner Euphemismus, denn wie schon zuvor bei Lorenzo di Credi ist das Bild eine bewußt erotische Schöpfung. Genau betrachtet wirkt nicht die doppeldeutige Handhaltung so verführerisch – sie könnte sowohl Schamgefühl als auch Selbstbefriedigung andeuten –, sondern es sind der wissende, provokative Gesichtsausdruck, die vollen Lippen und mandelförmigen Augen, die eine intime, voyeuristisch-exhibitionistische Beziehung zum Betrachter herstellen.

Auf soviel Sinnlichkeit folgt Ernüchterung. In den übrigen Räumen findet sich wenig von überragendem Wert. Hervorzuheben wären Caravaggios *Jugendlicher Bacchus* (um 1589) in Saal 43 und Rembrandts *Selbstbildnis im Alter* (um 1664) in Saal 44. Im Vestibül des dritten Korridors steht das berühmte Wildschwein, eine römische Kopie des griechischen Originals (3. Jh. v.Chr.), nach dessen Vorbild der *Porcellino*-Brunnen am Mercato Nuovo entstand.

Vasaris *corridoio:* Der Gang von den Uffizien zum Palazzo Pitti ist von Bildern gesäumt, darunter viele Selbstporträts so unterschiedlicher Künstler wie Vasari, Velázquez, Hogarth und Millais. Führungen finden morgens von Dienstag bis Sonntag statt und müssen am Vortag in den Uffizien gebucht werden. Sonst kann man den hohen Arkaden des Korridors außen bis zum Palazzo Pitti folgen.

Palazzo Pitti: Für Ruskin und später auch D. H. Lawrence war die lebensprühende, farbenprächtige, sinnliche und menschliche Kunst der Florentiner Renaissance – 1500 Jahre nachdem die etruskische Kultur von den römischen Besatzern vernichtet worden war – eine Wiedergeburt etruskischen Geistes. Gleiches gilt für die Florentiner Prachtbauten, besonders für den Palazzo Pitti.

Die roh behauenen, fast schmucklosen Mauern gleichen in ihrer Kahlheit

Tizians verlockende *Venus von Urbino*.

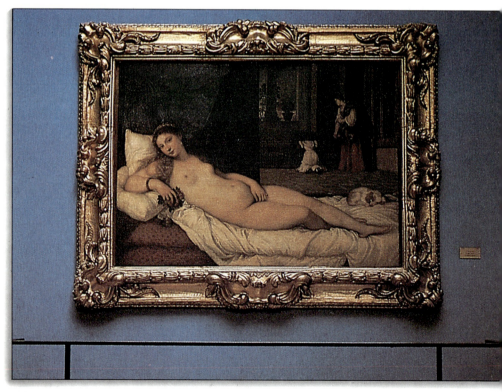

und Zurückweisung denen des einst etruskischen Fiesole. An der Piazza Pitti Nr. 21, direkt gegenüber, schrieb Dostojewski seinen Roman *Der Idiot*. Man kann sich gut vorstellen, daß der Blick auf das Gebäude zur düsteren Stimmung des Buches beigetragen hat.

Trotzdem galt der Palast in früheren Zeiten wegen seiner Monumentalität als prächtiges Bauwerk. Die sieben Fensterachsen in der Mitte entstanden um 1450. Auftraggeber war Luca Pitti, der in der Absicht, die Pracht des Medici-Palastes zu übertreffen, seine Familie finanziell buchstäblich ruinierte.

Am Ende jedoch triumphierten die Medici, verkauften doch 1549 die Erben Pittis den Palast an Eleonora von Toledo, die ihren Gemahl Cosimo I. 1550 überredete, aus dem Palazzo Vecchio dorthin umzuziehen.

Das Ende einer Dynastie: Doch es sollten schwere Zeiten kommen. Eleonora, Mutter von elf Kindern, kränkelte zusehends und erlag 1562 der Malaria oder der Tuberkulose. Zwei Jahre später zog sich Cosimo zugunsten seines Sohnes Francesco aus den Regierungsgeschäften zurück. Die Heirat Francescos mit Johanna von Österreich 1565 wurde noch glanzvoll gefeiert. Danach verfiel auch Cosimo, erlitt Gehirnblutungen und starb 1574 im Alter von 54 Jahren.

Auf Francesco I. folgte Ferdinando I. und diesem der kränkliche Cosimo II., der mit der Erweiterung des Palastes begann, die unter Ferdinando II. Mitte des 17. Jahrhunderts abgeschlossen wurde. In dieser Zeit erhielten die Privaträume, die heutige Galleria Palatina, wundervolle Deckenmalereien. Der rechte Seitenflügel kam Ende des 18., der linke im 19. Jahrhundert hinzu, so daß das Gebäude 1828 in seiner jetzigen Form fertiggestellt war und der Öffentlichkeit zugänglich gemacht wurde. Heute sind hier mehrere Museen zu Hause, von denen einige wegen Renovierungsarbeiten bis auf weiteres geschlossen bleiben.

Im einzelnen handelt es sich dabei um die **Galleria Palatina**, das **Museo degli**

alazzo
itti.

Argenti, die **Galleria d' Arte Moderna** (alle geöffnet), die **Appartamenti ex Reali** („Ehemalige königliche Gemächer") und das Kutschenmuseum (beide geschlossen). Das **Museo delle Porcellane** (zur Zeit geschlossen) und die **Galleria del Costume** (geöffnet) sind in Gebäuden im Boboli-Garten zu finden.

Galleria Palatina: Die wunderbaren Gemälde an den Wänden der Galerie wurden während des 17. und 18. Jahrhunderts von den Medici zusammengetragen. Die Hängung der Bilder entspricht den fürstlichen Vorstellungen von Dekor.

Der Prunk dieser Räume erfährt durch die von Ferdinando II. in Auftrag gegebenen und von Pietro da Cortona zwischen 1641 und 1665 gemalten Dekkenfresken eine Steigerung. Der allegorische Freskenzyklus behandelt die Phasen der Erziehung des Fürsten.

Benannt wurden die Räume nach den Inhalten der Deckengemälde. Das auf die Vorräume folgende erste Zimmer heißt **Sala di Venere** und zeigt, wie Minerva (die Weisheit) den jungen, verliebten Fürsten aus den Armen einer üppigen Venus reißt, damit er auf seine Aufgaben vorbereitet werden kann.

Tizians *Bildnis einer Dame* (1536), das zu Recht *La Bella* genannt wird, ist ebenfalls in diesem Saal zu bewundern. Möglicherweise saß hier dasselbe Mädchen Modell wie für die V*enus von Urbino* (in den Uffizien).

Im Zentrum der **Sala di Flora** steht die zierliche Figur der dem Bad entsteigenden *Venus* von Canova. Auftraggeber war Napoleon, der mit diesem Stück die nach Paris entführte *Mediceische Venus* ersetzen wollte.

Im Deckengemälde der **Sala di Apollo** erhält der Fürst erste Unterweisung in den Künsten und Wissenschaften. Tizians herrliches Bildnis der *Maddalena* wirkt durch die Fülle goldenen Haars, das in aufreizender Weise die Nacktheit betont, eher lasziv denn reuig.

Schrecken des Krieges: Im Fresko der **Sala di Marte** lernt der Fürst die

Johannes der Täufer von Andrea del Sarto.

144

„Kunst" des Krieges in anschaulichen, lebensnahen Szenen kennen. Einen interessanten Kontrast dazu bildet das 1638 im 30jährigen Krieg entstandene allegorische Bild *Die Folgen des Krieges* von Rubens, der in einem Brief dazu sagt, daß Mars den Armen der Venus entflieht, um Pest und Seuchen über Europa zu bringen. Es ist ein zutiefst pazifistisches Werk: Die schwarzgekleidete Figur symbolisiert das „unglückliche Europa, das nun schon so lange unter Plünderungen, Greueln und Elend leidet."

Die **Sala di Giove** – Thronsaal der Medici – beherbergt Andrea del Sartos *Der hl. Johannes der Täufer als Knabe* (1523), eine weich aufgefaßte Figur mit einem Hauch Homoerotik: Die Medici-Fürsten ließen sich gerne als hl. Johannes oder hl. Sebastian porträtieren. Raffaels *La Velata* (um 1516) gibt in virtuoser Weise den Kontrast zwischen der reichen Stofflichkeit des Gewandes und der schimmernden Reinheit und Klarheit des Gesichts wieder.

Die Jagdszenen an der Decke der **Sala di Saturno** blieben unvollendet. Hier hängt Raffaels *Madonna della Seggiola* (um 1515), ein außerordentlich schönes, natürliches und sanftes Mutter-mit-Kind-Porträt; die vollen Lippen und feuchten Augen verraten den Einfluß del Sartos, die Menschlichkeit und Farbenpracht übertreffen del Sarto jedoch bei weitem.

Weiterhin sind von Interesse die **Sala della Stufa** mit Fresken zu den vier Zeitaltern der Menschheit, die **Sala dell' Educazione di Giove** mit Alloris dramatischer und farbenprächtiger *Judith* – einem der wenigen großen Florentiner Werke des 17. Jahrhunderts – und die **Sala dei Bagni**, ein Baderaum aus dem 19. Jahrhundert, dessen erotisierende Badeszenen und nackte Figuren in Stuck der Traum eines jeden Sybariten sein müssen. Der staunenswerten *Pietà* von Fra' Bartolomeo ist ein eigener Raum gewidmet, in dem auch Exponate die Geschichte der Restaurierung des Bildes dokumentieren.

Raffaels Madonna della Seggiola.

Galleria d'Arte Moderna: Hier, über der Galleria Palatina, sind trotz des Namens fast nur akademische Werke des 18. bis frühen 20. Jahrhunderts ausgestellt, dazu ein paar erotisierende Akte und anderer Schwulst. Licht in den allgemeinen Schatten bringen allein die Gemälde der *Macchiaioli*, der italienischen Impressionisten des ausgehenden 19. Jahrhunderts (Saal 23-26).

Museo degli Argenti: Das „Silbermuseum" hat weit mehr als nur Metall zu bieten, meist Gegenstände aus den Medici-Sammlungen. Hierzu zählen die antiken Vasen, die Lorenzo der Prächtige so liebte, oder die juwelenbesetzten Nippes späterer Herzöge.

Doch allein die Fresken sind den Besuch des Museums wert; vor allem die nach dem ausführenden Künstler benannte **Sala di Giovanni da San Giovanni**, die farbenprächtig die Himmelfahrt einiger Medici darstellt.

Boboli-Garten: Sogar im heutigen vernachlässigten Zustand ist der Garten hinter dem Palazzo Pitti eine Augenweide. Vorherrschende Farbe ist das schattige dunkle Grün der Zypressen und Buchsbäume: Der Hintergrund für zahlreiche erotische Skulpturen, welche diese halbwilde Welt bevölkern.

Am besten betritt man den Garten vom Nordflügel des Palastes aus, wo der Pfad dem letzten Ausläufer des *corridoio* vom Palazzo Pitti zum Palazzo Vecchio folgt. Hier, an der Palastmauer, steht der Brunnen mit dem nackten dickbäuchigen, auf einer Schildkröte sitzenden *Pietro Barbino*, einst der Hofzwerg Cosimos I. – allerdings ist dies nur die Kopie einer 1560 von Valerio Cioli gearbeiteten Figur.

Freuden der Unterwelt: Als nächstes erreicht man die nach ihrem Schöpfer benannte Buontalenti-Grotte (1583-1588). Im Innern entdeckt man zwischen den Stalaktiten allerlei Waldgetier, das über den rauhen Boden huscht. Ein scheuer Pan äugt aus der Kalksteinwand. Und in den Ecken winden sich Kopien von Michelangelos *Vier Sklaven* aus dem Gestein.

Der Boboli-Garten.

Selbstvergessen lieben sich in einer lebensgroßen Skulptur Vincenzo de' Rossis Paris und Helena. Eine ebenso sinnliche *Venus* Giambolognas (um 1573) steht – kaum erkennbar – im hinteren Teil der Grotte.

Amphitheater: Von der Grotte führt ein Fahrweg zur Terrasse auf der Rückseite des Palazzo Pitti, wo der Artischockenbrunnen von Francesco Susini (1641) aufgestellt ist. Das Amphitheater wurde 1630-1635 in dem Steinbruch angelegt, der das Material für den Palastbau geliefert hatte. 1661 fanden hier die Maskenspiele anläßlich der Hochzeit des späteren Cosimo III. mit Margarete Louise von Orléans statt. Die Mitte nimmt eine Granitwanne aus den römischen Caracalla-Thermen und ein Obelisk des Ramses II. ein, den die Römer 30 v.Chr. in Heliopolis erbeuteten.

Eine Reihe von Terrassenstufen führt hügelaufwärts zu Stoldo Lorenzis Neptun-Brunnen (1565-1568). Linker Hand geht ein Pfad ab, auf dem man zu den Rokoko-Fresken des Kaffeehauses (sommers geöffnet) gelangt, von dessen Terrasse sich das historische Zentrum überblicken läßt. Über dem Kaffeehaus sind die mächtigen Mauern der Forte di Belvedere zu sehen. Der Weg führt weiter zum höchsten Punkt des Gartens mit der Statue des *Überflusses.* Von hier hat man einen herrlichen Blick auf den Palazzo Pitti, Santo Spirito und das Dächermeer auf der gegenüberliegenden Flußseite (Oltrarno).

Ländliche Pracht: Schließlich gelangt man in den von Michelangelo im Jahr 1529 angelegten **Giardino del Cavaliere.** Vom jämmerlichen Zustand dieses einst wundervollen Ortes sollte man sich nicht abhalten lassen, den Blick auf San Miniato (links) und auf das Dorf Arcetri (rechts) zu genießen. Der Garten wird vom **Museo delle Porcellane** (derzeit geschlossen) begrenzt, das kostbare Keramik des 18. und 19. Jahrhunderts – aus berühmten Manufakturen wie Sèvres, Meißen und Wien – besitzt.

Verläßt man den Garten, so führt der Weg an Gärtnerhäusern vorbei ans Ende des **Viottolone**, einer langgezogenen, schattigen Zypressenallee, die 1637 angelegt und beidseitig mit Skulpturen versehen wurde. Wer den ganzen Garten sehen will, müßte nun die kleineren, weniger besuchten Rosen- und Blumengärten aufsuchen, die rechts und links des Viottolone liegen. Hier führen Kindermädchen die Sprößlinge reicher Florentiner spazieren. Ebenso wäre der Isolotto am Ende der Allee mit dazugehörigem Oceanus-Brunnen und den verfallenden Figuren tanzender Bauern anzuschauen.

Der schnellere Weg ist die Route weiter geradeaus zu der Stelle, wo der Pfad am Ostflügel des Palazzo Pitti, der sogenannten **Palazzina della Meridiana,** mündet. In diesem 1776 begonnenen Bau bildet die **Galleria del Costume** (Kostümmuseum) mit einer reich bestückten Sammlung von Theater- und Hofkostümen aus dem 18. bis 20. Jahrhundert einen interessanten Abschluß des Rundgangs.

Palazzo Pitti mit Neptun-brunnen.

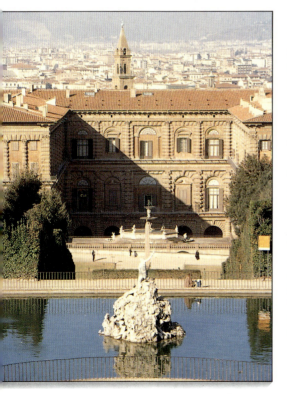

Bargello und Santa Croce

Die dichtbesiedelte Gegend östlich des Palazzo Vecchio, am Nordufer des Arno, war das Arbeiterviertel des mittelalterlichen Florenz. In den engen Gassen lagen dicht nebeneinander die Werkstätten der Weber und Färber.

Während der Überschwemmung von 1966 gab es hier mehr Todesopfer als in anderen Stadtteilen. Nach dem Unglück erhielten viele Bewohner neue Wohnungen in anderen Vierteln, aber nach wie vor sind hier Werkstätten, Märkte, niedrige Häuser und mittelalterliche Türme zu Hause.

Auf der **Piazza San Firenze** herrscht reger Verkehr, doch viele schaffen es trotzdem, auf dem Weg zur Arbeit einen Plausch zu halten oder eine Tasse Kaffee zu trinken. An seiner Westseite hat ein Blumenladen den eleganten Hof des **Palazzo Gondi** belegt.

Rund um den Palast angebrachte Steinbänke dienen der Auslage antiquarischer Bücher. Diese *muriccioli* mußte man früher planen, um eine Baugenehmigung zu erhalten. Heute sorgen die vielen Tauben jedoch dafür, daß nur wenige Florentiner das alte Recht nutzen, im Schatten der Palastmauern zu sitzen. Die Barockkirche **San Firenze** gegenüber (1772-1775) wird heute als Gerichtsgebäude, **San Filippo Neri** linker Hand hingegen noch als Kirche genutzt.

Weiter nördlich trifft man auf die **Badia Fiorentina,** ehemalige Kirche einer Benediktinerabtei aus dem Jahre 978. Hinter dem Eingang findet man in der sonst eher schmucklosen Kirche ein entzückendes Gemälde Filippino Lippis (um 1485), das den *Hl. Bernhard und die Jungfrau Maria* zeigt, und zwar nicht als vergeistigte Vision, sondern als Geschöpfe aus Fleisch und Blut, begleitet von Engeln mit ganz normalen Kindergesichtern.

In einen wenig besuchten Säulengang gelangt man durch die Tür rechts vom

Sanktuarium über ein paar Treppen. Den friedlichen Hof schmücken Fresken Rosselinos mit den Wundern des hl. Bernhard (um1434–1436). Von hier hat man auch einen guten Blick auf den Campanile, dessen unterer Teil romanisch, dessen oberer bereits gotisch ist.

Mordanschlag: Gegenüber der Badia erhebt sich der düstere, 1255 begonnene **Bargello**, früherer Regierungssitz der Republik, später Gerichts- und Gefängnisgebäude. 1478 hängte man den an der Pazzi-Verschwörung – dem Versuch, den Medici die Macht zu entreißen – beteiligten Bernardo Baroncelli an der Bargello-Mauer auf.

Die Geschichte dieses Coups könnte von Shakespeare stammen: Von Francesco de' Pazzi angeführt, wollten die Verschwörer Lorenzo und Giuliano de' Medici während des Hochamts umbringen und sich damit der zwei Brüder entledigen, die Cosimos – ihres verehrten Großvaters – Erbe antreten sollten. Das Attentat wurde im Anschluß an ein Bankett verübt, das die Medici zu Ehren der Pazzi gaben. Mörder und Opfer umarmten sich beim Betreten des Doms – eine List, um zu sehen, ob die Medici-Brüder bewaffnet waren. Als während der heiligen Messe die Hostie gehoben wurde, schlugen die Mörder zu und töteten Giuliano. Lorenzo jedoch setzte sich zur Wehr, erkämpfte sich den Weg zur Sakristei und schlug den Angreifern die schwere Bronzetür vor der Nase zu.

Kein Entkommen: Das empörte Volk von Florenz schrie nach Rache. Einige der Verschwörer wurden erschlagen, andere gefangen und an den Fenstern des Palazzo Vecchio oder – wie Baroncelli, der zwar nach Konstantinopel fliehen konnte, dort aber aufgegriffen und nach Florenz zurückgebracht wurde – am Bargello aufgehängt.

Die Straßennamen rund um den Bargello erinnern an den früheren Zweck: **Via dei Malcontenti** – Straße der Unzufriedenen – hieß der Weg zum Galgen auf der Piazza Piave; **Via dei Neri** weist auf die schwarzgekleideten Priester, die den Verurteilten die letzte Beichte abnahmen.

1786 verbrannte man die Folterwerkzeuge, und seit 1859 dient der Bargello nicht mehr als Gefängnis, sondern beherbergt das Nationalmuseum mit einigen der besten Florentiner Skulpturen.

Der aus dem 13. Jahrhundert stammende gotische Hof mit kreuzgratgewölbten Arkadengängen und Außentreppe überstand den Bauboom der Renaissancezeit unverändert. Die Wände sind mit sogenannten *stemmae* bedeckt, Siegeln der Stadtwachen, Bürgermeister und Statthalter.

Trunkene Gottheiten: Im ersten Saal rechts vom Eingang stehen einige der wichtigsten Werke der Hochrenaissance: Beim Eintreten scheint Michelangelos *Trunkener Bacchus* dem Besucher entgegenzuschwanken, den der Meister als 22jähriger um 1497 nach seiner ersten Begegnung mit den antiken Bildwerken Roms schuf.

Als nächstes stößt man auf die lebensnahen Bronzen Cellinis, der sich haupt-

Vorherige Seiten: Der Kreuzgang von Santa Croce. Der hl. Bernhard und die Jungfrau Maria von Filippino Lippi, Badia Fiorentina.

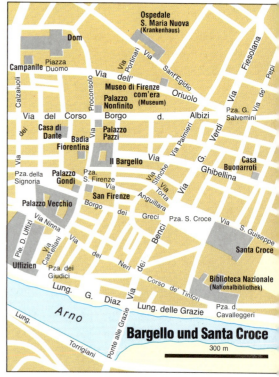

Bargello und Santa Croce

300 m

sächlich als Goldschmied sah, aber auch ein hervorragender Bildhauer war. Sein *Merkur* und der berühmtere *Merkur* Giambolognas stehen dicht beieinander und laden zu einem Vergleich ein.

Giambolognas wundervoll austarierte, auf einer Wolke schwebende Figur hat den Körper eines Athleten und ist von jedem Standpunkt aus eine Augenweide. Aber dennoch scheint Cellinis nervöse, unruhige Arbeit dem Bild des Merkur näher zu sein, wie auch sein *Narziß* die Verkörperung der Eitelkeit schlechthin ist. Der *Perseus* ist die Vorstudie zu der von Cosimo I. in Auftrag gegebenen großen Bronze für die Piazza della Signoria.

Von der Treppe im Hof gelangt man zur Loggia im ersten Stock, wo eine lustige Gruppe naturalistischer Bronzevögel von Giambologna aufgestellt ist.

Neuerungen in der Kunst: Rechts öffnet sich der hohe, gewölbte **Salone di Consiglio Generale** (14. Jh.) mit Werken aus der Zeit vor der Renaissance, u. a. ist hier die Bronzetafel, mit der Ghiberti

Sieger im Wettbewerb für das Ostportal des Baptisteriums wurde, sowie Brunelleschis Exemplar, für das er den zweiten Preis erhielt, zu sehen.

Noch größere Bedeutung kommt Donatellos *Hl. Georg* zu. Donatello wird als der erste wahre Renaissancekünstler bezeichnet, als einer, der alle überragte – auch Ghiberti, seinen Lehrmeister. Er war es, der die Fesseln der Gotik sprengte und den neuen, an der Antike orientierten Realismus schuf.

Donatello wurde von der Zunft der Waffenschmiede dazu ausersehen, für ihre Nische am Orsanmichele eine Figur des hl. Georg zu schaffen. Als sie 1416 vollendet war, bejubelte man das Werk als Meisterstück. Erstmals seit der Antike hatte ein Bildhauer eine lebensechte Skulptur angefertigt, die voller Energie steckte und nicht in eine Rahmung eingefügt wurde.

Ein weiteres wichtiges Werk ist Donatellos graziler, weiblich aufgefaßter bronzener *David* (1430-1440). Im Vergleich zu Michelangelos kräftigem,

Skulptur
im Bargello.

muskulösem Krieger wirkt dieser David kindlich und verwundbar und betont deutlich das Mißverhältnis der Kräfte zwischen ihm und dem Riesen Goliath. Donatellos David ist auch der erste Akt der Renaissance und wendet sich somit ab von der mittelalterlichen Tradition, nur böse, lasterhafte Menschen nackt darzustellen. Die Fresken aus dem 14. Jahrhundert in der angrenzenden Kapelle zeigen dies: Die unbekleideten Seelen erleiden ihre Strafe in der Hölle, während die Seligen – darunter eine vermutlich Dante verkörpernde Figur – prachtvoll gekleidet sind.

Außerdem verfügt das Museum über eine umfangreiche Sammlung europäischer und islamischer Kunst sowie – im zweiten Stock – über kleinere Bronzen, Terrakottareliefs und Arbeiten Verrocchios, eines der führenden Bildhauer des späten 15. Jahrhunderts und Lehrers Leonardo da Vincis.

Vom Bargello aus führt die **Via del Proconsolo** in nördlicher Richtung zum **Palazzo Pazzi**, der 1458-1469 von Giuliano da Maiano mit reicher Fassade (Rosen, Monden und Ballenblumen an den oberen Fenstern) erbaut wurde.

Kunst aus den Kolonien: Als nächstes Gebäude erreicht man rechter Hand, auf der anderen Seite des Borgo degli Albizi, den **Palazzo Nonfinito**, der 1593 von Buontalenti begonnen, aber nie – wie der Name sagt – vollendet wurde, auch nicht, als im Jahre 1869 Italiens erstes Nationalmuseum für Anthropologie und Völkerkunde (Museo Nazionale di Antropologia ed Etnologia) hier einzog. Es zeigt Eingeborenenkunst aus Italiens ehemaligen Kolonien in Afrika sowie Gegenstände, die Kapitän Cook von seiner letzten Pazifikreise (1776-1779) mitbrachte.

Die Via del Proconsolo mündet in die Piazza del Duomo. Nach rechts gelangt man in die Via dell' Oriuolo und blickt nach ein paar Metern durch die links abgehende Via Folco Portinari auf das **Ospedale Santa Maria Nuova**, das nach wie vor eines der größten Krankenhäuser der Stadt ist. Folco Portinari,

Firenze com'era – der Palazzo Pitti im Jahre 1599.

BELVEDER CON PITTI

der Vater jener von Dante so abgöttisch geliebten Beatrice, gründete das Krankenhaus im Jahre 1286.

Der Via dell' Oriuolo weiter folgend, gelangt man zum **Museo di Firenze com'era** („Florenz, wie es einmal war"). Hier werden Landkarten und topographische Gemälde aufbewahrt, die veranschaulichen, wie wenig sich Florenz im Grunde verändert hat, seit 1470 die erste Stadtansicht gezeichnet wurde. Wer nur halbwegs mit der Stadt vertraut ist, wird seine Freude daran haben, die meisten noch existierenden Gebäude wiederzuerkennen.

Es hätte auch anders kommen können. In einem anderen Raum finden sich Zeichnungen des Stadtarchitekten Giuseppe Poggi (aus dem 19. Jahrhundert), der die „Slums" aus dem Zentrum entfernen und sie durch breite Boulevards ersetzen wollte, wie sie damals Mode waren.

Rettung der Stadt: Ehe internationaler Protest das Projekt stoppen konnte, hatte man bereits Stadtmauern aus dem 14. Jahrhundert abgerissen und die Piazza della Repubblica gebaut. Die meisten Pläne Poggis – darunter auch eine Hängebrücke über den Arno – landeten als Kuriositäten im Museum.

Die entzückendste Stadtansicht der ganzen Sammlung sind die 1599 von dem Flamen Giusto Utens gemalten Lünetten mit Villen und Gärten der Medici. Eine Ansicht des Palazzo Pitti mit Boboli-Garten zeigt den Bau vor den Erweiterungen durch die Nachfolger Cosimos I.

Am Museum wendet sich die Via dell' Oriuolo Richtung Osten und führt in die Gegend der hübschen **Piazza di Pier Maggiore,** wo unter dem verfallenen Säulengang einer Kirche fast jeden Tag ein Markt abgehalten wird.

Dieser Teil der Stadt, mit den engen Straßen, hat einen ganz anderen Charakter als das Stadtzentrum: Niedrige Häuser und kahle Türme erinnern daran, wie Florenz im Mittelalter aussah, ehe die reichen Kaufleute sich hier ihre prächtigen Paläste bauten.

in Haus mit Kragsteinen *sporti),* typisch für Santa Croce.

Von zwölf bis drei Uhr nachmittags ist hier alles verriegelt und still, zu anderen Tageszeiten herrscht jedoch reges Treiben.

Die Via Matteo Palmieri führt zur **Via Isola delle Stinche**. Hier steht der massive mittelalterliche **Palazzo di Cintoia**: Sogenannte *sporti*, mächtige Kragsteine, stützen die oberen Stockwerke, die weit in die Straße hinausragen, um mehr Wohnraum zu schaffen.

Zwischenspiel mit Eis: Links neben dem Palazzo werden im **Cinema Astro** fremdsprachige Filme gezeigt, und gegenüber, in der **Gelateria Vivoli**, soll es das beste Eis der Welt geben – zumindest behaupten dies die vielen Zeitungsausschnitte an den Wänden. Doch das Warten in der Schlange lohnt: Das Zabaioneeis oder das mächtige Walnußeis – um nur zwei der köstlichen Sorten zu nennen – sind ein Gedicht.

Da es ohnehin keine Sitzplätze gibt, kann man ebensogut mit dem Becher in der Hand weitergehen zur **Via Torta**, wo die Straße der Linie eines römischen Amphitheaters folgt, das noch stand, als man im Mittelalter die Häuser gegen die Mauern des Theaters und in die **Piazza Santa Croce** hinein baute.

Fußball-Cracks: Hier kann man jungen Florentinern beim Fußballspiel zuschauen, das sie mit so viel Hingabe betreiben, daß sicher einmal ein paar von ihnen internationale Stars werden. Seit dem 16. Jahrhundert wird in Florenz Fußball gespielt – eine 1565 datierte Plakette auf dem mit Fresken versehenen Palazzo dell' Antella (Nr. 22) markiert die Mittellinie des Spielfelds. Auf dem Platz fanden auch Turniere zwischen konkurrierenden Abteilungen der Stadtwache, öffentliche Lustbarkeiten, Tierkämpfe und Feuerwerke statt. Während der Inquisition verbrannte man hier die Ketzer, und auf dem „Scheiterhaufen der Eitelkeit" fanden Gemälde, Spiegel, bestickte Kleidung und anderes ihr trauriges Ende.

Die ursprünglich von Franziskanern gegründete Kirche **Santa Croce** wurde ebenso wie der Dom und Santa Maria

Die Kirche von Santa Croce

Novella von der *comune*, der Stadt, errichtet und finanziert. Einst war die frisch renovierte Kirche Santa Croce die letzte Ruhestätte für verdiente Bürger der Stadt.

Florentinisches Pantheon: Im 19. Jahrhundert zogen die Gedenksteine Dantes, Petrarcas, Boccaccios, Michelangelos und anderer Reisende aus ganz Europa an, die zu den Schreinen der Schöpfer westlicher Zivilisation pilgerten. Mit den Spenden dieser Reisenden wurden die mißglückte neugotische Fassade (1842), der Campanile und die ausdruckslose Statue Dantes auf der Piazza finanziert.

Das Innere der Kirche aber ist rein gotisch, weitläufig und luftig, mit reichbemalter Decke und unverstelltem Blick auf den polygonalen Chorraum mit den hohen Spitzbogenfenstern, die im 14. Jahrhundert aus farbigem Glas zusammengesetzt wurden.

Die Seitenschiffe bergen die Grabmäler, von denen Vasaris Huldigung an Michelangelo als erste zu erwähnen ist.

Ironie des Schicksals: Michelangelo, der Florenz verließ, um nicht unter den unterdrückerischen Medici arbeiten zu müssen, wurde unter einem Grabstein beerdigt, den der Hauptpropagandist der Medici schuf.

Als nächstes folgt ein gewaltiges Kenotaph für Dante (der in Ravenna begraben liegt) aus dem 19. Jahrhundert: bekrönt von einem ungewöhnlich verdrießlich und introvertiert blickenden Porträt des Dichters und flankiert von neoklassizistischen Frauenfiguren. Ein Stück weiter erinnert ein Gedenkstein aus dem 18. Jahrhundert an Niccolò Machiavelli und stellt ein teilweise vergoldetes Steinrelief von Donatello die Verkündigung dar.

Links davon das Vorbild der meisten Renaissancegrabmäler: das von Rossellino geschaffene Grab des Humanisten, Historikers und Politikers Leonardo Bruni (1446-1447). Es wurde oft nachgeahmt, doch selten so ungeschickt wie am Grab des Komponisten Rossini (19. Jahrhundert) nebenan.

iazza Santa
roce:
inks, Zeit
um Füttern;
echts,
ante-Statue.

Rundherum finden sich Grabplatten in Niello-Manier, die die Gräber großer Florentiner bedecken. Im südlichen Querschiff rechter Hand sind die Fresken von Agnolo Gaddi in der **Castellani-Kapelle** (um 1385) erhalten geblieben. In der Kapelle liegt die Countess of Albany begraben, die Witwe von Charles Edward Stuart, der nach der Schlacht von Culloden (1746), die das Ende seiner Träume vom britischen Königreich bedeutete, nach Italien floh und unter dem Pseudonym Count of Albany (Albion ist der alte Name für Britannien) seine letzten Tage in Florenz verbrachte.

Giotto und seine Schüler: Die Fresken der **Baroncelli-Kapelle** (1332-1338) wurden früher Giotto zugesprochen, inzwischen aber gelten sie als Werk seines Schülers Taddeo Gaddi, des Vaters von Agnolo Gaddi. Gaddi folgte nicht sklavisch dem Vorbild des Meisters, sondern hatte durchaus eigene Ideen. Sein Fresko, in dem die Engel den Hirten die Geburt des Christuskindes verkünden, ist einer der frühesten Versuche, eine Nachtszene in dieser Technik auszuführen. Rechts führt ein Korridor zu der mit prächtigen Holzintarsienschränken ausgestatteten Sakristei (16. Jahrhundert). Die Wände eines Souvenirstands sind mit Fotos vom Hochwasser 1966 bedeckt. Am Ende des Gangs ist eine Kapelle mit einem Grabmal, in dem bis 1737 Galileo Galilei lag. Wegen seiner ketzerischen Ansichten über das Universum durfte er nicht in der Kirche bestattet werden. Erst 1737 fand er einen Ehrenplatz im nördlichen Seitenschiff von Santa Croce.

Zurück im Kirchenraum, kommt man zu den zwei von Giotto freskierten Kapellen rechts des Hochaltars. Die Bardi-Kapelle (links) zeigt Szenen aus dem Leben des hl. Franziskus (um 1315-1320), die **Peruzzi-Kapelle** (rechts) veranschaulicht die Viten Johannes' des Täufers und Johannes' des Evangelisten (um 1326-1330). Im restaurierten Zustand sind es die in Florenz best-

Santa Croce: Nachtszene von Gaddi.

erhaltenen Werke des Mannes, der neue Klarheit, Kraft und Farbigkeit in die Freskomalerei brachte.

Die **Bardi-Kapelle** beherbergt außerdem Donatellos Holzkruzifix, von dem es heißt, es sei von seinem Freund Brunelleschi mißbilligt worden, weil Christus „wie ein Bauer, nicht wie ein Edler" dargestellt sei.

Nahe dem Eingang steht im nördlichen Seitenschiff das 1737 errichtete Ehrenmal für Galileo Galilei – in später Anerkennung seiner Leistungen für die moderne Wissenschaft.

Kreuzgänge der Ruhe: Außerhalb der Kirche links (im Süden) ist der Eingang zu den Kreuzgängen und zum Museum von Santa Croce. Ein Kreuzgang wird von Denkmälern des 19. Jahrhunderts gesäumt – ein faszinierendes, fast an Kitsch grenzendes Gemisch christlicher und heidnischer Themen – und führt zur **Pazzi-Kapelle,** einem der reinsten Renaissancebauwerke: eine klare Komposition aus grauem Stein und weißen Wänden, mit überwölbtem

Eingang, offenen Arkaden und einer Kuppel.

Brunelleschi plante den Bau 1430, Baubeginn war jedoch erst 1443, und die Vollendung erfolgte nach seinem Tod. An den unvollständigen, in die Ecken abgedrängten Pilastern – die der Architektur eine unausgewogene Note geben – erkennt man, daß auch der Begründer der Renaissancearchitektur manchmal fehlging. Der zweite, vollständig von Arkaden über schlanken Säulen umschlossene Kreuzgang gilt als der schönste in Florenz. Jeden Bogenzwickel schmückt ein Medaillon.

Im **Refektorium** werden die Fresken aufbewahrt, die aus der Kirche entfernt worden waren, um ältere freizulegen. Auch Cimabues stark beschädigtes Kruzifix wird hier ausgestellt. Es gemahnt an die tragischen Folgen des Hochwassers von 1966 und daran, wie viele große Kunstwerke dann doch gerettet werden konnten.

Nördlich von Santa Croce, auf der Via delle Pinzochere, gelangt man zur **Casa Buonarroti,** dem Haus des Mannes, dessen Vorname jeder kennt: Michelangelo. Er selbst hat nie hier gelebt, sondern kaufte das Anwesen als Kapitalanlage. 1858 wandelten seine Erben es in ein Museum um. Und hier wird sein möglicherweise frühestes Werk aufbewahrt, das er im Alter von 15 Jahren schuf: die *Madonna della Scala.* Es ist ein Relief von bemerkenswert menschlicher und edler Art, in dem die Jungfrau ihr Gewand öffnet, um das Christuskind zu stillen, während Josef im Hintergrund arbeitet.

Das Museum bietet außerdem die Gelegenheit, das Innere eines originalgetreuen Palazzos aus dem 16. Jahrhundert zu studieren, freskiert und möbliert im Stil der Zeit. Die meisten Ausstellungsstücke wurden einst Michelangelo zugesprochen oder sind durch ihn inspirierte Gemälde und Skulpturen. An ihnen ist der Unterschied zwischen dem großen Meister und den zu Recht unbekannt gebliebenen Künstlern nachzuvollziehen.

Santa Croce: Grabplatte aus dem 15. Jahrhundert.

DIE INNENSTADT

Den westlichen Rand der Piazza della Repubblica ziert ein Triumphbogen, auf dem die folgende prahlerische Inschrift steht: „Das alte Herz der Stadt wurde 1895 aus seinem Elend zu neuem Glanze erhoben."

Im nachhinein klingt diese Inschrift hohl, wenn nicht sarkastisch. Der Vorsatz, die Innenstadt von Florenz zu sanieren, wurde zwischen 1865 und 1871 gefaßt, als die Stadt kurzzeitig die Hauptstadt Italiens war. Die alten und „heruntergekommenen" Gebäude des ehemaligen Ghettos sollten abgerissen werden, um breiten Straßen Platz zu machen und symbolisch das neue Zeitalter des Vereinigten Königreichs Italien einzuläuten.

Vorherige Seiten: Palast mit *sgraffito* in der Via Maggio. **Links:** Piazza della Repubblica.

Florenz in Gefahr: Das Römerforum im Herzen der Stadt hielt man für den geeigneten Ort, um mit der Umgestaltung zu beginnen. Der Mercato Vecchio

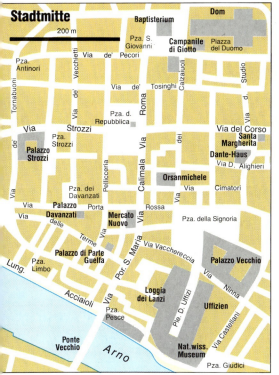

(14. Jahrhundert) – damals der größte Lebensmittelmarkt der Stadt – wurde abgerissen, ebenso zahlreiche Cafés und Tavernen mit Namen wie „Inferno" und „Purgatorio", die der *Göttlichen Komödie* Dantes entlehnt waren. In diesen Cafés trafen sich die Künstler und Literaten, die später dann das „Giubbe Rosso" (immer noch eines der besten in Florenz) zu ihrem zweiten Wohnzimmer machten.

Just in jenem Augenblick aber traten die sich einmischenden Ausländer auf den Plan, wild entschlossen, das mittelalterliche Florenz zu erretten. Unklar bleibt dennoch, ob es der Ruf nach dem Ende des Abrisses, der durch Europa hallte, oder ob es schlicht Geldmangel war, der verhinderte, daß der Plan tatsächlich in vollem Umfang verwirklicht wurde.

Wie dem auch sei, der Plan wurde zu den Akten gelegt, und der Platz mit seinen Kaufhäusern und Neonreklamen ist der einzige Einbruch der Neuzeit in das Herz der Stadt; nicht zuletzt liefert er einen guten Kontrast zum übrigen Florenz: Eingetaucht in die engen mittelalterlichen Straßen, weiß man die Atmosphäre der dunklen alten Gebäude um so mehr zu schätzen.

Über die Via degli Speziali und die Via del Corso erreicht man den Teil der Stadt, der eng mit Dante verbunden ist. Gegenüber dem Palazzo Salviati (heute eine Bank) geht eine kleine Gasse ab zur Kirche **Santa Margherita.**

Die bezaubernde Beatrice: In dieser Kirche soll Dante Gemma Donati geheiratet haben, und hier hat er, ein paar Jahre zuvor, zum ersten Mal die neunjährige Beatrice Portinari erblickt, ein Mädchen, dessen Schönheit ihm göttlich erschien. Geradezu verzaubert, erfaßte ihn jedes Mal wilde Leidenschaft, wenn er die Gelegenheit hatte, mit ihr zu sprechen; sie hingegen, unter der schweren Bewachung ihrer Anstandsdamen und dazu bestimmt, einen reichen Bankier zu heiraten, hielt ihn für einen Narren. Drei Jahre nach ihrer Hochzeit starb sie, so daß sie nie die

Göttliche Komödie zu Gesicht bekam, in der Dante sie als die Verkörperung der Vollkommenheit beschreibt.

Schräg gegenüber steht die **Casa di Dante,** die als Geburtshaus des Dichters gilt. Der Turm stammt aus dem 13. Jahrhundert, die Häuser wurden im 19. Jahrhundert geschmackvoll restauriert, verbunden und zu einer Gedenkstätte für den Dichter ausgebaut.

Rechter Hand gelangt man auf die winzige **Piazza San Martino,** wo der **Torre della Castagna** aus dem 13. Jahrhundert ein Beispiel für jene Türme ist, die sich früher in der Innenstadt von Florenz drängten. Zum Teil waren sie über 60 Meter hoch, doch wurde die maximale Höhe später von der Stadtregierung auf 15 Meter begrenzt. Während des 13. und 14. Jahrhunderts war es an der Tagesordnung, daß die Privatarmeen sich bekriegender Parteien von solchen Türmen aus Blitzangriffe gegen ihre Feinde führten.

Politik und Exil: Dieser Turm diente 1282 kurzzeitig den *priori* so lange als Tagungsraum, bis das neue Rathaus, der Palazzo Vecchio, fertiggestellt war. Die *priori* setzten sich aus sechs Mitgliedern der führenden Gilden, der *Arte Maggiore,* zusammen und wurden für zwei Monate in den Stadtrat entsandt.

Dante, Mitglied der Zunft der Ärzte und Apotheker (Bücher wurden damals in Apotheken verkauft), war vom 15. Juni bis 15. August 1300 Mitglied des *priorate.* Im Jahre 1302 wurde er zu zwei Jahren Verbannung wegen angeblicher Korruption während seiner Amtszeit verurteilt – eine falsche Anklage, die Teil der Säuberungsaktion der papsttreuen Guelfen gegen die Anhänger des Kaisers war. Dante war so verbittert, daß er beschloß, nie wieder nach Florenz zurückzukehren; er entschied sich für das Leben eines Wanderers, und seine besten Dichtungen entstanden in dieser Periode.

Von hier aus führen die Via Dante Alighieri und die Via dei Tavolini zur **Via dei Calzaiuoli.** Diese ursprünglich römische Straße war die Hauptverkehrsader des mittelalterlichen Florenz und verband den Dom mit der Piazza della Signoria.

Bevor sie zu einer Fußgängerzone umgewandelt wurde, herrschte hier ein chaotischer Verkehr, und jeder, der stehenblieb, um ein Gebäude zu bewundern, lief Gefahr, von dem schmalen Bürgersteig auf die Straße gestoßen und von einem Auto erfaßt zu werden. Heute ist sie eine schöne Einkaufsstraße, in der an jeder Ecke Straßenhändler Lederwaren und Schmuck verkaufen, um beim ersten Anzeichen einer Polizeiuniform ihre provisorischen Stände zusammenzuklappen und in den kleinen Gassen zu verschwinden. Auch am frühen Abend herrscht hier reger Betrieb, wenn die Florentiner nach getaner Arbeit Entspannung suchen und Straßenmusikanten ihr Bestes geben.

Orsanmichele, das aus dem 8. Jahrhundert stammende Gebäude, machte 1239 einem Kornspeicher Platz. Nachdem dieser abbrannte, baute man ihn 1337 als offene Markthalle wieder auf.

Dantes Geburtsstätte, Via Dante Alighieri.

1380 wurden die Arkaden zugemauert und das Erdgeschoß zu einer Kirche umgestaltet; das obere Stockwerk diente als Kornspeicher, auf den man während einer Belagerung oder Hungersnot zurückgreifen konnte.

Die neue Ästhetik: 1339 wurde ein Plan zur Verzierung der Fassaden entworfen. Jeder der großen Gilden wurde eine Nische zugeteilt, in der die Statue des jeweiligen Schutzpatrons aufgestellt werden sollte. Die Schwarze Pest verzögerte die Verwirklichung des Plans, so daß die ersten Statuen erst zu Beginn des 15. Jahrhunderts in Auftrag gegeben werden konnten und den Beginn der Renaissance dokumentieren.

Donatellos großartiger *Hl. Georg*, als erste wahrhafte Renaissance-Plastik bejubelt, ist hier als Bronzekopie des marmornen Originals zu bewundern, das heute im Bargello aufgestellt ist. Die Nordseite (zur Via San Michele) zieren Nanni di Bancos *Vier gekrönte Heilige* (um 1415), darunter ein interessanter Fries, der die Arbeit von Zimmerleuten und Steinmetzen darstellt, deren Zunft das Werk in Auftrag gab.

Die Westfassade, mit kunstvollen gotischen Maßwerk-Radfenstern geschmückt, ist dem **Palazzo dell'Arte della Lana** zugewandt, dem Zunfthaus der Tuchhändler, wie man an den zahlreichen symbolischen Abbildungen des Lamms Gottes erkennen kann, die die Fassade zieren. Über diesen Bau und eine Verbindungsbrücke gelangt man in den prachtvollen, gotisch gewölbten Kornspeicher über der Kirche, in der ab und zu Ausstellungen stattfinden.

Die merkwürdige Struktur des dunklen Innenraums von Orsanmichele ist durch die Architektur des Gebäudes vorgegeben. Anders als üblich wird die Kirche von den Mittelpfeilern der ursprünglich offenen Markthalle in zwei nebeneinanderliegende, gleich große Schiffe unterteilt.

Wundersames Bildnis: Der gewaltige Tabernakel (1439-1459) von Andrea Ocagna, reich verziert mit eingelegtem farbigem Glas, dominiert das südliche

l Porcellino, m Mercato Nuovo.

Schiff. In der Mitte, hinter den Cherubim und Votivtafeln kaum sichtbar, ist das Bildnis einer Madonna von Bernardo Daddi zu sehen, die 1347 eine frühere ersetzte, die wie durch ein Wunder hinter einer Säule des alten Kornspeichers zum Vorschein gekommen war.

Den **Mercato Nuovo** erreicht man, wenn man von der Via Lamberti links in die Via Calimala biegt. Bereits seit dem 11. Jahrhundert stand hier eine Markthalle, die heutigen Arkaden wurden 1547 bis 1551 für den Verkauf von Seide und Gold gebaut.

Nachts und am Wochenende musizieren hier mehr oder weniger begabte Straßenmusikanten, die während der Ausgrabungen von ihren lukrativen Plätzen auf der Piazza della Signoria vertrieben wurden.

Eine zwar dunkle, von Müll übersäte Ecke des Platzes zieht dennoch zahlreiche Besucher an. Sie wollen die blankpolierte Schnauze des *porcellino* reiben, einer bronzenen Kopie des römischen Wildschweins in den Uffizien, das selbst wiederum eine Kopie des hellenischen Originals ist. Man sagt, daß jeder, der die Schnauze reibt, ganz bestimmt wieder in die Stadt zurückkehrt. Die Münzen, die in den Trog geworfen werden, erhalten städtische Wohlfahrtsvereine.

Richtung Süden verläßt man den Platz, um zur **Piazza Santa Maria Sovraporta** zu gelangen, die von mittelalterlichen Gebäuden umgeben ist. Auf der rechten Seite stehen zwei Paläste aus dem 14. Jahrhundert, auf der linken der **Palazzo di Parte Guelfa** aus dem 13. Jahrhundert (nur anläßlich von Ausstellungen zugänglich). Der offizielle Sitz der papsttreuen Guelfen wurde im 15. Jahrhundert von Brunelleschi erweitert, und Vasari fügte im 16. Jahrhundert eine Außentreppe an.

Um die Ecke, in der Via Porta Rossa, steht der **Palazzo Davanzati,** in dem das Museo della Casa Fiorentina Antica einen guten Einblick in das Leben im mittelalterlichen Florenz gewährt. Die schmucklose Fassade wird nur durch

Palazzo di Parte Guelfa.

die typischen toskanischen Rundbogenfenster und durch das Wappen der Davanzati aufgelockert. Sie besaßen das Gebäude von 1578 bis 1830, als der letzte der Familie Selbstmord beging.

Ein Antiquitätenhändler, Elia Volpi, kaufte das Gebäude 1904 und machte ein schönes Museum daraus, das 1951 vom Staat erworben wurde. Die meisten florentinischen Paläste gehören noch den Nachkommen der ersten Besitzer. Dieser ist der einzige öffentlich zugängliche Palast.

Die gewölbte Eingangshalle sollte vor allem Schutz gewähren und den Innenhof in unruhigen Zeiten von der Straße abschotten. Später wurde die Halle in drei Tuchhandlungen aufgeteilt, so wie heutige Palastbesitzer ihre Erdgeschosse an Läden, Büros oder Galerien vermieten.

Das häusliche Leben spielte sich um den wunderschönen, nach oben hin offenenen, doch durch die hohen Mauern schattigen Innenhof ab. Eine Quelle in der Ecke beim Eingang versorgte alle fünf Stockwerke mit Wasser – ein rarer Luxus in einer Zeit, in der die meisten Haushalte auf öffentliche Brunnen angewiesen waren. Von hier aus führt eine elegant geschwungene Außentreppe aus grau- und weißgestreiftem Stein auf Konsolen und Wandstützen zu den oberen Stockwerken.

Prachtvolles Inneres: Die Wohnräume mit ihren prächtigen Wandteppichen, Fresken und Deckengemälden beginnen im ersten Stock. Von der **Sala Madornale** über der Eingangshalle konnten durch vier Löcher im Boden mögliche Eindringlinge bombardiert werden. Die **Sala dei Papagalli** – der Papageiensaal – heißt so nach einem Vogelmotiv, das in leuchtendem Rot und Blau die Wände bedeckt. Die Fenster, heute bleiverglast, waren ursprünglich mit terpentingetränktem Stoff verhängt, der wasserabweisend und lichtdurchlässig war.

Vom Kinderschlafzimmer gelangt man in eines von mehreren mittelalterlichen Badezimmern, komplett mit Toilette und Badewanne. Im Hauptschlafzimmer wird die Kargheit der Möblierung durch die Wärme und Pracht der Wandgemälde wettgemacht.

Das Schlafzimmer darüber ist noch üppiger bemalt, mit Liebesszenen aus der französischen Versnovelle *La Châtelaine de Vergy*. Im Zimmer daneben sind erlesene antike Spitzen ausgestellt.

Das obere Stockwerk war die Domäne der Frauen; dort war auch die Küche untergebracht, damit Rauch und Essensgerüche nicht in die Wohnzimmer dringen konnten. Nach zeitgenössischen Berichten waren Frauen nur Küchensklaven, wenn sie nicht gerade spannen oder webten; das Haus verließen sie nur, um in die Kirche zu gehen.

Heute noch heißt es, die Töchter der florentinischen Aristokratie gingen nur in Begleitung von Anstandsdamen aus. Und in gewisser Hinsicht hat sich in der Stadt seit jenem Tage, da Dante einen flüchtigen Blick auf seine geliebte Beatrice warf und noch Wochen danach schmachtete, wenig geändert.

Der Hof des Palazzo Davanzati.

DAS FLORENZ
DER MEDICI

Als Zeichen seiner gefestigten Herrschaft zog Cosimo I. 1540 aus dem
Palast seiner Vorfahren aus und in den
Palazzo Vecchio ein. Er verließ damit
ein Stadtviertel, das über Generationen
hinweg die Medici beheimatet hatte
und von dem aus die Regierungsgeschäfte zu leiten die früheren Medici
durchaus zufrieden gewesen waren.

Dennoch blieb die Familie mit diesem Stadtteil so stark verbunden, daß
jeder Medici, gleichgültig welchen
Ranges, immer dorthin zurückkehrte,
und sei es im Sarg, um in der Familienkapelle, die der Kirche angegliedert ist,
beigesetzt zu werden.

Unter Cosimo de' Medici (den man
später Cosimo il Vecchio nannte), Piero
dem Gichtigen und Lorenzo dem
Prächtigen war dieser Stadtteil nördlich
des Doms von 1434 bis 1492 das Zentrum der Macht, heute zeichnet ihn
nichts Besonderes mehr aus. Der Palast
der Medici gehört einfach zum Alltag
der Stadt; in den nahen Straßen liegt der
Abfall des Mercato Centrale, und San
Lorenzo verdecken die Segeltuchmarkisen der billigen Souvenir- und Klei-
dungsverkaufsstände.

Andererseits war die Gegend vielleicht schon immer so, wie sie sich
heute darstellt: betriebsam, laut, ein
Durcheinander am Rande der Pracht
und des Elends. Hier sind die reichsten
und ärmsten Einwohner der Stadt zu
Hause. Zu Zeiten der frühen Medici
muß der Stadtteil wie eine große Bau-
stelle ausgesehen haben: Steinmetze,
Zimmerer und Ziegelmacher arbeiteten
am Bau der Kuppel für den nahe gelegenen Dom, und Cosimo selbst betätigte
sich leidenschaftlich als Bauherr.

Streben nach Unsterblichkeit: Cosimo
de' Medici war davon überzeugt, daß
seine Bauwerke wie die Denkmäler des
alten Rom über 1000 Jahre bestehen
und seinen Namen verewigen würden.
Er vergab Hunderte von Bauaufträgen,

nicht nur in Florenz, sondern auch in Paris und Jerusalem – Städten, in denen der Name Medici wegen der Banken seines Vaters einen guten Ruf hatte.

Viele Bauten hat er nie gesehen. 1444 wurde mit dem Bau seines eigenen Palasts, des heute **Palazzo Medici-Riccardi** genannten (der Name der späteren Besitzer wurde hinzugefügt), begonnen, doch auch dieser war noch nicht beendet, als er 1459 fünf Jahre vor seinem Tode einzog.

Das einfache Leben: Aus heutiger Sicht unterscheidet er sich nicht viel von anderen florentinischen Palästen, doch er war das Urbild, das für viele andere den Maßstab setzte; und der eher bescheidene Eindruck war durchaus beabsichtigt. Cosimo pflegte sorgfältig das Image eines einfachen Bürgers, eines Mannes, dem geistige Dinge weit mehr zusagten als materieller Luxus. Laut Vasari wies er die ersten von Brunelleschi entworfenen Palastpläne zurück, da er sie für zu protzig hielt. Statt dessen beauftragte er seinen Lieblingsarchitekten Miche-lozzo, etwas Schlichteres zu entwerfen. Immerhin sieht der Palazzo etwas schmucker aus als nach Bauende, denn im 16. Jahrhundert versah Michelangelo die einfachen Gewölbe im Erdgeschoß, einst eine offene Loggia, mit den Giebelfenstern im antikisierenden Stil.

Der Haupthof im Inneren ist bewußt einem Kloster nachempfunden. Cosimo war ein frommer Mann, der sich gerne in eine für ihn reservierte Zelle im Dominikanerkloster San Marco – eine seiner Gründungen – zurückzog. Antike römische Inschriften und Friese an den Mauern erinnern daran, daß er auch ein großer Kenner klassischer Werke war: Seine Agenten durchstreiften ganz Europa und den Nahen Osten auf der Suche nach alten Manuskripten.

Ein kleiner Garten hinter dem Hof geht auf das Mittelalter zurück, doch wie so vieles im Palast wirkt auch er leer, da ihm die antiken Skulpturen und Kunstschätze fehlen – einschließlich Donatellos *Judith und Holofernes* –, die beim Auszug der Medici in die Uffizien

Vorherige Seiten: Dante auf Besuch in der Neuzeit, San Lorenzo. Palazzo Medici-Riccardi. **Unten**: Auf dem San-Lorenzo-Markt.

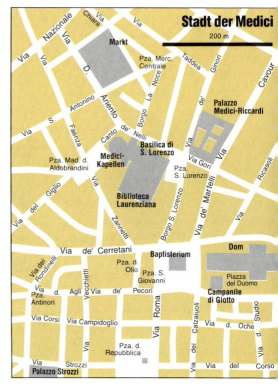

Stadt der Medici

200 m

Markt

Pza. Merc. Centrale

Palazzo Medici-Riccardi

Basilica di S. Lorenzo

Medici-Kapellen

Pza. Mad. d. Aldobrandini

Pza. S. Lorenzo

Biblioteca Laurenziana

Via de' Cerretani

Baptisterium

Dom

Pza. d. Olio

Pza. S. Giovanni

Piazza del Duomo

Pza. Antinori

Via de' Pecori

Campanile di Giotto

Via Corsi

Via Campidoglio

Pza. d. Repubblica

Palazzo Strozzi

und den Palazzo Pitti gebracht wurden. Nur ein Raum, die **Palastkapelle,** sieht noch so aus wie im 15. Jahrhundert – viele der übrigen Räume wurden, nachdem der Palast 1659 in den Besitz der Familie Riccardi überging, umgestaltet, und in neuerer Zeit baute man einen Teil zu Büroräumen für die Stadtverwaltung um. Die Fresken wurden von Piero, Cosimos kränklichem älterem Sohn (bekannt als der „Gichtbrüchige") in Auftrag gegeben.

Pieros Vorliebe für satte Farben (sein Vater bevorzugte das Schlichte) kommt in den prachtvollen Szenen des *Zugs der Heiligen Drei Könige* zum Ausdruck, die mit Gefolge eine idealisierte toskanische Landschaft durchqueren. Mitglieder der Familie Medici, Cosimo und Piero inklusive, erkennt man an den Straußenfederemblemen. Bei dem dritten König handelt es sich wohl um Pieros Sohn, Lorenzo den Prächtigen.

Durch den hinteren Teil des Medici-Riccardi-Palasts gelangt man auf die **Piazza San Lorenzo**, auf der die Rei-terstatue *Giovanni delle Bande Nerde* von Bandinelli (1540) inmitten des Gewühls des modernen Straßenmarkts etwas verloren wirkt. Über einem Meer von Segeltuchmarkisen erhebt sich der Dom von San Lorenzo, unverkennbar das Werk Brunelleschis.

Höchste Gelassenheit: Die Fassade wirkt äußerst schroff und unvollendet (Michelangelos Entwurf, der in der Casa Buonarroti zu besichtigen ist, wurde nie verwirklicht), aber das Innere ist beeindruckend, eine geschmackvolle Verbindung von grauem Stein, treffend *pietra serena* („heiterer Stein") genannt, und weißen Wänden. Sie ist eine jener frühen, in sich ruhenden Renaissance-Kirchen, die mit der französischen Gotik brechen und zum klassischen Stil zurückkehren.

1419 beauftragte Giovanni, Cosimos Vater, Brunelleschi mit dem Entwurf der Kirche, doch das Bankenimperium der Medici wankte, und in der Folge kam der Bau nur langsam voran, so daß weder Giovanni noch Brunelleschi die

ug der eiligen Drei önige im alazzo edici-iccardi.

Fertigstellung erlebten. Später setzten verschiedene Medici die Verschönerung des Bauwerks fort. Sie gaben bei den größten zeitgenössischen Künstlern Fresken und Gemälde sowie den Bau ihres Mausoleums in Auftrag.

Auf den beiden großen kesselartigen Kanzeln aus Bronze im Mittelschiff sind die Reliefs von Donatello (1460) zu sehen – bevölkerte, realistisch dargestellte Szenen der Kreuzabnahme und Auferstehung –, die zu seinen letzten und reifsten Werken zählen.

Unter Brunelleschis großem hochragenden Dom bedeckt eine massive Marmorplatte vor dem Hochaltar das Grab von Cosimo de' Medici, der – trotz seiner für ihn charakteristischen Bitte um ein einfaches Begräbnis – im Jahr 1464 hier mit großem Pomp beigesetzt wurde.

Sphärenharmonien: In der alten Sakristei (meistens geschlossen) sind linker Hand die Grabplatten für Cosimos Eltern und seine beiden Enkelkinder zu sehen. Die Kuppel daneben ist mit außergewöhnlich prächtigen blau gehaltenen Fresken geschmückt, die den Nachthimmel und die Positionen der Sternzeichen zeigen.

In der Nähe zeigt ein restauriertes Fresko von Bronzino das *Martyrium des heiligen Laurentius* (1565-1569), eine meisterhafte Studie des menschlichen Körpers in einer Vielzahl gekrümmter Haltungen: Menschen, gebückt das Feuer unter dem Rost des Märtyrers schürend, den Blasebalg pumpend und in ihrer Nacktheit ein amüsanter Kontrast zu dem Schild am Kircheneingang, das die Besucher dazu auffordert, „das Tragen von unzüchtiger Bekleidung wie Miniröcke oder Shorts in jedem Fall zu unterlassen."

Die *cantoria* oberhalb des Eingangs zum Kreuzgang, die den Stil von Donatello nachempfindet, ist kein großes Kunstwerk, doch sie zählt zu den wenigen, die an ihrem ursprünglichen Ort geblieben sind. Daneben eine weitere Rarität: das moderne Gemälde von Pietro Annigoni – vielleicht der einzige

Weihwasser becken in San Lorenzo.

große Künstler, der seit dem 17. Jahrhundert in Florenz gearbeitet hat. Es zeigt Josef und Christus in einer Tischlerwerkstatt, im Hintergrund sind die Hügel der Toskana und ein blutroter Himmel zu sehen, der das Opfer Christi symbolisiert.

Durch den stillen Kreuzgang entlang den mit Buchsbaum eingefaßten Rasenflächen gelangt man zur **Biblioteca Laurenziana.** Michelangelo entwarf sie zwischen 1524 und 1534, um die bedeutende Sammlung antiker Handschriften unterzubringen, die Cosimo de' Medici begonnen hatte, darunter die berühmte Handschrift von Vergil aus dem 5. Jahrhundert und den Codex Amiatinus (8. Jahrhundert).

Die Bücher sind zu kostbar, um ausgestellt zu sein, doch die Vorhalle der Bibliothek ist jedem zugänglich – eine kühne, anspruchsvolle Konstruktion, die zeigt, wie Michelangelo zu viele Elemente auf kleinstem Raum unterbringen wollte, geniale Ideen, die weitaus mehr Platz zu ihrer vollen Ent-

faltung bedurft hätten. Das Innere der Bibliothek, ebenfalls von Michelangelo, ist im Gegensatz dazu ganz bewußt einfach und ruhig gestaltet und symbolisiert das Zimmer eines Gelehrten, in dem das Auge durch nichts abgelenkt wird.

Cappella dei Principi: Der Eingang zum Mausoleum der Medici liegt hinter der Kirche an der Piazza Madonna degli Aldobrandini. Die Krypta ist mit einfachen Platten belegt, unter denen Kardinäle, Bischöfe, die ersten, zweiten und dritten Frauen der Medici-Fürsten sowie andere Würdenträger – Herzöge, Großherzöge und Kurfürsten –, die Erben und Nachfolger dieser Kaufmannsfamilie, ruhen.

Von hier führt eine Treppe hinauf zur prunkvollen **Cappella dei Principi.** Fast dreihundert Jahre dauerte die Vollendung der verschwenderisch mit Marmor und Halbedelsteinen ausgestatteten Kapelle, mit deren Bau 1604 begonnen wurde. Jeder der vier großen Sarkophage, die Platz genug für zwan-

er reuzgang in an Lorenzo.

zig oder mehr Beisetzungen bieten, ist mit einer Krone besetzt, Hinweis auf imperiale Träume und das Symbol von Macht und neureichen Wohlstands.

In zwei Nischen stehen die Bronzen Cosimos II. und Ferdinandos I. Wunderschön in der Detailausarbeitung sind die 16 farbenfrohen Wappen der wichtigen toskanischen Städte.

Über einen Verbindungsgang gelangt man in Michelangelos Neue Sakristei zu den meisterhaft ausgeführten Gräbern einer früheren Generation der Familie. Rechts zieren die liegenden Figuren *Nacht* und *Tag* das Denkmal Giulianos, des Sohns von Lorenzo dem Prächtigen, links sitzen die *Morgenröte* und der *Abend* unterhalb eines kontemplativen Lorenzo, des Enkels des Prächtigen. Keiner dieser beiden Medici spielte eine Rolle in der Geschichte der Stadt, nur das Werk Michelangelos – manche behaupten, seine größte Bildhauerarbeit – hat ihre Namen vor dem Vergessenwerden bewahrt.

Einer der wenigen Medici, der ein Denkmal von Michelangelo verdient gehabt hätte, ist Lorenzo der Prächtige selbst, der populäre und begabte Dichter, der Philosoph und Förderer großer Künstler seiner Zeit, der ausgleichende Politiker. Er liegt hier ebenfalls, aber nahezu anonym, begraben. Über seinem Grabmal ist Michelangelos *Madonna mit dem Kind* Teil eines unvollendeten Denkmals für Lorenzo.

Rebellischer Michelangelo: Trotz der großartigen Arbeiten, die er für die Medici ausführte, fand Michelangelo niemals Gefallen an der Arbeit für die Familie. Die Neue Sakristei wurde von den Päpsten Leo X. und Clemens VII., den direkten Nachkommen von Cosimo de' Medici, in Auftrag gegeben. Michelangelo gefiel es gar nicht, wie diese die alten republikanischen Institutionen, die Cosimo und Lorenzo so behutsam geleitet hatten, aushöhlen wollten. Dies spiegelt sich in der düsteren Stimmung der Skulpturen und der Unvollständigkeit der Sakristei wider. Michelangelo arbeitete hieran nur mit

Unterbrechungen: 1520 und 1530-1533. In der Zeit zwischen diesen Jahren war er ein aktiver Gegner der Medici. Zwar wurde die Familie 1527 aus der Stadt verbannt, doch bald war offensichtlich, daß sie zurückkehren und das republikanische Florenz mit Unterstützung des Kaisers gewaltsam einnehmen würde. Michelangelo leitete den Bau von Befestigungsanlagen an der Kirche von San Miniato und ließ im Campanile eine Reihe von Kanonen aufstellen, die es der Stadt ermöglichten, der Belagerung – kurzzeitig – zu widerstehen.

1530 mußte Florenz jedoch vor der Übermacht der kaiserlichen Truppen kapitulieren; Michelangelo versteckte sich in der besagten Sakristei. Die Wände des kleineren Raums links vom Altar sind von Zeichnungen bedeckt, von denen man annimmt, daß sie aus der Zeit stammen. Diese Entwürfe sind der Öffentlichkeit zwar in der Regel nicht zugänglich, doch an beiden Seiten des Altars können eine Reihe von Skizzen seiner Schüler besichtigt werden.

Unten:
Die *Nacht*
von Michelangelo.
Rechts: Der
Mercato
Centrale.

DAS UNIVERSITÄTSVIERTEL

Das Viertel nördlich des Doms gehörte zum Einflußgebiet der Medici. Heute ist es Universitätsgelände, und die **Piazza San Marco,** auf der sich die Studenten zwischen den Vorlesungen treffen, ist nach der Kirche und dem Kloster an der Nordseite des Platzes benannt – auch diesen Bau finanzierte einst Cosimo de' Medici.

Ein älteres Kloster an diesem Platz war nur noch eine Ruine, als der Architekt Michelozzi auf Cosimos Wunsch mit dem Wiederaufbau begann. Die später umgebaute Kirche ist weniger interessant, die Kreuzgänge und die klösterlichen Gebäude aber enthalten hervorragende Wandmalereien von Fra' Angelico, der den größten Teil seines Lebens innerhalb der Mauern dieses Mönchsklosters verbrachte.

Leidenschaftliche Kunst: Fra' Angelicos Gemälde vermitteln nach der Ansicht von Henry James eine leidenschaftliche gottesfürchtige Sanftheit, die „in der Abgeschiedenheit des Klosters niemals einen klaren Eindruck des Bösen erhielt". Auf die meisten Werke trifft das zu, es fehlte Fra' Angelico jedoch nicht an Phantasie, um die Schrecken des Jüngsten Gerichts zu sehen. Das *Jüngste Gericht* im **Refettorio Grande,** dem ersten Raum rechts des Kreuzganges, ist eines seiner faszinierendsten Altarbilder. Die Gesegneten versammeln sich in einem lieblichen Garten unterhalb der himmlischen Stadtmauern, während die Verdammten in die Hölle getrieben werden, in der sie die dem jeweiligen Laster entsprechenden Torturen erleiden: Die Unersättlichen werden gezwungen, Schlangen und Kröten zu essen, und den Geizigen wird geschmolzenes Gold in den Rachen gegossen. Weitaus sanfter ist eines seiner vollendetsten Werke: der *Tabernakel der Leinweberzunft.*

Auf der anderen Seite des Innenhofs, in der **Sala del Capitolo,** ist Fra' Angelicos großartige und ausdrucksstarke *Kreuzigung* (ca. 1442) zu sehen – Vasari berichtet, daß der Künstler Tränen vergoß, als er daran malte. Der wütend rote Himmel erinnert an Gerard Manley Hopkins' gleichermaßen mystisches Sonett („Und das Blut Christi strömt über das Firmament") und wird häufig mit Van Goghs Malerei assoziiert.

Im **Refettorio Piccolo** am Fuß der Treppe zu den Mönchszellen stammt das *Letzte Abendmahl* von Ghirlandaio. Eine kleine Katze im Vordergrund des Gemäldes betont die Natürlichkeit, mit der jeder einzelne Apostel charakterisiert ist, und das Tafelgeschirr und die Gartenszenerie verdeutlichen Stil und Geschmack des 15. Jahrhunderts.

Mystischer Surrealismus: Alle 44 Mönchszellen und zum Teil die Wände der Gänge zeigen Szenen aus der Heilsgeschichte, die als Hilfen für die Meditation gedacht waren, ganz anders als die üppigen bevölkerten Gemälde, die von den Zünften und von reichen Gönnern in Auftrag gegeben wurden.

orherige eiten: **teinbänke nd Bücher m Palazzo trozzi. inks: Das üngste ericht von ra' Angelico.

Universitätsviertel

200 m

Am Austritt der Treppe grüßt Fra' Angelicos *Verkündigung*. Die Wandmalereien in den Zellen eins bis zehn zur Linken stammen vermutlich ebenfalls von ihm, die restlichen von seinen Helfern. Die *Verspottung Christi* in Zelle zehn ist typisch für den mystischen, fast surrealistischen Stil: Körperlose Hände schlagen auf Christus ein, ein Kopf, der zugleich spöttisch den Hut lüftet, speit in sein Antlitz.

Geißel der Sinnesfreuden: Die Zellen 12 bis 14 waren die Wohnräume Savonarolas, jenes Mannes, der Florenz eine kurze und blutrünstige Rückkehr ins Mittelalter bescherte. Savonarola verwandelte Florenz in eine Theokratie, erklärte Jesus zum König des Stadtstaates und verstand sich selbst als Statthalter Christi. Vor allem kam es dem frommen Mönch darauf an, die Sitten zu verbessern.

Er regierte nach dem Tode Lorenzos des Prächtigen 1492 sechs Jahre lang, bis er 1498 wegen Anstiftung zum Aufruhr hingerichtet wurde. Vom Volk zunächst als Befreier begrüßt, kehrte sich die Freude bald in Abscheu: Vom Karneval bis hin zum Besitz von Spiegeln wurden Lustbarkeiten zum Verbrechen erklärt und mit Folter bestraft.

In den Zellen sind Savonarolas Wollhemd und die Kopie eines zeitgenössischen Gemäldes seiner Hinrichtung ausgestellt, ein Ereignis, das einen Aufruhr in der Stadt verursachte. Nachdem er schon tödlich vom Henker getroffen worden war, schaffte man den Körper noch auf einen Scheiterhaufen – und plötzlich, Flammen und Rauch wichen zur Seite, war der tote Savonarola zu sehen, wie er die Hand zum Segen erhob; die Florentiner rannten in Panik vom Platz, und viele kamen im Gedränge um.

Der andere Flügel des Dormitoriums führt zur **Biblioteca.** Michelozzo entwarf 1441 diese anmutige Säulenhalle, die als Aufbewahrungsort für die von Cosimo de' Medici gestifteten Manuskripte dienen sollte. Sie war die erste öffentliche Bibliothek der Welt. In die

Im Dormitorium von San Marco – die *Verspottung Christi* von Fra' Angelica.

Zellen am Ende des Korridors pflegte sich Cosimo zurückzuziehen.

Zurück auf der Piazza San Marco, führt die Via Cavour am Nordwestende zum **Casino Mediceo**, einem hübschen, mit Widderköpfen und Muscheln verzierten Haus. Der hinter einer hohen Mauer versteckte Garten enthielt Cosimos Sammlung antiker Skulpturen (heute in den Uffizien), die der junge Michelangelo mit brennendem Interesse studierte.

Weiter links ist der **Palazzo Randolfini,** eine ländliche Villa, einer der wenigen Bauten von Raffael, die erhalten geblieben sind. Vom Eingang aus blickt man auf friedliche Gärten. Die Fassade ist mit Delphinen verziert, eine Allegorie auf den Namen des Besitzers: Bischof Pandolfini.

An der Nordostseite der Piazza San Marco sind die Gebäude heute von der Verwaltung der Universität belegt. Ursprünglich dienten sie als Ställe für Pferde und wilde Tiere, darunter auch Löwen, die sich Cosimo I. hielt. Die Via

Giorgio La Pira führt zum **Giardino dei Semplici**, einem reizenden botanischen Garten, der im Jahre 1545 von Cosimo I. angelegt wurde.

Im Südosten des Platzes gelangt man durch eine der ältesten Loggias von Florenz (1384) zur **Accademia di Belle Arti,** ursprünglich Teil der Accademia del Designo, der ersten Kunstschule der Welt, die im Jahre 1563, unter Mitwirkung von Michelangelo, eingerichtet wurde.

Streit um Michelangelo: Die Accademia ist demnach ein angemessener Standort für seine berühmtesten Skulpturen, darunter das Original des *David,* obgleich die Kunsthistoriker niemals glücklich über diese Entscheidung waren. Sie argumentieren, daß das Werk, aus dem ursprünglichen Zusammenhang gerissen, eingeschlossen von grauen Mauern und niedrigen Decken, viel von seiner Wirkung verliert. Zudem verhindert das dichte Gedränge der Besucher eine einfühlende Beschäftigung mit dem Meisterwerk.

Fra' Bartolomeos Savonarola.

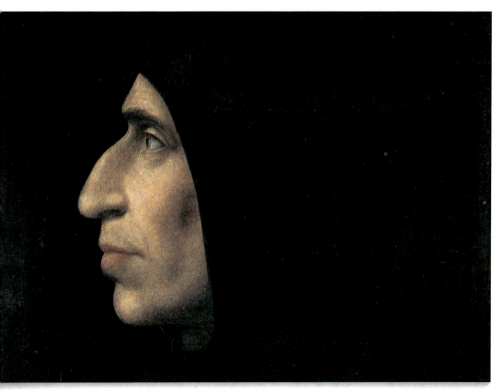

Il Biancone („der große Weiße"), so nennen die Florentiner despektierlich den *David*, wurde 1501 in Auftrag gegeben, um die Wiedergeburt der Republik nach zehn Jahren der Tyrannei zu feiern – David, der Jüngling, der den Riesen Goliath besiegte.

1504 war die Statue fertiggestellt, und eine Kommission aus führenden Künstlern sollte ihren Standort bestimmen. Die Vorschläge Loggia dei Lanzi und die Treppen des Doms fanden keine Befürworter, so entschied man sich für den Palazzo Vecchio, vor dem die Statue bis 1873 stand, als sie durch eine Kopie ersetzt und das Original in die Accademia gebracht wurde.

Das zeitlose Vermächtnis: Den Marmor, aus dem *David* entstand, hatten andere zeitgenössische Bildhauer als fehlerhaft zurückgewiesen. Michelangelo nahm jedoch die Herausforderung an und nutzte die Bruchlinien und Verfärbungen als integralen Bestandteil seiner Arbeit. Sein Glaube, daß es die Aufgabe des Bildhauers sei, die bereits im Stein enthaltene Form zu „befreien" – indem er natürlich vorkommende Risse und Fehler ausnutzte –, ist heute eine anerkannte „Wahrheit" der Kunst und hat viele spätere Bildhauer inspiriert. Henry Moores Arbeiten, die oft schon von Michelangelos Werk vorweggenommen scheinen, sind ein gutes Beispiel dafür – besonders deutlich wird dies in den „unvollendeten" Meisterstücken Michelangelos.

Einige davon sind ebenfalls in der Accademia zu besichtigen. Vor allen Dingen bemerkenswert sind die *Sklaven* (ca. 1519), die für das Grab des Papstes Julius II. in Rom geplant waren. Sie erscheinen in ihrem rohen Zustand noch machtvoller, da die Figuren, in einem elementaren Kampf verfangen, sich gerade aus ihrer steingebundenen Sklaverei zu befreien scheinen.

Orgie der Nackten: Ein Saal links des Salone di Michelangelo ist vollgestopft mit Gipsabdrücken, die von Mitgliedern der Accademia im 19. Jahrhundert hergestellt wurden. Darunter sind jene

Unten links: Der *David* in der Accademia. **Unten rechts:** Kunststudenten von heute.

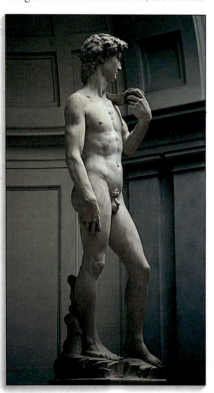

des produktiven Lorenzo Bartolini aus dem 19. Jahrhundert sehr ausdrucksstark, der ein eigenes Museum verdient hätte. Seine Werke, darunter sein berühmter *Machiavelli* und Porträtbüsten von Liszt und Byron, stehen heute in den Kunstgalerien der nahen Via dei Fossi und schmücken Staatsbauten und Villen in ganz Europa.

Von der Accademia südlich führt die Via Ricasoli und trifft am **Conservatorio** auf die Via degli Alfani. Frisch restauriert, ist hier wieder die städtische Sammlung seltener Musikinstrumente zu bewundern, die vorübergehend im Palazzo Vecchio ausgestellt war. Etwa in der Mitte der Via degli Alfani unterhält das **Opificio delle Pietre Dure** ein kleines Museum, das die Kunst der Möbelverzierung mit Halbedelsteinen, *pietre dure,* aufzeigt.

Über die **Via dei Servi** links gelangt man zur malerischen, fast vollständig von Säulen eingefaßten **Piazza Santissima Annunziata**. Zu Mariä Verkündigung am 25. März füllt sie sich mit festlich geschmückten Buden, in denen hausgemachte Biskuits und Süßigkeiten verkauft werden. Am 8. September gedenken hier Kinder mit Laternen Mariä Geburt.

Das Rätsel der Jungfrau: Santissima Annunziata im Norden ist eine noch nicht zum reinen Touristenziel degradierte, weiterhin lebendige Kirche, die einen für Florenz untypischen Charakter hat. Verglichen mit der wohlüberlegten Innenausstattung mancher Kirchen der Stadt ist diese überreich dekoriert. Gläubige Florentiner gehen den ganzen Tag über ein und aus, um vor dem kerzenbeleuchteten Baldachin zu beten, der mit Votivgaben bedeckt ist, so daß das Objekt ihrer Anbetung kaum zu sehen ist: ein Bildnis der Heiligen Jungfrau, das, so die Gläubigen, auf rätselhafte Weise von einem Engel gemalt wurde.

Der Säulengang der Kirche ist interessant aufgrund der Wandmalereien; einige davon stammen von Andrea del Sarto. Sein farbenfrohes, wenn auch

spedale egli nocenti: runelleschis oggia.

leicht beschädigtes Werk *Zug der Heiligen Drei Könige* zeigt die von Giraffen, Kamelen und kostbar gekleideten Höflingen begleiteten Weisen auf dem Weg nach Bethlehem. Das **Chiostro dei Morti** zur Linken der Kirche enthält weitere Fresken von del Sarto sowie die Gräber führender Künstler des 16. und 17. Jahrhunderts, darunter Cellini.

Das **Ospedale degli Innocenti** an der Ostseite des Platzes, das erste Findelhaus Europas, wurde 1445 eröffnet und ist immer noch in Betrieb. Der Säulengang von Brunelleschi war die erste klassische Loggia der Stadt, und die Terrakottamedaillons, 1487 von Andrea della Robbia hinzugefügt, zeigen in Windeln gewickelte Babys – das Wahrzeichen des Findelhauses.

Das wenig besuchte Museum im Inneren ist im Sommer ein ruhiger und kühler Zufluchtsort. Es belegt die oberen Räume des Klosters, und man kann von dort aus auf den grünen Innenhof und auf Brunelleschis schlanke ionische Säulen blicken. Die Bogenzwickel

schmücken *sgraffiti* – kleine Kinder und Cherubim, die in den feuchten Verputz gekratzt wurden.

Viele Fresken des Museums stammen aus den umliegenden Kirchen. Sie wurden entfernt, um darunterliegende Gemälde freizulegen. Einige Fresken sind mit der *sinopia* ausgestellt – den Skizzen, die auf den rohen Verputz gezeichnet wurden (mit rotem Farbstoff aus Sinope am Schwarzen Meer) und als Orientierung für den Künstler dienten, der dann auf den letzten Verputz das Wandgemälde malte.

Die ehemalige Kinderstube enthält gestiftete Gemälde, fast alle Variationen zum Thema *Madonna mit Kind*. Hervorzuheben ist die leuchtend bunte *Anbetung der Heiligen Drei Könige* von Ghirlandaio. Die Geburtsszene Christi im Vordergrund kontrastiert erschütternd mit den Szenen vom Kindermord zu Bethlehem im Hintergrund.

Vom Osten der Piazza führt die Via Colonna zum **Museo Archeologico,** das eine der besten Sammlungen etrus-

Piazza Santissima Annunziata.

kischer Kunst in Italien (abgesehen vom Nationalmuseum in Tarquinia) sein eigen nennt. Das Hochwasser von 1966 hat auch hier schwere Schäden hinterlassen. Die nachgebauten etruskischen Gräber im Innenhof bleiben geschlossen, und Kisten um Kisten reihen sich mit überragenden Bronzen, denen, schlecht konserviert, schon der Grünspan zugesetzt hat.

Viele Besucher fühlen sich dadurch abgeschreckt, und das Museum ist daher nie überfüllt. Es ist ein Vergnügen, sich hier in aller Ruhe umzusehen, die Tatsache jedoch, daß zwar die ägyptischen Schätze im ersten Stock vorbildlich restauriert worden sind, während man die einheimische Kunst des alten Florenz und der Toskana vernachlässigte, stimmt traurig.

Dennoch schreitet auch hier die Arbeit voran, und kürzlich restaurierte Stücke werden im Erdgeschoß ausgestellt. Zwei hervorragende Statuen des Apollo (530-510 v. Chr.) zeigen sowohl den hellenischen Ursprung der etruski-

schen Kunst als auch die erstaunliche Nähe zu den zwei Jahrtausende später entstandenen Werken der Renaissance-Künstler.

Heldentum und Unsterblichkeit: Die etruskischen Grabskulpturen im ersten Stockwerk erscheinen auf den ersten Blick als jene typischen Jagd- und Kriegsszenen der griechischen Göttersagen. Bei genauerem Hinsehen entdeckt man jedoch, daß die Szenen wirkliches Leben zum Vorbild haben: Bankettszenen, athletische Tänzer und Sarkophage in der Form etruskischer Häuser mit Säulen und Eingangstoren. Und ein Torbogen (siehe Ausstellungsstück Nr. 5539) hat unverkennbar Ähnlichkeit mit den florentinischen Palästen des 15. Jahrhunderts. Die Personen auf den Urnen sind korpulent, bekränzt und symbolisieren, den Wein in der Hand, das unendliche Feiern, das im Leben nach dem Tode wartet.

Der Saal mit den Bronzen zeigt einen weiteren Aspekt etruskischer Kultur, den die florentinischen Künstler zu neuer Blüte führten: die Kunst des Bronzegießens, ausgeformt in wunderbaren Spiegeln mit erotischen Szenen, Kochtöpfen, militärischem Gerät, Rüstungen sowie Statuen und Schmuck.

Zwei der wichtigsten etruskischen Werke grub man bereits im 16. Jahrhundert aus, gerade als sich die florentinische Kunst auf das Erbe der Vorfahren besann. Die *Chimera* aus dem 5. Jahrhundert v. Chr. wurde 1554 bei Arezzo entdeckt und Cellini anvertraut, der das gebrochene Vorderbein restaurierte. Den *Arringatore* (Redner), aus dem 2. Jahrhundert v. Chr., fand man 1566 in Trasimeno.

Der ägyptischen Sammlung größter Schatz ist ein Wagen aus einem Grab in Theben (14. Jh. v. Chr.). Gleichermaßen interessant ist jedoch die Sammlung organischen Materials, das in der trockenen, sauerstoffarmen Atmosphäre der alten Wüstengräber überlebte: Holzmöbel, Stricke, Körbe, Stoffmützen, Beutel – so frisch, als seien sie erst kürzlich hergestellt worden.

spedale
egli
nnocenti:
Kondelle
on Andrea
ella
Robbia.

SANTA MARIA NOVELLA

Viele Sehenswürdigkeiten von Florenz sind ständig „in restauro", und es ist immer eine freudige Offenbarung, wenn ein Baugerüst entfernt wird und die frisch restaurierten Fresken wieder zu sehen sind. Unter jahrhundertealtem Schmutz kommen Details zum Vorschein, von denen selbst die Kunsthistoriker des 19. Jahrhunderts nichts ahnten. Die Werke besitzen wieder ihre ganze ursprüngliche Klarheit und leuchten in der Brillanz frisch aufgetragener Farben.

Genau aus diesem Grund sollte man sich die Kirche **Santa Maria Novella** ansehen. Sie liegt am **Bahnhof,** dem ersten Bau im funktionalistischen Stil, der in Italien errichtet wurde. Bei der Einweihung 1935 machte der Witz die Runde: „Ich sehe zwar den Kasten, in den der Bahnhof hineingesteckt wurde, aber wo ist der Bahnhof?"

orherige eiten: Via aggio. nks: Auf er Piazza nta Maria ovella.

Der Platz vor Santa Maria gleicht tausend anderen italienischen Plätzen, ist jedoch untypisch für Florenz. Obwohl er innerhalb der alten Stadtmauern aus dem 14. Jahrhundert gelegen ist, stieg die Bevölkerungszahl doch nie in Dimensionen, daß der Platz in die Stadt eingegliedert worden wäre; er blieb eine unterentwickelte Ecke am westlichen Stadtrand. Ab 1568 wurde er für die jährlichen Wagenrennen benutzt, in denen die von Bronzeschildkröten getragenen Obelisken als praktische Wendepunkte dienten.

Im 19. Jahrhundert war der friedliche Platz mit den neuen Hotels beliebt bei prominenten ausländischen Besuchern. Henry James, Ralph Waldo Emerson und Longfellow, der Übersetzer von Dante, blickten hier auf die stille grüne Piazza hinab.

Die heutigen Fremden sind philippinische Dienstmädchen, die sich hier samstags treffen, um sich über Löhne und die S*ignora* in einem Sprachgemisch aus Englisch, Italienisch und Tagalog auszutauschen. Alte Frauen füttern Tauben, und sich aggressiv gebende Banden von Jugendlichen handeln vielleicht mit Drogen.

Romanischer Stil: Die Kirche selbst wirkt mit der eleganten weißen und graugrünen Marmorfassade ausgesprochen freundlich. Der Bau wurde 1246 am Chor begonnen, der untere Teil der Fassade im florentinisch-romanischen Stil wurde 1360 hinzugefügt. Weitere hundert Jahre vergingen, bevor der obere Teil der Fassade vervollständigt wurde; die Inschrift unter dem Giebel nennt das Jahr 1470 und *Ihanes Oricellarius* – die lateinische Schreibweise von Giovanni Rucellai, der Battista Alberti den Auftrag gab.

Die Rucellai gehörten zu den großen florentinischen Familien. Ihr Name, wie auch ihr Reichtum, geht auf den damals kostbaren roten Farbstoff, *oricello,* zurück, der aus einer Flechte gewonnen wurde, die man aus Mallorca importierte. 1461 heirateten die Rucellai in die Medici-Familie ein, und die

Santa Maria Novella

Wappensymbole der beiden Familien schmücken die verschlungenen Einlegearbeiten der Fassade: das aufgeblähte Schiffssegel der Rucellai und die Straußenfeder der Medici.

Angst vor der Pest: Auf dem ummauerten **Alten Friedhof** entdeckt man viele Grabmäler von adligen Florentinern, auf deren Reichtum die verschwenderische Innenausstattung der Kirche zurückgeht. In Erinnerung an und aus Furcht vor dem Schwarzen Tod, der im 14. Jahrhundert in der Stadt wütete, stifteten sie Kunstwerke und Kapellen.

In dieser Kirche läßt Boccaccio den *Decamerone* beginnen: Eine Gruppe junger Adliger kommt zusammen und überein, sich einzuschließen, um der tödlichen Seuche zu entgehen. Und zum Zeitvertreib beginnen sie, sich Geschichten zu erzählen.

Im Inneren der Kirche herrscht der gotische Stil, jedoch weniger verspielt, mehr rational und zurückhaltender als die französische Gotik. Spitzbogen und einfache Kreuzrippengewölbe werden von weit auseinanderstehenden Säulen gestützt. Einzige architektonische Dekoration sind die abwechselnd weißen Marmor- und zartgrauen Bänder aus *pietra serena*.

Die schönsten Grabmäler und freskierten Kapellen liegen im Ostteil der Kirche. Die **Cappella di Filippo Strozzi** rechts des Hauptaltars wurde von Filippino Lippi gestaltet. Er war der Sohn von Filippo Lippi und seiner Geliebten Lucrezia – der Nonne, die er verführte, während er die Wände des Karmeliterklosters in Prato bemalte.

Filippinos Werk unterscheidet sich sowohl im Stil als auch im Inhalt von dem seines Vaters und der Zeitgenossen. Sein *Hl. Philipp* – mit dem soeben erschlagenen Drachen vor einem Tempel des Mars abgebildet – weist weit mehr antike als christliche Anspielungen auf, und die bevölkerten Szenerien vibrieren vor Lebensfreude.

Künstlerische Gewöhnlichkeit: Die Wandmalereien von Ghirlandaio und seinen Schülern (vermutlich zählte der

Santa Maria Novella mit Bahnhof.

junge Michelangelo dazu) gehören zu den farbenfreudigsten und unterhaltendsten in ganz Florenz. Das *Marienleben* spiegelt das Leben in Florenz zur Zeit des Künstlers. Einige der abgebildeten Gestalten tragen die Züge von Mitgliedern der Tornabuoni-Familie, die das Werk finanzierte. Die überwältigende Frische der Farben wirkt fast erschreckend grell – die Pop-Kunst jener Zeit, wenn man will –, was Ruskin aber dazu veranlaßte, das Werk als vulgär abzutun.

Die **Cappella Strozzi** im nördlichen Querschiff zieren Fresken von Nardo di Cione (1351-1370). Das *Inferno*, der Vision Dantes nachempfunden, ist ein Labyrinth gefolterter Seelen und Dämonen, während sich im *Paradiso* die Erretteten versammeln, darunter Dante höchstpersönlich sowie die Stifter des Gemäldes, die Bankiersfamilie Strozzi. In Masaccios epochalem Fresko *Trinità* an der Nordwand der Kapelle wurde erstmals die Zentralperspektive angewandt.

Der Eingang zum Kloster wird **Chiostro Verde** (grüner Kreuzgang) genannt, nach den Fresken (heute im Refektorium) von Piero Uccello, die mit dem grünen Farbstoff *terra verde* gemalt wurden. Die Ironie des Schicksals wollte es, daß sein Hauptwerk, die *Weltsintflut (Diluvio Universale;* ca. 1445) beim Hochwasser stark beschädigt wurde.

Die **Cappelone degli Spagnoli** an der Nordseite des Klosters, 1350 als Domkapitel entstanden, wurde im 16. Jahrhundert umbenannt, als Eleonora di Toledo (Gemahlin Cosimos I.) sich die Kapelle zu ihrem Andachtsort erwählte. Der Fresken-Zyklus von Andrea di Firenze (1365-1370) schildert die Lehren des hl. Thomas von Aquin und enthält eine Darstellung des *duomo* mit einer Kuppel, die es damals noch nicht gab und die erst ein Jahrhundert später in Angriff genommen wurde.

Venus zu verkaufen: Von hier führen viele Wege nach Ognissanti, von denen die **Via dei Fossi** der interessanteste ist.

In der Via della Scala kann man eines der wenigen reinen Jugendstilgebäude in Florenz (Nr. 26) bewundern, mit reich dekorierten Bronzebalkonen, Lampen und Fensterläden. Die bemalte Apotheke (Nr. 16) verkauft wohlriechende Seifen, Duftwässerchen und alles mögliche aus der ehemaligen Officina di Santa Maria Novella.

Die **Piazza Ognissanti** öffnet sich zum Fluß hin und gibt den Blick frei auf Santa Maria del Carmine am gegenüberliegenden Ufer und die Hügel des Bellosguardo dahinter. Der Ausblick war einst durch die Pfahlbauten verstellt, in denen man die Wolle wusch, walkte und färbte.

Die Kirche von **Ognissanti** (Allerseelen) wurde von den *Umiliati* erbaut, einem Mönchsorden, der von der Wollherstellung lebte. 1239 fertiggestellt, kam sie später unter die Schirmherrschaft der Vespucci, einer Kaufmannsfamilie, die mit dem Seidenimport aus dem Orient ein Vermögen gemacht hatte. Amerigo, das berühmteste Familienmitglied, gab der Neuen Welt ihren Namen. Die Vespucci stifteten das Krankenhaus, und einige der Familienmitglieder haben in den freskierten Gewölben, die sie in Auftrag gaben, ihre letzte Ruhestätte gefunden.

Der zweite Seitenaltar rechts zeigt Ghirlandaios *Madonna der Barmherzigkeit,* wie sie ihre Arme in symbolischem Schutz über die Vespucci-Familie ausbreitet; Amerigo ist als Jüngling abgebildet.

Die Namengebung Amerikas: Amerigo verließ später Florenz, um in Sevilla die Angelegenheiten der Medici-Bank zu regeln. Dort brachte er sich auch die Kunst der Navigation bei. 1499 folgte er der Route von Kolumbus und stellte fest, daß das Land an den Westufern des Ozeans ein unbekannter Kontinent war und nicht, wie Kolumbus geglaubt hatte, das asiatische Festland. Nach seinen Notizen zeichneten die florentinischen Kartographen eine Landkarte dieser Neuen Welt und benannten sie selbstverständlich nach ihrem Mitbürger – für

Ghirlandaio Geburt Johannes' des Täufers

alle Zeiten hieß sie deshalb Amerika und nicht Kolumbien.

Ebenfalls im südlichen Seitenschiff ist Botticellis Fresko des *Hl. Augustinus* und auf der gegenüberliegenden Wand der *Hl. Hieronymus* von Ghirlandaio zu sehen. Beide wurden 1480 gemalt und gehen auf das Porträt des hl. Hieronymus zurück, wie ihn der flämische Maler Jan van Eyck dargestellt hatte (aus der Sammlung von Lorenzo il Magnifico). Beide Werke wurden vermutlich von Giorgio Vespucci, Amerigos gelehrtem Mentor, in Auftrag gegeben.

In der Sakristei entdeckte man vor nicht allzu langer Zeit Fresken von Taddeo und Agnolo Gaddi (Vater und Sohn) – die *Kreuzigung* und die *Auferstehung Christi* bestechen durch brillante Farben und naturgetreue Details. Gleichermaßen vollendet in der realistischen Darstellung von Vögeln, Blumen und Bäumen ist das *Abendmahl* von Ghirlandaio (1480) im Refektorium des benachbarten Konvents.

Der Borgo Ognissanti reicht bis zur Piazza Goldoni, wo die Via della Vigna Nuova zum Palazzo Rucellai abgeht. Er wurde 1446-1451 für Giovanni Rucellai erbaut, Humanist, Autor und einer der reichsten Männer Europas. Im Stil verbinden sich mittelalterliche Spitzbogenfenster mit klassischen Säulen und Stützpfeilern.

Im Erdgeschoß des Palastes ist das Museo di Storia della Fotografia Fratelli, jenes 1852 gegründete Fotostudio, das die wohlhabenden Touristen des 19. Jahrhunderts mit Drucken, Postkarten und Kunstbüchern versorgte. Eine der besten Fotosammlungen Europas ist hier zu durchstöbern. Auch heute gibt die Firma edle Bände mit hervorragenden Schwarz-Weiß-Illustrationen aus der Zeit George Eliots, der Brownings, Ruskins, E. M. Forsters und Henry James' heraus.

Florentinische Mode: Die Via della Vigna Nuova mündet in die **Via dei Tornabuoni**, eine der vornehmsten Einkaufsstraßen von Florenz. Die Paläste

Der Hl. Augustinus von Botticelli in Ognissanti. Folgende Seiten: Die Kreuzgänge von Santa Maria Novella.

hier dienen Italiens führenden Couturiers als Hauptquartier: Giorgio Armani, Salvatore Ferragamo – Namen, die die Vorstellung von Eleganz und bester Verarbeitung erwecken. „Nur wir Florentiner", heißt es unbescheiden in Florentiner Modekreisen, „lieben und verstehen den weiblichen Körper. Wie sollte es auch anders sein – von Geburt an haben wir die berühmten Frauenakte der Renaissance erblickt."

Der Zugang zum Palazzo Strozzi, einem der letzten und auch größten Paläste, die während der Renaissance erbaut wurden, liegt in der Via degli Strozzi. Filippo Strozzi verfolgte den Bau von seinem Domizil aus, das heute noch, ebenfalls von palastartigen Dimensionen, auf der gegenüberliegenden Seite der Piazza steht.

Ruinöser Ehrgeiz: Auch fünf Jahrzehnte nach dem Baubeginn 1489 war der Palast noch nicht fertig, und als Strozzi 1536 starb, war er bankrott. Das massive Karnies wurde nachträglich hinzugefügt, als der klassizistische Stil auf dem Vormarsch war.

Die Original-Fackelhalter aus der Renaissance und Lampenkragsteine, die von geflügelten Sphinxen gestützt werden, schmücken die Ecken und die Fassade. Das Innere hingegen verschandelt eine gewaltige „provisorische" Nottreppe, die man installierte, als das Gebäude zunehmend für Ausstellungen genutzt wurde.

Aber die meisten Bogen des Renaissance-Innenhofes hatte man ohnehin schon im 19. Jahrhundert mit Fenstern versehen, um Büroräume für verschiedene Institutionen zu schaffen. In dem kleinen Museum linker Hand ist das Originalmodell von Giuliano da Sangallo zu sehen, einem der vielen Architekten, die am Palast arbeiteten.

Auf der rechten Seite des Innenhofs treffen sich im **Gabinetto Vieusseux,** einer öffentlichen Bibliothek mit einem großen Fundus ausgezeichneter Bücher über die Stadt Florenz und ihre Kunst, Studenten, Literaten und Kunsthistoriker aus aller Welt.

ARNO UND OLTRARNO

Der Arno ist ein launischer Fluß. Für den Schiffsverkehr zu seicht, schwillt er im Frühjahr zu einem reißenden Strom, von den Schmelzwassern der Apenninen gespeist. Im Sommer schrumpft er wieder zu einem Rinnsal, was Mark Twain zu der Bemerkung veranlaßte: „Es wäre ein annehmbarer Fluß, wenn man ein wenig Wasser hineinpumpen würde. Diese dunkelhäutigen trotzigen Florentiner nennen es Fluß und glauben auch noch daran. Sie helfen dieser Wahnidee noch nach, indem sie Brükken bauen. Sie sind sich offensichtlich zu gut dafür, hindurchzuwaten."

Der Herbstregen füllt das Bett wieder. Es ist die Jahreszeit, in der man in Florenz besorgt den Wasserstand beobachtet; einmal pro Jahrhundert mindestens hat der Arno bisher im November die Stadt überflutet. Neue Uferbefestigungen sollen das verhindern. Von den Straßen entlang der Dämme, der Lungarni, genießt man eine bezaubernde Aussicht – vor allem zum Sonnenuntergang, wenn ganz Florenz zum Abendspaziergang, der *passeggiata,* auf den Straßen ist.

Der **Ponte alla Carraia,** die östlichste der vier alten Arnobrücken, wurde 1120 erbaut und Ponte Nuovo genannt zur Unterscheidung vom älteren Ponte Vecchio. Die heutige Brücke ist eine moderne Rekonstruktion, da außer dem Ponte Vecchio 1944 während des Rückzugs der deutschen Truppen aus Florenz alle Arnoübergänge gesprengt wurden. Der Ponte alla Carraia ist jedoch eine gelungene Neuausgabe der graziösen Brücke aus dem 14. Jahrhundert, die vermutlich Giotto entworfen hatte und die die erste Holzbrücke ersetzte.

Im Osten erkennt man den Ponte Vespucci und am nördlichen Ufer den **Parco delle Cascine,** in dem Shelley seine *Ode an den Westwind* dichtete.

Den Lugarno Corsini säumen zahlreiche vornehme Palazzi, in denen sich einige Modehäuser, Hotels und Restaurants eingenistet haben. Der **Palazzo Corsini,** eine weitläufige Barockanlage mit zwei Seitenflügeln und klassischen Statuen entlang der Brüstung, ist nicht zu verfehlen. Er wurde zwischen 1650 und 1717 erbaut und enthält die Galleria Corsini, eine private Kunstsammlung mit zahlreichen Werken von Raffael, die man sich ansehen sollte.

Könige und Exilanten: Der **Palazzo Gianfigliazza** (1459 erbaut) war einst Wohnsitz Luigi Buonapartes, des Königs von Holland (1846 gestorben). Der **Palazzo Masetti** daneben ist heute Britisches Konsulat und war einst – treffenderweise – der Palast der hübschen Witwe des letzten Stuart-Thronprätendenten Charles, jener Countess of Albany, die zum Entsetzen der schottischen Aristokratie den Bühnenautor Alfieri heiratete. Ende des 18. Jahrhunderts trafen sich in ihrem eleganten Salon Schriftsteller und Künstler, zu denen auch Shelley und Byron gehörten.

orherige eiten: onte Santa rinità. inks: port auf em Arno. nten: ienstags- arkt im arco delle ascine.

Der **Ponte Santa Trinità,** überragt von dem Palast, ist die anmutigste der vier Arnobrücken. Nach 1944 wurden einige der Original-Brückenteile aus dem Arno geborgen, und aus den Steinbrüchen im Boboli-Garten schaffte man das ursprünglich verwendete Baumaterial herbei, um die Brücke nach dem Entwurf von Ammannati aus dem Jahre 1567 wiederaufzubauen. Auch die Statuen der **Vier Jahreszeiten** von Pietro Francavilla wurden geborgen und nach ihrer Restaurierung auf den ursprünglichen Platz zurückgestellt.

Von der Brücke aus hat man einen schönen Blick auf den Ponte Vecchio. Die Häuser rechts und links waren 1944 nur noch Trümmerhaufen, die man zur Blockade gegen das Vordringen der alliierten Truppen auf der Brücke verteilte. Im Süden ist die Wiederherstellung der mittelalterlichen Wohnhäuser besser gelungen als bei den modernen Hotels und Läden im Norden.

Eine Linkskurve in die elegante Einkaufsstraße Via dei Tornabuoni führt zur Piazza Santa Trinità; rechts der massive, zinnenbewehrte **Palazzo Spini-Feroni,** einer der wenigen erhaltenen Paläste aus dem 13. Jahrhundert, heute von der Familie des Modeschöpfers Ferragamo bewohnt.

Die Barockfassade von **Santa Trinità** gegenüber sieht recht mitgenommen aus, doch die Kapitelle mit den Cherubim und im Giebelfeld über dem Haupteingang die Dreieinigkeit haben nichts von ihrem Reiz verloren. Die Fassade wurde 1593 von Buontalenti hinzugefügt, im Inneren ist der romanische Baustil des 12. Jahrhunderts deutlich ablesbar. Der Rest der ursprünglichen Kirche aus dem 11. Jahrhundert wurde 1250 bis 1260 in für die Zisterzienser typischem strengem gotischem Stil wiederaufgebaut.

Der heilige Franziskus: Die Fresken in der **Sassetti-Kapelle** stammen von Ghirlandaio und illustrieren das Leben des hl. Franziskus. Die Szene über dem Altar, in der Papst Honorius III. die Regel des Franziskanerordens bestä-

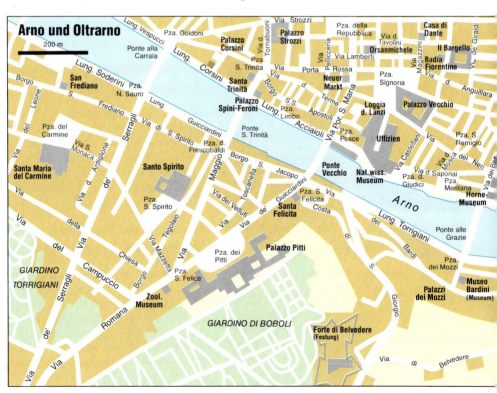

tigt, spielt auf der Piazza della Signoria. Lorenzo der Prächtige und der wohlhabende Kaufmann Francesco Sassetti, Stifter der Kapelle, sind rechts im Bild.

Den Altar selbst ziert ein herrliches Gemälde, die *Anbetung der Hirten,* ebenfalls von Ghirlandaio (1485) – Josef wendet den Kopf, verwirrt von den Geschehnissen, um die Ankunft der Könige aus dem Morgenland zu beobachten, während sich Maria völlig dem Christuskind zuwendet.

Statt in einer Krippe liegt das Christuskind vor einem römischen Sarkophag; zusammen mit der Szene an der Außenwand, in der Sybille Kaiser Augustus die Geburt Christi prophezeit, wird hier das Bestreben der Florentiner deutlich, die eigene christliche Kultur und die der antiken Welt miteinander zu verbinden.

Vor der Kirche ragt die von der Gestalt der Justitia bekrönte Säule aus den Caracalla-Thermen in Rom auf – ein Geschenk Papst Pius' IV. an Cosimo I. Dahinter einer der letzten großen Palä-

ste, die in der Stadt erbaut wurden: der **Palazzo Bartolini-Salimbeni.**

Für unsere Begriffe ist der Palazzo mit den zierlichen muschelüberdachten Nischen im ersten Stockwerk ein anmutiges Bauwerk. Die zeitgenössischen Florentiner verspotteten es jedoch und bezeichneten es als überladen. Der Architekt Baccio d'Agnolo wehrte sich mit einer lateinischen Inschrift über dem Tor: „Es ist leichter zu kritisieren, als es gleichzutun." Es scheint angemessen, daß dieses Gebäude mit dem reizenden Innenhof heute Sitz des Französischen Konsulats ist.

Das Gewirr enger Gassen mit mittelalterlichen Türmen und Palästen hinter dem Palast führt zur kleinen Piazza del Limbo, an der eine der ältesten Kirchen der Stadt steht.

Karl der Große war hier: **Santi Apostoli** ist jedoch nicht so alt, wie die Inschrift an der Fassade vermuten läßt. Danach wurde die Kirche von „Karolus Rex Romana", also Karl dem Großen, 786 n. Chr. gegründet, doch die romanische

Ghirlandaios *Anbetung der Hirten* in Santa Trinità.

Kirche wurde wahrscheinlich erst im 10. Jahrhundert errichtet. Die Doppelarkaden aus dunkelgrünen Marmorsäulen und korinthischen Kapitellen stammen teilweise aus den nahen römischen Bädern der Via delle Terme.

Ein kurzer Spaziergang entlang dem Borgo Santi Apostoli und über die Via Por Santa Maria führt zu einer weiteren Kirche stattlichen Alters: **Santo Stefano al Ponte,** ca. 969 n. Chr. gegründet, mit einer schönen romanischen Fassade aus dem Jahr 1233. Im Sommer finden auf der Piazza Freiluft-Konzerte statt. In den schmalen Gassen östlich dieser Piazza sind die Werkstätten der Goldschmiede und Juweliere, deren Werke in den Kiosken entlang dem **Ponte Vecchio** verkauft werden.

Die älteste Brücke: Diese Brücke, wie auch der Duomo und der Palazzo Vecchio ein Symbol von Florenz, geht auf das Jahr 1345 zurück, in dem sie eine frühere, durch eine Überflutung weggeschwemmte Holzkonstruktion ersetzte. Von Anfang an haben diesen Handels-weg über den Arno Werkstätten gesäumt, und 1565 baute Vasari den *corridoio,* die Verbindung zwischen Palazzo Pitti und Palazzo Vecchio.

1593 ordnete Ferdinand I. die gerichtliche Vertreibung der Fleischer, Ledergerber und Hufschmiede an, da er sich von ihrem lärmenden Handel gestört fühlte. Die Werkstätten wurden umgebaut und an Goldschmiede verpachtet. Diese Tradition ist erhalten geblieben, wenn auch kein Handwerker mehr in den alten Gebäuden arbeitet.

Nicht nur die Ladenbesitzer verdienen sich heute ihren Lebensunterhalt durch die Millionen von Besuchern, die jährlich über die Brücke flanieren. Straßenhändler, Musikanten und Porträtmaler, Künstler und Souvenirverkäufer leisten ebenso ihren Beitrag zu der heiteren Atmosphäre, vor allen Dingen nachts – ein wunderbarer Ort, um Menschen zu beobachten oder den Blick auf den Fluß zu genießen.

Auf der **Via dei Girolami,** einem düsteren mittelalterlichen Tunnel, ge-

Der Ponte Vecchio hinter dem Ponte Trinità.

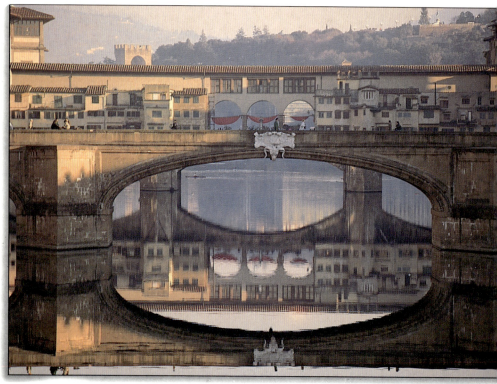

langt man zu den Uffizien und am Ufer des Arno entlang dann weiter zum Wissenschaftsmuseum an der Piazza dei Giodici.

Das **Museo di Storia della Scienza** ist eines der fesselndsten in Florenz und bietet eine willkommene Abwechslung zur Kunst-Übersättigung. Die Exponate zeigen, daß Florenz während der Renaissance auf dem Gebiet der wissenschaftlichen Forschung ebenso in Europa führend war wie in der Malerei und Bildhauerkunst. Tatsächlich sah das humanistische Ideal des „Universalmenschen" zwischen Kunst und Wissenschaft keine Trennung.

Griff nach den Sternen: Cosimo II. unterstützte die wissenschaftliche Forschung, da er, so heißt es, die Ähnlichkeit zwischen seinem eigenen Namen und dem des „Cosmo" als Glück verheißend ansah. So entwarf er einen grandiosen Plan zur Beherrschung des Universums durch die Wissenschaft. Die besten Mathematiker, Astronomen und Kartenzeichner aus ganz Europa und dem Mittleren Osten wurden angeheuert. Ihre wunderbar gravierten Astrolabien und Armillarsphären, mit denen die Bewegung der Himmelskörper demonstriert wurde, sind im Museum zu bewundern.

Das Genie des Galilei: Der begabteste Wissenschaftler seiner Zeit, dessen Entdeckungen und Methodenlehre die Grundlage für die moderne Wissenschaft legten, litt am meisten unter dem Unverständnis seiner Zeitgenossen. Galileo war bereits berühmt, als er die fünf Monde des Jupiters entdeckte und sie nach den Mitgliedern der Medici-Familie benannte.

Er wurde zum Hofmathematiker ernannt, und seine Experimente zur Mechanik haben dem Hof sicherlich viel Vergnügen bereitet, wenn auch die wahre Bedeutung nicht erfaßt wurde. Das Museum zeigt die wunderschönen Mahagoni- und Messingkonstruktionen dieser Experimente, die, riesigen Spielen gleich, ab und zu von den Aufsehern vorgeführt werden.

Juwelierladen auf dem Ponte Vecchio.

Galilei erregte jedoch Anstoß, als er aus eigenen Beobachtungen die Auffassung von Kopernikus unterstützte, daß die Sonne und nicht die Erde der Mittelpunkt des Universums sei. Diese Ansicht stand im Widerspruch zur kirchlichen Lehre, und er wurde gezwungen, sie 1633 vor der Inquisition zu widerrufen. Darüber hinaus wurde er exkommuniziert und stand bis zu seinem Tod 1642 unter Hausarrest.

Als ob Florenz sich von seiner Schuld reinwaschen wollte, ist eine große Abteilung des Museums seinem Werk gewidmet, und viele betrachten ihn als den bedeutendsten Florentiner (obgleich er tatsächlich im rivalisierenden Pisa geboren wurde).

Kartographie der Welt: Faszinierend sind die Räume mit den alten Karten und Globen. An ihnen kann man ablesen, wie schnell die Entdeckungen des 15. und 16. Jahrhunderts die alten Ideen vom Bild der Erde revolutionierten.

In den Aufzeichnungen des Mönches Fra' Mauro aus dem frühen 16. Jahr-

hundert war die Welt noch religiös und mythologisch definiert – Jerusalem als Zentrum und die Randmeere von bedrohlichen Ungeheuern bewohnt. Nur 50 Jahre später stellte Lopo Holmen 1554 eine exakte Weltkarte her, die noch während ihres Herstellungsprozesses um die Westküste Amerikas und die Entdeckung Neuguineas erweitert werden mußte.

Vom Museum aus gelangt man auf der Via dei Saponai zur **Piazza Mentana**, einem ehemaligen römischen Hafen. Die Via dei Mosca folgt dieser uralten Anlage und geht später in die Via dei Neri über. Man achte an der Kreuzung zur Via San Remigio auf zwei Gedenktafeln an einem Gebäude zur Linken. Sie zeigen hoch oben die Hochwassermarke von 1333 und zwei Fuß darüber die von 1966.

Über die Via dei Neri führt der Weg zur Via Benci und zum **Horne-Museum.** Die schönsten der von dem englischen Kunsthistoriker Percy Horne (1864-1916) gesammelten Stücke sind heute in den Uffizien ausgestellt. Der 1489 für die Corsi-Familie erbaute Palast, den später Horne als Wohnsitz wählte, hat jedoch einen reizenden Innenhof. In der erhaltenen Küche im Obergeschoß ist Hornes Sammlung uralter Töpfe und Gerätschaften zu sehen.

Der neue **Ponte alle Grazie** im Süden ersetzte nach dem Kriege den Ponte Rubaconte aus dem Jahre 1237. Die steinernen Uferbefestigungen gehen flußaufwärts in grasbewachsene Böschungen, Bäume und Schilfrohr über.

Am anderen Arno-Ufer: Der Bezirk auf der gegenüberliegenden Flußseite heißt **Oltrarno** („jenseits des Arno") und wurde erstmals im 14. Jahrhundert von den neuen Stadtmauern eingefaßt. Die Florentiner beharren auf dem Standpunkt, daß dies die „falsche" Seite des Arno sei, obgleich es auch hier viele alte und vornehme Paläste gibt – allerdings ist Oltrarno tatsächlich eines der ärmsten Viertel der Stadt.

Der **Palazzo Bardini** (Museo Bardini) gleich hinter dem Ponte alle Grazie wurde 1883 erbaut und beherbergt die Kollektion von Stefano Bardini, der ein faszinierendes Durcheinander von Kunst und Trödel zusammengetragen hat, bunt durcheinandergewürfelt wie in einem riesigen antiquarischen Speicher – ein Vergnügen für denjenigen, der gerne verblühte Pracht durchstöbern mag.

Der Palast ist erst ein Jahrhundert alt, wirkt jedoch mittelalterlich, da viele seiner üppig bemalten Wände und viele der Türeinfassungen und Kaminsimse aus zerstörten alten Gebäuden gerettet wurden – böse Zungen behaupten, daß Bardini die Demolierung ermutigte, um seine eigene Sammlung zu vergrößern.

Sein Sohn Ugo Bardini überließ die Sammlung dem Staat, zusammen mit drei Palazzi aus dem 13. und 14. Jahrhundert im Süden der **Piazza Mozzi.** Hinter den schmucklosen, aber vornehmen Mauern verbirgt sich ein ausgedehnter Garten, und es gibt langfristige Pläne, ihn als öffentliches Erholungsgebiet wiederherzurichten.

Die **Via dei Bardi** führt an weiteren Palästen aus dem 14. Jahrhundert vorbei – deren einziger Schmuck die Wappen ihrer Besitzer sind – zurück zum Ponte Vecchio.

Mittelalterliche Befestigungen: Das Südende des **Ponte Vecchio** ist malerischer, da hier Vasaris *corridoio* einige Drehungen und Wendungen vollführt, um – auf mächtigen Steinstützen – den Wachturm aus dem 13. Jahrhundert zu „umschiffen". Der Korridor überquert die Via dei Bardi und bildet vor der Kirche Santa Felicità den oberen Teil einer Säulenhalle, die deren Westseite beschattet.

Gegenüber der geschäftigen kleinen **Piazza Santa Felicità** plätschert ein bezaubernder Brunnen mit Bronze-Bacchus aus dem 16. Jahrhundert und einem spätrömischen Marmor-Sarkophag, die beide 1958 hierhergebracht wurden. **Santa Felicità** ersetzte eine spätromanische Kirche, die vermutlich im 3. oder 4. Jahrhundert n. Chr., zur Zeit der Christenverfolgung, von Kauf-

a Maggio:
nks,
alazzo di
anca
apello;
ten,
rocker
rafitto.

leuten aus dem östlichen Mittelmeer errichtet wurde. Sie geht auf das 16. Jahrhundert zurück; das grau-weiße Marmor-Bandmuster wurde 1736 angebracht.

Ave Maria: Die Fresken in der **Cappella Capponi** von Pontormo 1525-1528 enthalten eine bemerkenswerte *Verkündigung.* Der Künstler erfaßt Maria, als sie eine Treppe emporsteigt und sich, einen Fuß noch in der Luft, umdreht, um des Erzengels unglaubliche Botschaft zu hören, einen Ausdruck fassungslosen Erstaunens auf ihrem Gesicht. Ebenso vollendet ist das Altarbild: eine *Kreuzabnahme,* in welcher es Pontormo gelang, die lebhaften Farben und die Transparenz der Todesblässe Christi darzustellen – durch eine Technik, die in Öl bis dahin noch nie ausgeführt worden war.

Die **Via Guicciardini** ist nach dem ersten Historiker Italiens benannt, der 1483 im gleichnamigen Palast geboren wurde (Nr. 15). Durch das Tor kann man einen Blick in den schönen Garten werfen. Dahinter liegen der Palazzo Pitti und die **Via Romana**, eine Hauptverbindung in die südlichen Vororte.

Der **Palazzo Torrigiani** (Nr. 17) beherbergt das **Museo Zoologico „La Specola"** mit einer umfangreichen Sammlung anatomischer Wachsmodelle, die zwischen 1775 und 1814 vom Künstler Susini und dem Physiologen Fontana hergestellt wurden. Die außergewöhnlich detaillierten Wachspräparate der menschlichen Anatomie erregen das meiste Interesse. Auf der gegenüberliegenden Straßenseite war die **Casa Guidi** der Wohnsitz der Brownings vom Zeitpunkt ihrer heimlichen Vermählung 1847 bis zum Tode Elizabeths 1861. Die Wohnräume können auf Antrag beim Britischen Konsulat besichtigt werden. Nach Plänen des Browning-Instituts entsteht hier ein Forschungszentrum.

Antike Pracht: Die **Via Maggio** ist eine prachtvolle, mit Palästen und Antiquitätenläden gesäumte Straße. Die schiere Menge der kostbaren und teuren

Pontormos *Jungfrau Maria* in Santa Felicità.

Schätze weist auf den vergangenen Reichtum von Florenz hin, aber auch darauf, wieviel Mobiliar und Kunst die Zeiten überlebt haben (oder gefälscht wurden).

Am Abend, wenn die Fenster erleuchtet und die Fensterläden noch nicht geschlossen sind, kann man durch die Fenster der höheren Stockwerke einen Blick auf die reich freskierten Wände werfen – sie zeigen etwas von der Pracht, in welcher die glücklichen Erben noch heute leben dürfen.

Westlich der Via Maggio verändert sich die Atmosphäre schlagartig. Die Wohnungen der Aristokraten werden abgelöst von den Wohnstätten der Menschen der Bezirke **Santo Spirito** und **San Frediano** – Pfarrbezirke, die sogar ihre eigenen Dialekte haben. Hier gingen einst die Wollfärber und Ledergerber ihrem gesundheitsschädigenden Handwerk nach.

Einer der wenigen Paläste, die so weit im Westen gebaut wurden, ist der **Palazzo Guadagni** an der Piazza Santo Spirito. Die von Pfeilern gestützte luftige Terrasse unter dem vorspringenden Dach war 1505, als der Palast erbaut wurde, eine Neuheit. Viele mittelalterliche Paläste erhielten daraufhin ein zusätzliches Stockwerk im gleichen Stil, in dem man hoch über der Stadt die kühle Abendluft genießen konnte.

Die mit Bäumen bepflanzte Piazza ist ein reizender Ort mit einem vormittäglichen Gemüsemarkt. Die Kirche **Santo Spirito** wurde von Brunelleschi entworfen und 1436 begonnen. Er starb jedoch vor ihrer Fertigstellung.

Nach römischem Vorbild: Mit der Zeit wich man von dem Plan zusehends ab, nicht zuletzt im 17. Jahrhundert, als man an der Ostseite des Kirchenschiffs einen häßlichen Baldachin anbrachte, der die ansonsten ausgewogene klassische Komposition stört. Denkt man sich den Zusatz weg, bleibt ein Bauwerk, das säkular inspiriert ist, sich an römischen Vorbildern orientiert und einen Bruch mit dem gotischen Stil im übrigen Europa darstellte.

Um das gesamte Kircheninnere mit Ausnahme der Portalzone reihen sich insgesamt 40 Kapellen mit Seitenaltären und Malerei aneinander. Wäre Brunelleschis Entwurf ausgeführt worden, hätten sie ein Band mit konisch zulaufenden Apsiden rund um die Außenwände der Kirche gebildet. Filippino Lippis Meisterwerk *Madonna mit Kind* (ca. 1490) ist frisch restauriert, außerdem sind noch eine Reihe weiterer vollendeter Gemälde aus dem 16. Jahrhundert zu bewundern.

Von hier aus lohnt es sich, einen Umweg zur Kirche Santa Maria del Carmine in Kauf zu nehmen; biegt man links von der Via Sant' Agostino in die **Via dell'Ardiglioni,** ist man in der Straße, in der 1406 Filippo Lippi geboren wurde. Sie scheint nur wenig verändert seit dem Mittelalter, und selten ist sie breit genug, um für Autos Platz zu machen – kaum einmal ist der Verkehrslärm bis hierher zu hören. Ungefähr in der Mitte der Straße steht Lippis Geburtshaus (Nr. 30).

Am Ende geht es links ab in die Via Santa Monica, über die man zur Kirche **Santa Maria del Carmine** gelangt. Ein früheres Gebäude wurde 1771 durch Feuer zerstört, wie durch ein Wunder blieb die **Capella Brancacci** mit den Fresken von Masaccio unversehrt.

Jugendliches Genie: Masaccio wurde nur 27 Jahre alt und begann 24jährig als Schüler Masolinos im Jahr 1425 mit dem Zyklus zum *Leben des hl. Petrus,* dem grandiosen Beginn der Renaissancemalerei: Als Alleinverantwortlicher beendete er den Zyklus 1427, ein Jahr vor seinem frühzeitigen Tod. Masaccio entwickelte die Technik des *chiaroscuro,* um die Gesichter Christi und der Apostel hervorzuheben, und verwendete erstmals in der Malerei die Zentralperspektive.

Dies war jedoch nicht der einzige Grund für den Einfluß, den er auf die führenden Künstler des 15. Jahrhunderts hatte. Es sind auch die Kunst seines Bildaufbaus, die Menschlichkeit und Lebendigkeit in den Gesichtern seiner Figuren. Seine Fresken gehören zu den bedeutendsten Sehenswürdigkeiten der Stadt.

Auf der anderen Seite der Piazza del Carmine beginnt der **Borgo San Frediano** – ein Viertel mit Charakter. Seine zähen und hart arbeitenden Bewohner werden in den Erzählungen von Vasco Pratolini beschrieben. Es ist nicht mehr so verschmutzt wie einst, als die Lumpensammler die nahe gelegene Mülldeponie nach Verwertbarem durchsuchten und in den Seitenstraßen in Kesseln *trippa* gekocht wurde.

Kleine Läden, die alles verkaufen, von Reizwäsche bis zur vollständigen Angelausrüstung, prägen das Viertel heute. Die rauhe Steinfassade verleiht der Kirche **San Frediano** den Eindruck des Unbeendeten, die schön geschwungene Kuppel jedoch gibt diesem Stadtviertel einen Hauch von Glanz.

Die **Porta San Frediano**, am Westende des Borgo und 1326 erbaut, zählt zu den am besten erhaltenen Teilen der Stadtmauer aus dem 14. Jahrhundert.

Links: Porträtkünstler auf dem Ponte Vecchio. **Rechts:** Der Mond spiegelt sich im Arno.

LÄNDLICHES FLORENZ

Der Zauber der umliegenden Landschaft verleiht auch Florenz einen außergewöhnlichen Reiz. Während andere Städte von ständig wachsenden Vororten eingekreist werden, gilt das hier nur für die Nordseite des Arno. Im Süden (Oltrarno und darüber hinaus) hat die Gegend etwas überraschend Ländliches: kleine, in die Landschaft verstreute Gehöfte nur zehn Minuten vom Zentrum entfernt.

Geht man vom Ponte Vecchio aus südwärts zum Palazzo Pitti und biegt an der Kirche Santa Felicità nach links ab, trifft man auf **Costa San Giorgio.** Diese schmale, steil ansteigende Straße läßt Erwartungen aufkommen: Häuser mit weitläufigen Gartenanlagen, wie die **Villa Bardini** (links nach der Costa Scarpuccia), die einmal der Öffentlichkeit zugänglich gemacht werden soll, ziehen sich den Berg hinauf.

orherige
eiten:
flaster-
aalerei auf
er Piazza
ella
ignoria.
bend-
timmung
ber
iesole.
inks: Porta
an Giorgio.

Nach kurzem Aufstieg wird die mit Granitplatten belegte Straße an der **Porta San Giorgio,** dem ältesten hier noch stehenden Stadttor von 1260, wieder flacher. Auf der Innenseite des Torbogens befindet sich Bicci di Lorenzos Fresko *Madonna mit hl. Georg und hl. Leonhard* (1430). Die Außenseite ziert die Kopie eines Reliefs aus dem 13. Jahrhundert, das den Kampf des hl. Georg mit dem Drachen zeigt (Original im Palazzo Vecchio).

Rechts vom Tor erheben sich die steilen, mächtigen Mauern des **Forte di Belvedere.** Die Festung ist leer und wird für Ausstellungen zeitgenössischer und experimenteller Kunst sowie im Sommer als Freiluftkino genutzt.

Der Zugang zur Burg ist so eingeschränkt, daß bei Ausstellungen große Skulpturen per Hubschrauber eingeflogen werden müssen.

Die Paranoia des Herzogs: Der Festungsbau wurde 1590 im Auftrag Ferdinandos I. nach Plänen Buontalentis begonnen und spiegelt die Ängste des Herzogs wider, denn obwohl es hieß, der Bau diene der Verteidigung der Stadt, gab es nur einen Zugang – eine Geheimtür im Boboli-Garten hinter dem Palazzo Pitti. Offensichtlich war die Festung in Kriegs- oder Unruhezeiten ausschließlich als Zufluchtsort für die herzogliche Familie gedacht. Heute kommen die Florentiner hierher, um im Schatten der Mauern spazierenzugehen und die schöne Aussicht zu genießen.

Duftende Alleen: An der Feste beginnt die **Via di San Leonardo,** eine kopfsteingepflasterte Dorfstraße, die zwischen den ummauerten Gärten verstreuter Villen ansteigt. Hier und da kann man durch ein Tor in den Garten spähen. Glyzinien und Rosen blühen so üppig, daß sie über die Mauern hängen und ihre duftende Blütenpracht auf die Straße fallen lassen. Linker Hand weist die Kirche von San Leonardo eine schöne Kanzel aus dem 13. Jahrhundert auf.

Tschaikowski und Strawinski wohnten in dieser Straße, denn Florenz war vor der Revolution 1917 ein beliebtes

Umgebung von Florenz
500 m

Ziel für Russen, die dem Klima ihrer Heimat entfliehen wollten. Rechts, am Haus Nr. 64, das Tschaikowski 1878 bewohnte, lautet eine Gedenktafel: „Die süßen Hügel der Toskana inspirierten den großen russischen Pianisten zu unsterblichen Melodien."

Über den Viale Galileo und weiter auf der Via di San Leonardo biegt man die erste Straße links in die Via Viviani ein. Den steilen Anstieg lohnt am Ende, wenn die Via Viviani auf der Piazza Volsanminiato im Dorf Arcetri abflacht, ein herrlicher Ausblick. Folgt man der Via del Pian dei Giullari, eröffnet sich nach wenigen Metern ein grandioser Ausblick.

Rechts die einzigen Anzeichen der Neuzeit – die Parabolantennen des astrophysikalischen Observatoriums. Links quasi der „Vorläufer", die **Torre del Gallo,** die einst astronomischen Forschungszwecken diente. Stefano Bardini (der Allessammler) ließ den Turm im 19. Jahrhundert restaurieren und nützte ihn als Lager für größere Bauteile, die er aus zerfallenen Gebäuden und Gärten herausholte. Am Hang unterhalb des Turms sieht die leider verwahrloste **Villa La Gallina,** die Fresken mit nackten Tänzern von Antonio del Pollaiuolo (1464-1471) enthält, ungewissen Zeiten entgegen.

Galilei im Exil: Rechter Hand fällt der Hang in einer Reihe von Terrassengärten, Wein- und Obstgärten, steil ab. Dahinter sieht man eine für die Toskana typische Hügelgruppe, die von bleistiftdünnen Zypressen bedeckt wird, Vorbilder der mittelalterlichen Türme und Campanili, die sich über die ziegelgedeckten Dächer der Villen und einfachen Landhäuser erheben.

Diesen Blick genoß in seinen letzten Lebensjahren auch Galilei, allerdings unfreiwillig. Von 1631 bis zu seinem Tod 1642 lebte er in der **Villa il Gioiello** (Via del Pian dei Giullari 42) unter Hausarrest, wobei er allerdings seine Arbeit fortsetzen und berühmte Besucher empfangen durfte. So soll ihn zwischen 1637 und 1639 Milton aufgesucht

Via di San Leonardo.

haben, der später in seinen Epen *Paradise Lost* und *Paradise Regained* alles tat, um Galileis Entdeckungen mit der christlichen Theologie auszusöhnen. Seit 1986 werden Villa und Garten instandgesetzt und sollen der Öffentlichkeit zugänglich gemacht werden.

Vom Dorf Pian de' Giullari aus kann man verschiedene Routen wählen. Die **Via Santa Margherita** führt zur Dorfkirche aus dem frühen 14. Jahrhundert, und man hat von hier einen guten Blick ins Arnotal. Die **Via San Matteo** führt zum gleichnamigen Kloster. Am Nachbarhaus Nr. 48 steht geschrieben, daß Fußballspielen am Kloster untersagt ist – ein Verbot, das die Dorfkinder mit Vergnügen mißachten.

Nach Florenz geht es zunächst bis Arcetri denselben Weg zurück und dann die Via della Torre del Gallo hinunter bis zur **Piazza degli Unganelli.** Von der abfallenden Straße hat man einen schönen Blick auf den über Olivenhaine aufragenden Dom – man merkt, wie klein und ländlich Florenz

doch ist. Nur der zeitweilig über den Arno dringende Straßenlärm stört die Idylle, mittags oder sonntags wird er jedoch vom angenehmen Klang der Glocken übertönt.

Die Villen der Großen: An vielen Villen, die sich an den Hügel schmiegen, wurden Marmortafeln mit Hinweisen auf frühere Bewohner angebracht: Philosophen, Künstler, Dichter und Architekten, von denen Florenz in vergangenen Jahrhunderten so viele hervorbrachte. Die Sonne beherrscht die Szenerie, und auch im Winter nimmt bisweilen ein Schmetterling oder eine Eidechse auf einer warmen Gartenmauer ein Sonnenbad.

Von der Piazza degli Unganelli sollte man sich nicht an die nach links führende Hauptstraße halten, sondern der schmalen, ungeteerten **Via di Giramonte** folgen, die zwischen hohen Mauern nach rechts führt. Der kühle, schattige Weg läuft entlang der steilen Festungsmauern aus dem 16. Jahrhundert und steigt schließlich – zwischen

as bservatoium in rcetri.

Bäumen und Oleandersträuchern – zur Kirche **San Miniato al Monte** an.

San Miniato ist eine der schönsten und am besten haltenen Kirchen Italiens. Der hl. Minias war ein Händler aus dem Osten (oder Sohn des armenischen Königs), der sich in Florenz niederließ, im Zuge der Christenverfolgungen unter Kaiser Decius um 250 n. Chr. jedoch hingerichtet wurde. Vermutlich errichtete man schon kurz nach seinem Tod eine Kirche über dem Grab. Das jetzige Gebäude entstand jedoch erst zwischen 1018 und 1207.

Römischer Ursprung: Wie auch am Florentiner Baptisterium bewunderten Brunelleschi und seine Zeitgenossen die elegante Geometrie der Marmorinkrustationen an der Fassade. Man glaubte bzw. behauptete, sie entstamme der römischen Antike. Einige der Säulen mit den lebhaft gestalteten korinthischen Kapitellen in Kirchenschiff und Krypta sind mit Sicherheit Spolien, wiederverwendetes römisches Material. Auch hier – wie am Baptisterium –

kam die Tuchhändlergilde für die Erhaltung der Kirche auf, und so krönt ihr Emblem, ein Adler, der einen Tuchballen hält, das Giebelfeld.

Erstaunlicherweise blieb das Innere fast im Originalzustand erhalten. Nur der offene hölzerne Dachstuhl wurde im 19. Jahrhundert neu bemalt, und man unternahm den Versuch, die Wände ähnlich der Fassade mit Marmor zu verkleiden. Unter den Fresken der Seitenschiffwände ist ein hl. Christophorus aus dem 14. Jahrhundert. Der Boden des Langhauses wurde mit Marmorintarsien belegt, die Löwen, Tauben, Tierkreiszeichen und die Jahreszahl 1207 zeigen.

Zwischen Langhaus und erhöhtem Chor steht ein Tabernakel, der ein bemaltes Kreuz enthielt (befindet sich heute in Santa Trinità), von dem es heißt, es habe zu Giovanni Gualberto gesprochen, einem Florentiner Heiligen (11. Jahrhundert), der in Vallambrosa ein Benediktinerkloster gründete. Der Tabernakel ist ein Gemeinschafts-

San Miniato al Monte.

222

werk von Michelozzo, Agnolo Gaddi und Luca della Robbia.

Im linken Teil des Langhauses ist die **Kapelle des Kardinals von Portugal,** der während eines Florenzbesuchs 1439 mit 25 Jahren verstarb, zu bewundern. Das Grab wurde von Rossellino gestaltet, die Kapellendecke von Luca della Robbia mit Kacheln versehen, auf denen die vier Kardinaltugenden dargestellt sind. Über dem Bischofsthron sehen wir eine *Verkündigung* Baldovinettis, weiterhin Fresken der Brüder Antonio und Piero Pollaiuolo.

Höhepunkte der Ausstattung bilden die erhöhte Choranlage sowie die Kanzel, beide aus Marmor und mit reichen Inkrustationen geschmückt. Das Apsismosaik (1297) stellt Christus, Maria und den hl. Minias dar und zeigt byzantinischen Einfluß.

Schrein des Märtyrers: In der unter dem erhöhten Chor liegenden Krypta aus dem 11. Jahrhundert befinden sich die Gebeine des hl. Minias. Das Gewölbe wird von Fresken geschmückt – sie zei-

gen Darstellungen Heiliger und Propheten von Taddeo Gaddi – und von einer Vielzahl von Säulen mit Kapitellen getragen, die unterschiedlichster Herkunft sind (teilweise römische Spolien). Kein Exemplar dieses Säulenwaldes gleicht dem anderen.

1839 wurde der kleine Friedhof auf der Kirchennordseite angelegt. Die wie Miniaturhäuser gestalteten Familiengräber aus dem 19. und frühen 20. Jahrhundert sind mit elektrischen Leitungen versehen, die – in Form etruskischer Lampen – für das „Ewige Licht" sorgen. Figuren und Porträts aus Stein und Bronze ehemaliger Bürger der Stadt schmücken die Gräber.

Florenz im Belagerungszustand: Über dem Friedhof erhebt sich der Glockenturm. Er wurde 1523 nach dem Zusammensturz des alten (1499) errichtet, blieb jedoch unvollendet. Während der Belagerung von Florenz im Jahre 1530 spielte der Turm eine strategische Rolle, als die 1527 vertriebenen Medici zurückkehrten, um die Stadt – unter-

uf dem riedhof von an Miniato Monte. olgende eiten: iazzale lichelngelo.

stützt durch die Armeen des Kaisers – einzunehmen.

Michelangelo ließ den Turm zur Artilleriestellung ausbauen und mit Matten verkleiden, um das Bombardement des Feindes abzufangen. Die Befestigungen um die Kirche wurden später dauerhaft nachgebaut und in die Terrassen- und Stufenkaskade des Architekten Giuseppe Poggi integriert.

Fotogene Aussichten: Diese Kaskade zieht sich hinab zum **Piazzale Michelangelo,** auf dem es das ganze Jahr über von Touristen wimmelt, die den berühmten Panoramablick über das rote Dächermeer und die grünen Hügel dahinter im Bild festhalten wollen. Der Platz ist mit Kopien berühmter Werke Michelangelos ausgestattet. Ungeachtet der Besuchermassen und Souvenirverkäufer hat man eine beeindruckende Aussicht, besonders an einem klaren Sonntagvormittag, wenn alle Kirchenglocken läuten, um die Gläubigen zur Messe zu rufen, und sich die Hügelkuppen der Umgebung scharf gegen den blaßblauen Himmel abzeichnen.

Der beste Weg zurück zum Ponte Vecchio ist ein steil abfallender Pfad, der durch Akazienhaine die Via di San Salvatore entlang zur **Porta San Niccolò** führt, einem restaurierten, imposanten Tor (um 1340).

Über die Via di Belvedere gelangt man zur **Porta San Miniato.** Auf der gegenüberliegenden Wand ist eine Gedenktafel angebracht, die Bitterkeit auslöst, denn hier wurden noch im August 1944 Mitglieder des Florentiner Widerstands von den Nazis erschossen, ehe diese vor den anrückenden Truppen der Alliierten aus der Stadt flohen.

Nun gibt es eine Auswahl an Wegen. Durch die **Via dei Bardi** geht es am schnellsten in das geschäftige Treiben der Stadt zurück. Eine Alternative dazu ist die **Via del Belvedere,** die noch einen letzten Eindruck vom ländlichen Florenz vermittelt. Sie steigt zur Porta San Giorgio an, von wo aus die Via della Costa di San Giorgio direkt zum Ponte Vecchio zurückführt.

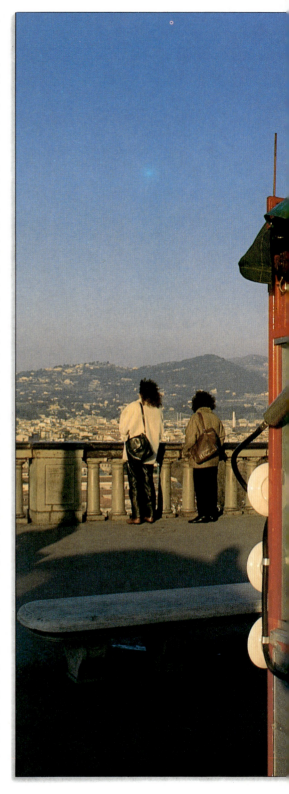

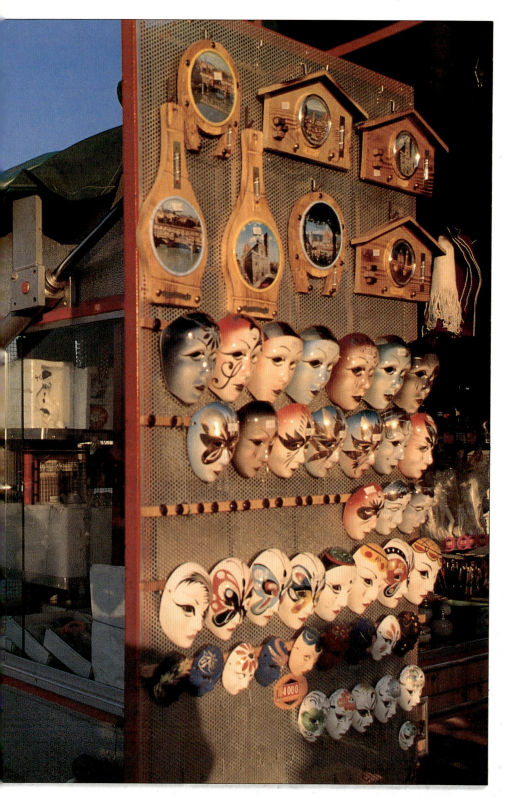

FIESOLE

Fiesole, die auf einer Hügelkuppe stehende Etruskerstadt, wurde lange vor Florenz gegründet und war einst die mächtigste Stadt in der Region. Vermutlich wurde bereits im 8. Jahrhundert v.Chr. der Grundstein gelegt. Um 80 v. Chr. wurde Fiesole römische Kolonie und später Hauptstadt Etruriens. Auch als Florenz im 11. und 12. Jahrhundert an Bedeutung gewann, erwies sich Fiesole als Rivalin, und es kam zu ständigen Auseinandersetzungen.

Gewaltsamer Übergriff: 1125 stürmten Florentiner Truppen Fiesole und errangen den wohl leichtesten Sieg auf dem Weg zur Oberherrschaft der gesamten Toskana. Sie gaben sich nicht allein mit der Unterwerfung Fiesoles zufrieden, sondern schleiften das Städtchen und ließen nur den Domkomplex stehen. Im nachhinein betrachtet hatte diese Zerstörung jedoch durchaus Vorteile.

Während der folgenden Jahrhunderte wurde Fiesole kaum in das Bauprogramm der Florentiner einbezogen, so daß wichtige römische und etruskische Bauten unter der Erdoberfläche die Zeiten überdauerten.

Ein Großteil Fiesoles ist zur archäologischen Zone erklärt worden, und trotz des Schneckentempos und der schlechten Organisation der Ausgrabungen schreiten die Arbeiten voran. Die Resultate werfen ein völlig neues Licht auf Herkunft und Errungenschaften der Etrusker.

Englische Kolonie: Im 19. Jahrhundert erlebte Fiesole eine neue Blüte. Zwar wurden im 16. und 17. Jahrhundert ein paar Villen gebaut, doch der Hauptanstoß zu neuem Wachstum erfolgte durch die Anglofloretinische Gemeinde. Die Brownings priesen in ihren Gedichten die Schönheit des Ortes, und darüber hinaus hatten die Briten hier – im Gegensatz zu Florenz – Platz, ihrer Gärtnerleidenschaft nachzugehen.

Da Fiesole fast 300 Meter über dem Meeresspiegel liegt, war man überzeugt, das Klima sei hier zuträglicher als im Talkessel von Florenz. Noch heute läßt dieser Glaube jeden Sommer viele Menschen aus der Hitze der Stadt in die vermeintliche Kühle Fiesoles fliehen – obwohl der Unterschied kaum der Rede wert ist.

Provinzstadt: Man erreicht Fiesole am besten mit Buslinie 7: Stazione Santa Maria Novella-Fiesole. Bereits nach wenigen Minuten fährt der Bus durch eine halb ländliche, mit Villen, Obstgärten und Olivenhainen gesprenkelte Gegend bergan. An der **Piazza Mino,** dem Hauptplatz von Fiesole, angekommen, hat man tatsächlich das Gefühl, hier sei es kühler. Die Kleinstadtatmosphäre läßt die Nähe von Florenz fast vergessen.

Rechts, gleich neben dem Platz, ist das **Teatro Romano,** heute während des Julis und Augusts Schauplatz des Sommerfestivals, der *Estate Fiesolana.* Die größeren Steinblöcke im bezaubernd gelegenen Amphitheater stam-

inks: Badia iesolana. **Unten:** Kreuzgang on San Francesco.

men noch aus römischer Zeit, die kleineren sind moderner Ersatz.

Toskanische Landschaften: Das gegen Ende des 1. Jahrhunderts erbaute Theater wurde von der Hangseite her ausgegraben, die sich steil abfallend zur wunderschönen Landschaft der Toskana hin öffnet. Links hat sich der Fluß Mugnone ein tiefes Tal gegraben, und weiter entfernt erstreckt sich eine von Villen und Zypressen geprägte endlose Hügelkette bis zum Horizont.

In der Nähe des Theaters entstand zwischen 1912 und 1914 das hochinteressante **Museo Faesulanum.** Es wurde im Stil eines römischen Tempels erbaut, dessen Überreste an der Nordwestseite des Theaterkomplexes zu sehen sind (1. Jahrhundert v. Chr.). Den Giebel des Museums zieren Originalteile des Tempelfrieses.

Schätze der Antike: Die Ausstellungsstücke im Erdgeschoß stammen hauptsächlich von Ausgrabungen in der Umgebung und zeigen die Entwicklung der Region seit der Bronzezeit. Im Obergeschoß sind mittelalterliche Goldschmiedearbeiten, Münzen und Töpferwaren (7. bis 13. Jahrhundert) sowie Schätze etruskischer und unbekannter Herkunft ausgestellt, alles Stiftungen Florentiner Familien. Der letzte Raum beherbergt einen schönen Dionysos-Torso.

Ruinengewirr: Ein Großteil der Ausgrabungsstätte ist überwuchert und wenig gepflegt, so daß die Erkundung zwar zum Abenteuer wird, die ursprüngliche Anlage jedoch kaum mehr zu erkennen ist.

Unterhalb des Museums, rechts vom Theater, gibt es einen Thermenkomplex (1. Jahrhundert n.Chr.) mit Heizöfen, Hypokaustum und Tauchbädern. Auf die Ruinen der etruskischen Stadtmauer (3. Jahrhundert v.Chr.) folgt eine Terrasse, die zu den Überresten eines römischen Tempels führt (1. Jahrhundert v.Chr.), der auf den etruskischen Fundamenten errichtet wurde.

In der Via Dupre, gegenüber dem Theater, liegt das **Museo Bandini.** Ge-

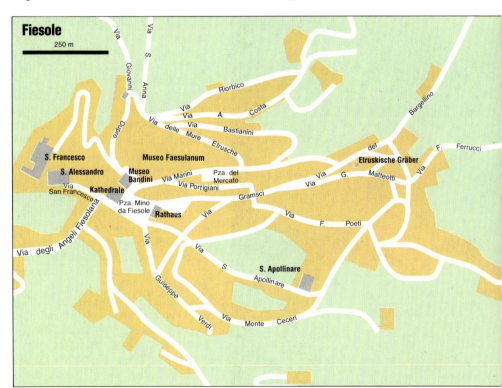

228

mälde, Möbel und Architekturstücke der Renaissance sowie eine kleine, aber hervorragende Sammlung byzantinischer Elfenbeinschnitzereien zählen zu den Exponaten.

Der Hauptplatz, Piazza Mino, nimmt die Stelle des ehemaligen antiken Forums ein. An einem Ende steht das Rathaus, am anderen der Dom. Dieser wirkt wegen der mißlungenen Restaurierung im 19. Jahrhundert von außen wenig einladend, doch im Innern blieb der ursprüngliche romanische Charakter durchaus erhalten. Die Bauarbeiten begannen 1028 und zogen sich bis ins 14. Jahrhundert hin. Im Langhaus überdauerten die Originalsäulen (einige mit römischen Kapitellen), die zu dem über einer Krypta liegenden Chor führen. Das Altarbild von Bicci di Lorenzo sowie die Fresken stammen aus dem 16. Jahrhundert.

Stadtansichten: Westlich des Doms führt die Via San Francesco zur Kirche **Sant' Alessandro,** die im 6. Jahrhundert über den Resten eines römischen und etruskischen Tempels errichtet wurde. Die Marmorsäulen im Kirchenschiff sind römisch. Vom nahen Aussichtspunkt hat man einen grandiosen Blick über Florenz.

Auf der Anhöhe erhebt sich das in neugotischer Manier schlecht restaurierte Kloster **San Francesco** mit einem interessanten kleinen Museum, das Mitbringsel der Missionare von ihren Orientreisen zeigt.

Wieder am Hauptplatz, gilt es sich zu entscheiden, ob man zum Essen in eine preisgünstige *trattoria* geht oder weiterwandern möchte.

Wer sich zu letzterem entschließt, verliert zwangsläufig im Gewirr der Straßen und Fußwege, die von der Ostseite des Platzes abgehen, die Orientierung. Doch dadurch wird das Vergnügen nur größer, und früher oder später findet jeder Spaziergänger schöne Ausblicke zu Orientierungszwecken.

Von der Via Marini gelangt man zur **Piazza del Mercato** mit Blick über das Mugnone-Tal. Etwas weiter, zur Lin-

Das römische Theater in Fiesole. Folgende Seiten: Um Fiesole.

ken, folgt die **Via delle Mura Etrusche,** mit dem am besten erhaltenen Abschnitt der aus Monolithen bestehenden etruskischen Stadtmauer.

Von hier gehen steile Wege zurück zur Via Gramsci, und an der ersten Gabelung führt links die Via del Bargellino zu einer überwucherten Stelle zwischen zwei Häusern, an der zwei etruskische Gräber erhalten sind (aus dem 3. Jahrhundert v.Chr.). Ein Stückchen weiter geht man rechts nach Borgunto, um zur Via Adriano Mari zu gelangen, die in die Via Monte Ceceri übergeht und wieder ins Zentrum führt.

Florentinischer Stein: Unterwegs hat man einen phantastischen Blick auf Florenz, bewaldete Böschungen und die ausgebeuteten Steinbrüche von **Monte Ceceri,** wo früher der taubengraue Stein *(pietra serena)* gewonnen wurde, der den Renaissancearchitekten zur Verzierung ihrer Kirchen diente.

Von der südwestlichen Ecke des Platzes führt die Via Vecchia Fiesolana zur **Villa Medici** hinunter, einem der ersten Landhäuser der Renaissance mit wundervollem Blick, das Michelozzo 1458-1461 für Cosimo *Il Vecchio* baute.

Auf allen bergab führenden Pfaden erreicht man nach ca. 600 Metern den Weiler **San Domenico.** Die hiesige Kirche wurde zwischen 1406 und 1435 erbaut und enthält eine restaurierte *Madonna mit Engeln und Heiligen* (1430), ein Frühwerk Fra' Angelicos, der hier sein Klosterleben begann, ehe er nach San Marco ging.

Gegenüber der Kirche geht es über die Via della Badia dei Roccettini hinab zur **Badia Fiesolana,** einem ehemaligen Kloster, das heute die 1976 gegründete Europäische Universität beherbergt. Die Fassade der Kirche weist Teile einer wunderschönen Ornamentierung auf – mehr blieb vom 1028 erstmals umgebauten Dom zu Fiesole nicht übrig. Besonders schön ist die abgelegene Lage der Badia mit Blick auf Florenz, das Mugnone-Tal und Fiesole. In San Domenico erreicht man wieder die Buslinie 7 nach Florenz.

VORORTE UND AUSFLÜGE

Bellosguardo heißt soviel wie „schöner Blick", und genau das reizt den Spaziergänger, den steilen Pfad zu diesem Dorf südlich von Florenz zu erklimmen. Man begebe sich zur Piazza Torquato Tasso, von wo aus man nur 20 Minuten braucht, um über die Via San Francesco di Paolo und die Via di Bellosguardo den Gipfel zu erreichen.

An der **Piazza Bellosguardo** nennt eine Tafel die Namen berühmter Ausländer, die in den Villen am Hang lebten: Nathaniel Hawthorne, Aldous Huxley, die Brownings und D.H. Lawrence. Ganz oben, mit phantastischem Blick auf Florenz, die **Villa dell' Ombrellino**, die Galilei, Caruso, Alice Keppel – der Geliebten des englischen Königs Edward VII – und ihrer Tochter Violet Trefusis als Behausung diente.

Am gegenüberliegenden Arno-Ufer, im Westen der Stadt, verläuft der drei

Kilometer lange Parco delle Cascine. *Cascina* bedeutet „Meierei", und eine solche gab es hier auch, bis Alessandro de' Medici den Grund erwarb und sein Nachfolger Cosimo I. den Park anlegte.

Jeden Dienstagmorgen wird hier ein Markt abgehalten, und im Sommer finden Freiluftkonzerte und Feuerwerke statt. Nachts gehört die ansonsten harmlose Örtlichkeit den Transvestiten und Prostituierten.

Alte Befestigungen: Vom **Parco delle Cascine** gelangt man zu dem 1865-1869 innerhalb der Stadtmauern (aus dem 14. Jahrhundert) angelegten **Viale.** Sie führt im Nordosten zur 1534 von Alessandro de' Medici erbauten **Fortezza da Basso.** Wie das Schicksal so spielt, wurde er im Jahre 1537 innerhalb der Festungsmauern von seinem Cousin Lorenzo ermordet.

Nach dem Hochwasser von 1966 nutzte man die Räume zur Restaurierung beschädigter Kunstwerke. Und 1978 wurde ein internationales Ausstellungszentrum eingerichtet, in dem Modenschauen abgehalten werden.

Möchte man die langweiligen Neubau-Vororte meiden, die sich über zwei Kilometer bis zur **Villa Stibbert** und ihrem Park erstrecken, nimmt man am besten Buslinie 1. Frederick Stibbert (1838-1906) erbte von seiner italienischen Mutter zwei angrenzende Häuser (14. und 15. Jahrhundert) und machte daraus ein großzügiges Museum, in dessen 64 Räumen sich Antiquitäten aus aller Welt angesammelt haben.

Die zentral gelegene Halle birgt eine ganze Armee von Rittern zu Pferde in Uniformen aus dem 16. Jahrhundert. Doch diese sind nur ein kleiner Teil der Sammlung etruskischer und römischer Militaria sowie von Rüstungen aus der japanischen Edo-Zeit. Die Räume sind reich mit Tapisserien, Gemälden, Möbeln und Porzellan ausgestattet.

Der nördlichste Punkt auf dem Viale wird von der **Porta San Gallo** eingenommen, dem alten Stadttor an der Straße nach Bologna. Die Via Bologna führt nach Norden zur Villa La Pietra,

orherige eiten: Via elvedere nd die tadtmauern us dem 3. Jahrundert. inks: andsitz in en ördlichen ororten. nten: Zeit r die iesta.

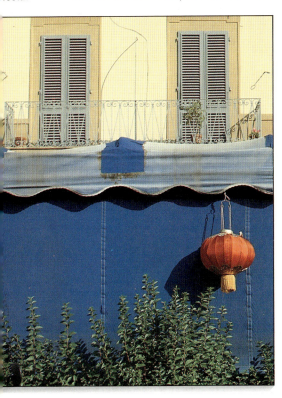

wo der große Kunsthistoriker Sir Harold Acton lebte und einen wunderbaren Terrassengarten mit Skulpturen und Urnen anlegte. Sie ist für die Öffentlichkeit nicht zugänglich, wird gelegentlich aber Teilnehmern an einer kunsthistorischen Villentour gezeigt.

Gräber im Schatten: In südlicher Richtung führt der Viale zum Piazzale Donatello. Hier liegt der **Englische (Protestantische) Friedhof**, der 1827 angelegt und für viele bedeutende Angloflorentiner wie Elizabeth Barrett Browning, Arthur Hugh Clough, Walter Savage Landor, Frances Trollope (Autorin und Mutter Anthony Trollopes) sowie den amerikanischen Prediger Theodore Parker zur letzten Ruhestätte wurde. Auch die wundervollen Zypressen können leider den Verkehrslärm nicht ganz bannen, der die romantisch-friedvolle Stimmung, die man an diesem Ort eigentlich erwarten würde, nicht aufkommen läßt.

Der Borgo Pinti führt in südlicher Richtung zurück ins Zentrum. Links, nach der Kreuzung mit der Via della Colonna, befindet sich der Eingang zur Kirche **Santa Maria Maddalena dei Pazzi** – benannt nach einer Florentiner Nonne aus der Familie der Verschwörer gegen die Medici. Sie starb 1609 und wurde 1685, als die Kirche ihren Namen bekam, heiliggesprochen.

Der Baubeginn fällt ins 15. Jahrhundert. 1492 fügte man einen reizvollen, ruhigen Kreuzgang an, der aus toskanischen Säulen mit flachen klassischen Bogenöffnungen gebildet ist. Im Kapitelsaal prangt ein meisterhaftes Fresko Peruginos mit der *Kreuzigung* (1493-1496). Durch gemalte Arkaden in Trompe-l'œil-Manier sehen die in Anbetung vor ihrem Erlöser Knieenden fast lebendig aus. Das Kreuz Christi erhebt sich über einer lieblichen Landschaft mit Flußschleifen und bewaldeten Hügeln – klares blaues Licht beleuchtet die Szenerie.

Wendet man sich nach links in die Via dei Pilastri und geht noch einmal links durch die Via Farini, gelangt man zum

Loggia del Pesce.

Tempio Israelitico, der großen Synagoge (1874-1882 erbaut), deren grünes Kupferdach einen markanten Punkt in der Florentiner Silhouette bildet. Wäre es nach den Stadtplanern des 19. Jahrhunderts gegangen, so hätte man weite Teile der Stadt westlich der Piazza della Repubblica zerstört bzw. saniert.

Ganz in der Nähe, am südöstlichen Ende der Via dei Pilastri, steht die im späten 13. Jahrhundert erbaute Kirche **Sant' Ambrogio.** Sie enthält einige hervorragend restaurierte Fresken, u.a. ein Agnolo Gaddi zugeschriebenes *Martyrium des hl. Sebastian* (14. Jahrhundert). Südlich davon ist der **Mercato di Sant' Ambrogio,** der zweitgrößte Markt in der Stadt.

Fischmarkt: In westlicher Richtung, an der Piazza dei Ciompi, kommt man zur **Loggia del Pesce,** einem Entwurf Vasaris aus dem Jahre 1568. Schöne Medaillons mit Fisch- und Krustentiermotiven schmücken die Arkade, die jedoch nicht mehr als Fischmarkt dient. Im 19. Jahrhundert wurde die Loggia hierher versetzt, als der Mercato Vecchio der Piazza della Repubblica weichen mußte. Tagsüber werden hier allerhand Plunder und sogenannte „Antiquitäten" verkauft, während sich nachts die Transvestiten treffen; die Pfeiler sind mit anzüglichen Graffitis bedeckt.

Am Stadtrand (etwa 1,5 Kilometer östlich) steht die Kirche des ehemaligen Klosters von **San Salvi** (14. Jahrhundert, Via San Salvi 16). Hier ist Andrea del Sartos *Cenacolo* (Letztes Abendmahl), eines der bedeutendsten Renaissancefreskos, erhalten geblieben. Das riesige **Stadio Communale** gilt als eines der wenigen modernen Bauwerke der Stadt von architektonischem Wert. Es wurde 1932 von Pier Luigi Nervi entworfen und faßt 66 000 Zuschauer.

Etwa 17 Kilometer westlich von Florenz liegt eines der lohnendsten Ausflugsziele, die renovierte **Villa Medici** in **Poggio a Caiano.** (Von der Stazione Santa Maria Novella fährt ein Bus in ca. 30 Minuten dorthin). Giuliano da Sangallo baute die Villa 1480-1485 für Lo-

lla della etraia.

renzo den Prächtigen. Der experimentierfreudige Architekt ließ sich durch Vitruvs *De Architectura* (1. Jahrhundert) und von den Villenanlagen in der Toskana inspirieren, die nach wie vor zu besichtigen sind.

Die oft kopierte Anlage ist ein schönes zweistöckiges Gebäude, das sich auf einer breiten säulenbestandenen Terrasse erhebt. 1802-1807 fügte man die geschwungenen Treppen an, die dem einfachen Bauplan absolut widersprechen, der Fassade jedoch Grazie und eine weibliche Note verleihen.

Anstelle eines offenen Atriums oder Innenhofs wird die Gebäudemitte von einem sich über die volle Höhe erstreckenden *salone* eingenommen. Hier haben verschiedene Künstler Fresken hinterlassen, u. a. Andrea del Sarto und Pontormo, die sich bemühten, Ereignissen aus dem Leben Cosimos und Lorenzos de' Medici Parallelen der Antike zuzuordnen. Die Villa wird von einem riesigen Park mit einer herrlichen Orangerie aus dem Jahr 1825 umgeben.

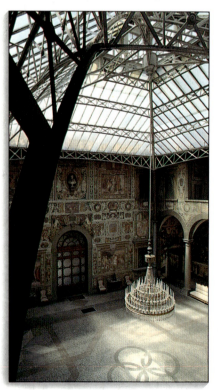

Hauptsächlich wegen ihrer Gärten sind zwei weitere Villen an der nördlichen Peripherie von Bedeutung (Buslinie 28 vom Stazione). Im Vorort Il Sodo steht die 1575 von Buontalenti für Ferdinando de' Medici erbaute **Villa della Petraia,** in die der Turm eines älteren Schlosses integriert wurde. Ein Graben umgibt die außerordentlich gepflegte Parkanlage, aus der nur Giambolognas Skulptur einer Venus zur Restaurierung entfernt wurde.

Ein kleiner Spaziergang von der Villa della Petraia zur Villa Corsini und dann hinunter führt zur Villa di Castello, Sitz der 1582 gegründeten Accademia della Crusca, deren Aufgabe es ist, die Entwicklung der italienischen Sprache zu beobachten und maßgebliche Wörterbücher zu veröffentlichen.

Im 15. Jahrhundert hatten die Medici die Villa erworben, doch erst Cosimo I. ließ sie wiederherstellen und wies Tribolo an, den allegorischen Garten zu entwerfen (1537 begonnen). Später setzte sich Cosimo I. hier zur Ruhe, nachdem er die Regierungsgeschäfte seinem Sohn übertragen hatte.

Wie viele andere grandiose Projekte der Medici blieb auch dieses unvollendet. Dennoch kommen Besucher aus ganz Europa hierher, um die verschwenderischen Dimensionen und das üppige Dekor zu bewundern.

Am höchsten Punkt einer Reihe von Terrassen erhebt sich aus einem Wasserbecken Ammannatis Kolossalfigur des Apennin. Darunter eine mit Muscheln bedeckte Grotte; Giambolognas heute im Bargello ausgestellte Bronzevögel wurden hierfür geschaffen. Besucher, die sich weiter in das Innere der künstlichen Grotte vorwagten, gingen das Risiko ein, von trickreich angebrachten Springbrunnen naßgespritzt zu werden oder auf falschen Steinen im Boden ins Straucheln zu geraten.

Geheime Gärten, eine große Orangerie und ein Brunnen mit Bronzefiguren – Herkules erwürgt Antaeus – tragen zu der theatralischen und dennoch vergnüglichen Atmosphäre bei.

Villa della Petraia. **Links:** Der Ballsaal; **rechts:** Die Geschichte der Medici-Familie.

APA GUIDES

REISETIPS

SwissMade

THE ART OF CHANGING

SPRING 1994
SUMMER 1994

RED MARINE

**AVAILABLE
IN SHOPS AN
DUTY-FREE
OUTLETS
WORLDWIDE**

SCUBA 200

ANREISE

MIT DEM FLUGZEUG

Nach Florenz – zum stadtnahen Verkehrsflughafen A Vespucci in Peretola, vier Kilometer nordwestlich des Zentrums – gibt es täglich Direktflüge von München und Mo/Mi/Fr/So von Frankfurt/M.

Eine oft billigere Alternative ist der internationale Flughafen Galileo Galilei in Pisa, der täglich von München und Frankfurt/M. aus angeflogen wird und durch eine direkte Bahnverbindung mit dem Hauptbahnhof Santa Maria Novella in Florenz (Fahrzeit 55 Minuten via Pisa Centrale und Empoli) verbunden ist. Fahrkarten können an einem speziellen Schalter im Flughafen gekauft werden.

Ansonsten kann die Anreise auch über Mailand erfolgen, das von allen großen mitteleuropäischen Flughäfen mit Linien- oder Charterflügen mehrmals täglich angeflogen wird; von dort besteht eine inneritalienische Verbindung nach Florenz. Achten Sie auf ermäßigte flieg&spar-Tarife.

MIT DER BAHN

Florenz ist von den großen Bahnhöfen Deutschlands, Österreichs und der Schweiz aus mehrmals täglich direkt zu erreichen. Die Nachtzüge führen Schlaf- und Liegewagen. Verbindungen mit Autoreisezügen bestehen u. a. von Frankfurt/M. (Neu-Isenburg), Düsseldorf und Köln nach Mailand bzw. nach Bozen und von Hamburg und Hannover nach Verona.

Der Hauptbahnhof *(Stazione di Santa Maria Novella- SMF)* liegt im Zentrum der Stadt. Er ist einer der belebtesten Bahnhöfe Italiens mit Anschlüssen in alle Landesteile. Neben einer Bank, die bis abends geöffnet ist, steht dort auch ein kleineres Fremdenverkehrsbüro bereit, das Hotelzimmer vermittelt. Nach einem Taxi muß man besonders im Sommer oft lange Schlange stehen, so daß man sich vielleicht besser an die zahlreich verkehrenden Stadtbusse hält.

MIT DEM BUS

Die Busunternehmen an Ihrem Heimatort geben gerne Auskunft über Florenzfahrten. Allerdings ist dies sicherlich die unbequemste Reiseart.

MIT DEM AUTO

Aus dem Norden kommend, erreicht man Florenz über die *Autostrada del Sole* (A 1) von Bologna. Eine Alternative zur Autobahn ist die SS 325 von Bologna nach Prato bei Florenz.

Entfernungen nach Florenz:

Hamburg	1500 km
Frankfurt/M.	1000 km
München	650 km
Wien	900 km
Zürich	650 km

Der Pannendienst des *Automobil Club d'Italia* (ACI) ist unter der Telefonnummer 116 erreichbar. Für Mitglieder von Schwesterorganisationen (zum Beispiel ADAC) ist die Pannenhilfe kostenfrei.

Mitzuführen sind ein gültiger nationaler Führerschein, der Fahrzeugschein, die grüne Versicherungskarte sowie ein Warndreieck. Am Wagen muß das Nationalitätskennzeichen (D, A, CH) angebracht sein. In Italien gilt Anschnallpflicht.

REISEINFORMATIONEN

EINREISE

Für Deutsche, Österreicher oder Schweizer, die sich bis zu drei Monate in Italien aufhalten, genügt der gültige Personalausweis oder Reisepaß. Kinder unter 16 Jahren benötigen einen Kinderausweis oder den Eintrag im Elternpaß.

GELDFRAGEN

Die sicherste Art, sein Geld mit herumzutragen, sind Reiseschecks. Bargeld wechselt man am besten in Banken oder Wechselstuben (Öffnungszeiten: Mo bis Fr 8/8.30 - 13.30 Uhr und 14.30/15 - 17.00 Uhr). Euroschecks und Kreditkarten (Mastercard, American Express, Diner's Club, Visa) werden in allen größeren Hotels, Restaurants und Läden als Zahlungsmittel akzeptiert, nicht jedoch an Tankstellen. Der garantierte Höchstbetrag bei der Ausstellung von Euroschecks ist 300 000 Lire. Mit der Euro-

A Wise Man Never Thinks How Far He's Come. He Thinks How Far He Can Still Travel.

REMY XO BECAUSE LIFE IS WHAT YOU MAKE IT

FÜR EUROPA :

EURO▲CONCEPT Die Optimale Orientierung:

Vom Nordkap bis Sizilien, von Irland bis Ungarn.

Entspanntes Reisen: durchgängiges Erscheinungsbild und gleiche Maßstäb

Für Qualität bürgen: EURO▲ATLAS EURO▲CART EURO▲CITY EURO▲TOUR ▲

R V V E R L A G

scheckkarte und Geheimzahl kommt man an Geld-automaten mit dem blau-roten EC-Zeichen zu Bargeld. Manche Banken haben auch Wechselautomaten, die Banknoten der EU-Staaten in Lire wechseln.

GESUNDHEITSVORSORGE

Im Sommer ist die Mitnahme von Mückenschutzmitteln und Sonnencreme empfehlenswert. Wasser aus dem Wasserhahn kann bedenkenlos getrunken werden, es sei denn, ein Schild mit der Aufschrift *Acqua non potabile* warnt davor. Die meisten Touristen trinken Mineralwasser mit oder ohne Kohlensäure (*gasata* oder *naturale*).

Alle EU-Bürger haben Anspruch auf kostenlose ärztliche Behandlung. Besorgen Sie sich rechtzeitig einen Auslandskrankenschein. Falls der Arzt trotzdem auf Barzahlung besteht, bekommen Sie die Kosten zu Hause von der Krankenkasse zurückerstattet (detaillierte Rechnung verlangen).

KLEIDUNG

Für Hotels und Restaurants (außer denen der Luxusklasse) ist saloppe Straßenbekleidung vollkommen ausreichend. Von Mai bis September sollte man leichte Sommersachen und für die Abendstunden, in denen es durchaus kühl werden kann, eine leichte Strickjacke oder Stola mitnehmen. Im Frühjahr und Herbst Regenmantel nicht vergessen! Der Winter kann Temperaturen bis unter Null bringen, so daß warme Kleidung unabdingbar ist. Ein Paar bequeme Schuhe sind bei Besichtigungstouren und auf Kopfsteinpflaster von unschätzbarem Wert. In Kirchen werden Shorts, Miniröcke und unbedeckte Schultern ungern gesehen oder sind ausdrücklich untersagt.

ZOLL

Die Einfuhr von ausländischen Devisen unterliegt keinerlei Beschränkungen. Seit dem 1. Januar 1993 entfallen für Bürger der EU die Zollkontrollen. Für Bürger aus Nicht-EU-Staaten oder für den Einkauf im Duty-free-Schop gelten folgende Ausfuhrmengen:

200 Zigaretten oder 100 Zigarillos oder 50 Zigarren oder 250 g Tabak; 1 Liter Spirituosen (Alkoholgehalt von mehr als 22 Prozent) oder 2 Liter Dessert- bzw. Schaumwein plus 2 Liter Tafelwein; 50 ccm Parfüm und 250 ccm Toilettenwasser.

KLEINE STADTKUNDE

ORTSZEIT

Es gilt mitteleuropäische Zeit (MEZ) sowie die Sommerzeit (MEZ + 1 Stunde).

KLIMA

Die Lage von Florenz in einem Talkessel bringt im Sommer manchmal unerträgliche Hitze und Luftfeuchtigkeit mit sich. Die Winter sind zwar regnerisch und kühl, dafür kann man aber in dieser Jahreszeit in aller Ruhe Sehenswürdigkeiten und Museen auf sich wirken lassen, ohne daß Touristenschwärme die Sicht versperren. Die angenehmsten Monate, was die Durchschnittstemperatur angeht, sind Mai, September und Oktober.

SITTEN UND GEBRÄUCHE

Italiener aus anderen Teilen des Landes charakterisieren die Florentiner gewöhnlich als fremdenfeindliche Geizhälse. Jeder, der nach Florenz kommt, wird sich fragen, woher dieses unzutreffende Vorurteil wohl herrühren mag. Die Einwohner mögen weniger überschwenglich und theatralisch sein als die Römer oder andere Süditaliener, doch dem ausländischen Fremden gegen-über legen sie eine herzliche Gastfreundschaft an den Tag – besonders wenn Kinder dabei sind oder wenn der Besucher versucht, sich in der Landessprache zu unterhalten. Natürlich trifft ungehobeltes Benehmen, vielleicht sogar in angetrunkenem Zustand, auf wenig Gegenliebe. Aber jeder, der zeigt, daß er die Stadt schätzt und liebt, darf mit der Freundlichkeit oder gar Freundschaft ihrer Bewohner rechnen.

Allerdings ist eine Spezies Florentiner immer schlechtgelaunt: die Museumswärter und Kirchenaufseher. Ihre Frustration und Langeweile lassen sie nur zu gerne an den Besuchern aus. Fotografieren mit Blitzlicht ist in Kirchen und Museen strengstens verboten, und wer (in einer Stadt, die voll ist von Kunstwerken mit freizügigen erotischen Darstellungen) versucht, eine Kirche mit Shorts oder schulterfreiem Kleid zu betreten, wird rüde zurückgewiesen. Auf die angeschlagenen Museumsöffnungszeiten kann man sich leider nur selten verlassen. Streiks, Gewerkschaftsversammlungen und „Personalknappheit" führen immer wieder zu unangekündigten Schließungen ganzer Museen oder Teilen davon.

Ein Trinkgeld ist üblich und wird erwartet, auch wenn in Restaurants der Bedienungszuschlag eigentlich schon im Preis inbegriffen ist. Kellnern und Taxifahrern gibt man etwa 10 Prozent, Gepäckträgern 2000 Lire. In Cafés und Bars wird das kleine Wechselgeld liegengelassen.

SPRACHE

Fast immer ist jemand anzutreffen, der etwas Englisch oder Deutsch spricht. Doch wie alle Italiener sind auch die Florentiner für jeden Versuch dankbar, sich in der Landessprache zu unterhalten. Nehmen Sie einen der zahlreichen, im Buchhandel erhältlichen Sprachführer mit, in dem Sie für die wichtigsten Situationen (Hotel, Restaurant etc.) einen Grundstock an Redewendungen und Vokabular finden.

STROM

Die Stromspannung beträgt 220 Volt. Allerdings sind Schukostecker nicht immer verwendbar, so daß für Rasierapparat, Fön etc. die Mitnahme von Zwischensteckern empfehlenswert ist.

ÖFFNUNGSZEITEN

Ämter, Läden, Banken schließen zwischen 13.30 und 14.30/15 Uhr. Parteiverkehr findet werktags von 8.30 - 12.30 und von 15.30 - 18.30 Uhr statt; Banken haben von 8/8.30 - 13.30 Uhr geöffnet. Zum Geldwechseln öffnen viele von ihnen auch am Nachmittag noch einmal, wobei die genauen Zeiten nicht einheitlich geregelt sind; in der Regel von 14.30/15 bis 16 Uhr. Die Wechselstube am Hauptbahnhof ist von Mitte Juni bis Mitte September täglich von 8.30 - 19.00 Uhr geöffnet.

Geschäfte
An Werktagen von 8.30/9 - 12.30/13 Uhr und von 15.30/16 - 19/19.30 Uhr. Außerhalb der Saison schließen Lebensmittelläden mittwochs nachmittags, andere Geschäfte montags vormittags. Mitte Juni bis Mitte September sind die meisten Geschäfte samstags nachmittags geschlossen; sonntags das ganze Jahr über.

GESETZLICHE FEIERTAGE

1. Januar:	*Capodanno* (Neujahr)
6. Januar:	Heilige Drei Könige
Ostermontag:	*Lunedì dell'angelo*
25. April:	*Anniversario della Liberazione (Befreiungstag)*

1. Mai:	*Festa del Lavoro* (Tag der Arbeit)
15. August:	*Ferragosto* (Mariä Himmelfahrt)
1. November:	*Ognissanti* (Allerheiligen)
8. Dezember:	*Immacolata Concezione* (Mariä Empfängnis)
25. Dezember:	*Natale* (Weihnachten)
26. Dezember:	*Santo Stefano* (Stephanstag)

Auch am 24. Juni, dem Fest des Stadtpatrons, Johannes des Täufers *(San Giovanni)*, bleiben viele Geschäfte geschlossen.

FESTKALENDER

Wie in den meisten größeren Städten Italiens ist auch in Florenz immer irgend etwas Interessantes los: religiöse, historische oder auch kommerzielle Volksfeste; kulturelle Veranstaltungen jeder Art; Ausstellungen und Messen. Es folgt eine Aufzählung der wichtigsten Veranstaltungen in und um Florenz:
Faschingsdienstag
Der *carnevale* in Florenz selbst ist ein weniger wichtiges Ereignis, doch in einigen Dörfern in der Umgebung (besonders in Viareggio) wird mit Feuerwerk und Prozessionen gefeiert.
Ostersonntag
Scoppio del carro („Explosion des Karrens")
Am Hauptaltar des Doms wird eine Feuerwerksrakete in Form einer Taube entzündet und über ein Drahtseil aus dem Dom durch das mittlere Portal auf die Piazza del Duomo geleitet, wo ein großer Ochsenkarren beladen mit weiteren Feuerwerkskörpern steht, die durch die Rakete zur Explosion gebracht werden.
April
Blumenschau auf der Piazza Signoria und um die Uffizien.
Mai
Schwertlilienschau in den Gärten unterhalb des Piazzale Michelangelo.
Mai (Sonntag nach Christi Himmelfahrt)
Festa del Grillo. Volksfest im Parco delle Cascine; Verkauf von glücksbringenden Grillen in winzigen Käfigen.
Mitte Mai bis Ende Juni
Maggio Musicale (siehe unter „Konzerte, Ballett und Oper").
24. bis 28. Juni
Fest des Stadtpatrons Johannes des Täufers *(San Giovanni).* Feuerwerk am Piazzale Michelangelo. Auf der Piazza Signoria oder im Boboli-Garten wird das *Calcio in costume* ausgetragen, das traditionelle Fußballspiel, zu dem die Spieler in historischen Kostümen aus dem 16. Jahrhundert antreten.
2. Juli
Palio di Siena. Historischer Aufzug und Pferderennen auf der Piazza del Campo in Siena.

7. September
Festa delle rificolone (Laternenfest).
Am Vorabend des Jahrestags der Geburt der Jungfrau Maria laufen die Kinder mit bunten Laternen durch die Straßen.

September bis November
Antiquitätenmesse im Palazzo Strozzi (nur in Jahren mit ungerader Jahreszahl).

RELIGIÖSE GEMEINSCHAFTEN

Nicht-katholische Gottesdienste in deutscher Sprache:

Evangelisch-Lutherisch
Lungarno Torrigiani 11

Evangelisch-Reformiert
Lungarno Giucciardini 19

Katholische Messen (auf italienisch) werden in den meisten Kirchen täglich um 12.00 Uhr zelebriert.

KOMMUNIKATION

MEDIEN

Zeitungen
Die am meisten gelesene Tageszeitung in Florenz ist *La Nazione*, die neben internationalen und nationalen Nachrichten auch für die Lokalberichterstattung zuständig ist. Das Gleiche gilt für *Firenze La Sera* und *Firenze Spettacolo*. Das vierzehntägig erscheinende Magazin *Welcome to Florence* berichtet über interessante Programme und Veranstaltungen. In den Kiosken im Zentrum und am Bahnhof sind fast alle großen europäischen Tageszeitungen und Zeitschriften erhältlich.

Fernsehen
In den größeren Hotels kann man neben den italienischen und Regionalsendern auch die privaten Kabel- und Satellitenprogramme empfangen.

POST

Die Hauptpost (Schalterdienst 8.15 bis 18 Uhr, Sa 8.15 bis 12.30 Uhr) versteckt sich in den Arkaden der Piazza della Posta an der Via Pellicceria; das andere große Postamt ist in der Via Pietrapiana (53-55). Briefmarken verkaufen neben den Postämtern auch Tabakläden (auf das schwarze Schild mit weißem „T" achten) und manche Hotels.

Porto
Briefe bis 20 g in EU-Länder 750 Lire, in andere Länder 850 Lire. Postkarten in EU-Länder 600 Lire, in Nicht-EU-Länder 650 Lire. Im Postamt an der Via Pellicceria können postlagernde Sendungen abgeholt werden, die vom Absender mit *Fermo Posta* („postlagernd") adressiert sein müssen. Beim Abholen ist ein Ausweis vorzulegen.

TELEFON & FAX

Telefon
Telefonzellen stehen überall in der Stadt. Außerdem haben auch Postämter, Bars und Tabakgeschäfte Münzfernsprecher. Die älteren Apparate und die der Cafés funktionieren nur mit *gettoni*, das sind Telefonmünzen zu 200 Lire, die es an der Bar oder im Tabakladen zu kaufen gibt. Neuere Apparate nehmen Geldmünzen zu 100, 200 oder 500 Lire an und Telefonkarten *(carta telefonica)*, erhältlich an Kiosken und in Tabakläden.

Telefax, Telex und Telegramme können von den Hauptpostämtern aus verschickt werden. Das Telegraphenamt am Hauptbahnhof ist von 8 bis 23.30 Uhr geöffnet. Telegramme kann man auch telefonisch aufgeben (Rufnummer 186).

FÜR DEN NOTFALL

PERSÖNLICHE SICHERHEIT

Im Notfall die Nr. 113 anrufen und nach der Polizei *(polizia)*, Feuerwehr *(vigili del fuoco)* oder dem Notarzt *(medico d'emergenza)* fragen. Florenz ist eines der Drogenzentren Italiens, und terroristische Anschläge und Entführungen stellen seit einigen Jahren auch hier eine Bedrohung dar. Wie in allen Touristenzentren sind es jedoch hauptsächlich Taschendiebe, Handtaschenräuber und Autodiebe, mit denen man sich konfrontiert sieht. Beachten Sie die wichtigsten Grundregeln: Geld (bis auf das, was man unbedingt braucht) und Schmuck im Hotelsafe lassen; in der Dunkelheit nur belebte Stadtviertel aufsuchen; die Handtasche nicht aus den Augen lassen.

Das Auto gut abschließen und alle Wertsachen herausnehmen. Auch die Fahrzeugpapiere (und ggf. Mietunterlagen) dürfen nicht im Auto bleiben, da Sie diese im Falle eines Diebstahls vorlegen müssen, damit polizeiliche Maßnahmen eingeleitet werden.

FUNDBÜRO

Via Circondaria 19; Tel.: 36 79 43; geöffnet Mo bis Sa 9 bis 12 Uhr, So/Fei geschlossen. Fundbüro im Bahnhof Santa Maria Novella, Tel.: 235 21 90; geöffnet Mo bis Sa 6.50 bis 20.40 Uhr, So 8.20 bis 12.15 Uhr.

Diebstahl oder Verlust von Wertsachen sollte sofort bei der Polizei gemeldet werden, denn nur so können Sie Ansprüche an die Versicherung stellen. Lassen Sie sich eine Abschrift des Polizeiprotokolls geben. Auch der Verlust der Ausweispapiere ist unverzüglich anzuzeigen, und zwar sowohl der Polizei als auch dem Konsulat.

ÄRZTLICHE NOTDIENSTE

Die beiden folgenden Krankenhäuser unterhalten einen rund um die Uhr besetzten ärztlichen Notdienst:

Ospedale Santa Maria Nuova
Piazza Santa Maria Nuova 1, Tel.: 275 81
Generale di Careggi
Viale G.B. Morgagni 85, Tel.: 427 71 11.

Für Touristen hat man einen besonderen ärztlichen Notdienst in der Via Lorenzo Il Magnifico 59, Tel.: 47 54 11, eingerichtet. Betrieben wird er von einer privaten Organisation, die im Notfall auch Zahnbehandlungen durchführt.

Apotheken
Farmacie mit Nacht- und Sonntagsdienst werden in der Zeitung *La Nazione* veröffentlicht und an allen Apothekentüren ausgehängt. Im Hauptbahnhof hat die *Farmacia Communale* rund um die Uhr geöffnet,Tel.: 26 34 35. Die *International Pharmacy* in der Via de' Tornabuoni 2 hat auch deutschsprachiges Personal.

GEPÄCKAUFBEWAHRUNG

Schließfächer sind ausschließlich im Hauptbahnhof zu finden.

UNTERWEGS

ORIENTIERUNG

Am besten erkundet man Florenz zu Fuß. Das rechteckige Straßennetz der Altstadt ist sehr übersichtlich. Als Bezugspunkt wählt man sich zum Beispiel den Dom *(Il Duomo)*. Jede der anderen wichtigen Sehenswürdigkeiten ist vom Dom aus in höchstens 15 Minuten erreichbar.

Das historische Zentrum ist Fußgängerzone und darf nur mit einer Sondergenehmigung befahren werden.

Wer nach einer bestimmten Adresse Ausschau hält, muß beachten, daß es zwei verschiedene Arten von Hausnummern gibt. Gewerbebetriebe haben rote Hausnummern, was bei der Postanschrift durch ein kleines „r" (für *rosso* = rot) ausgedrückt wird. Eines der Postämter zum Beispiel befindet sich in der Via Cavour 21r, das heißt, man muß nach einem weißen Schild mit einer roten 21 suchen. Wohnhäuser sind durch blaue Zahlen auf weißem Grund gekennzeichnet. In den großen Geschäftsstraßen überwiegen natürlich Gewerbebetriebe, so daß die Hausnummer 21 (blau) wahrscheinlich weit entfernt von der Hausnummer 21r (rot) liegt.

STADTPLÄNE

Stadtpläne und Straßenkarten sind an Kiosken und in Geschäften erhältlich. Der im Fremdenverkehrsbüro gratis ausgegebene Stadtplan verzeichnet die wichtigsten Sehenswürdigkeiten.

FLUGHAFENTRANSFER

Vom stadtnahen Verkehrsflughafen A Vespucci in Peretola gibt es eine Busverbindung ins Zentrum von Florenz. Wer auf dem internationalen Flughafen Galileo Galilei in Pisa ankommt, kann sich für die ca. einstündige Autofahrt nach Florenz entweder ein Taxi nehmen, was aber ziemlich teuer ist, oder bei einer der zahlreichen, am Flughafen vertretenen Verleihfirmen ein Auto mieten. Die meisten Touristen jedoch entscheiden sich für die ausgezeichnete Bahnverbindung. Fahrkarten können in der Ankunftshalle erworben werden. Die Haltestelle befindet sich gleich links vom Ausgangsterminal. Züge verkehren stündlich, und die Fahrtzeit beträgt 55

Minuten. Der Hauptbahnhof in Florenz liegt mitten in der Stadt; die meisten Hotels sind von dort mit einer kurzen Taxifahrt gut zu erreichen. Eine Busverbindung zwischen Pisa und Florenz gibt es seit die Autobahnteilstrecke Pisa-Florenz fertig ist.

ÖFFENTLICHER VERKEHR

Das von der *ATAF* betriebene Busnetz für Florenz und Umgebung ist dicht geknüpft, so daß man überall schnell hinkommen kann. Fahrscheine sind in Tabakgeschäften, Bars und in den ATAF-Büros erhältlich. Sie werden im Bus entwertet. Eine Spezialfahrkarte erlaubt bis zu 70 Minuten nach Entwertung unbegrenztes Herumfahren. In den neueren Bussen (erkennbar am Schild mit der Hand, die eine Münze hält) gibt es auch Fahrkartenautomaten, für die man aber das Geld genau abgezählt dabei haben muß. Nähere Auskünfte und einen kostenlosen Autobusplan erhalten Sie im ATAF-Büro an der Piazza del Duomo 75r (Tel.: 21 23 01). Im Telefonbuch der Stadt sind ebenfalls Buspläne aufgezeichnet.

TAXIS

Die Taxis sind weiß-gelb gestreift. Versuche, sie auf der Straße anzuhalten, sind nur selten erfolgreich. Den Preis gibt ein Taxameter an. Wenn Sie sich per Telefon ein Taxi rufen wollen, wählen Sie die Nummer 43 90 oder 47 98.

SELBSTFAHRER

Da der Autoverkehr aus dem historischen Zentrum verbannt wurde, muß man seinen Wagen außerhalb parken: An der *Fortezza da Basso* (Piazzale dei Caduti nei Lager, nur ein paar Gehminuten vom Hauptbahnhof entfernt) ist ein großer Parkplatz mit direkter Busverbindung ins Stadtzentrum. Weitere bewachte Parkplätze sind am Bahnhof Santa Maria Novella, Mercato Centrale, Lungarno Torrigiani, Lungarno Zecca Vecchia und an der Piazza della Libertá.

AUTOVERMIETUNGEN

Avis, Borgo Ognissanti 128r (Tel.: 21 36 29, 239 88 26).
Eurodrive, Via della Scala 48r (Tel.: 239 86 39).
Europcar, Borgo Ognissanti, 53r (Tel.: 293 44 44, 29 41 30).
Far, Via San Gallo 101 (Tel.: 48 34 10).
Hertz, Via M. Finiguerra 33r (Tel.: 28 22 60).
Italy by Car, Borgo Ognissanti 134r (Tel.: 29 30 21).
Maggiore, Via M. Finiguerra 31r (Tel.: 29 45 78).
  Die lokalen Verleihfirmen sind meistens etwas billiger als die internationalen.

MIT DEM ZWEIRAD

Fahrräder werden vermietet von *Alinari,* Via Guelfa 85r (Tel.: 21 17 48, 28 05 00); *Ciao & Basta,* Lungarno Pecori Giradi 1 (Tel.: 234 27 26); *Motorent,* Via S. Zanobi 9r (Tel.: 49 01 13); *Promturist,* Via Baccio Bandinelli 43 (Tel.: 70 18 63).
  Wer aufs Land fahren will, möchte sich vielleicht ein Motorrad oder Moped mieten. Dies ist möglich bei *Eurodrive,* Via della Scala 48r (Tel.: 239 86 39); *Motorent,* Via San Zanobi 9r (Tel.: 49 01 13); *Sabra,* Via degli Artisti 8, (Tel.: 57 62 56, 57 96 09) und *Vesparent,* Via Pisana 103r, (Tel.: 71 56 91).
  Am Dom stehen immer ein paar Pferdekutschen, die man sich für eine kleine Stadtrundfahrt mieten kann. Allerdings ist dies nicht gerade die billigste Form der Fortbewegung – versuchen Sie, mit dem Kutscher zu handeln, es lohnt sich!

RUND UM FLORENZ

Überlandbusse fahren zu günstigen Preisen in alle Gegenden der Toskana. Wenden Sie sich an eines der beiden folgenden Unternehmen: *Lazzi,* Piazza Stazione 4/5/6r (Tel.: 21 51 54, 239 88 40) und *SITA,* Via Santa Caterina da Siena 15r (Tel.: 48 36 51 von Mo bis Fr, 21 14 87 Sa/So). Die Busse nach Siena verkehren in der Hochsaison halbstündlich; die Fahrtzeit beträgt etwa 1 1/4 Stunden. Nach Pisa fährt ein Zug (ab Hauptbahnhof).
  Einige Busunternehmen organisieren auch Toskana-Rundfahrten, die den Besuch der wichtigsten Sehenswürdigkeiten mit einschließen. Auskunft und Buchung bei den Reise- und Touristeninformationsbüros.
  Bequemer ist eine Fahrt durch die Toskana natürlich mit dem Auto. Die Gegend ist von einem gut ausgebauten Autobahnnetz durchzogen, und Siena, Arezzo, Pisa sowie die Küste sind leicht und schnell zu erreichen. Die Mautgebühren sind allerdings recht hoch.

PER ANHALTER

Trampen ist in Italien verboten, es gibt jedoch eine Mitfahrzentrale, die gegen eine kleine Gebühr Mitfahrgelegenheiten in alle Teile Italiens und Europas vermittelt (meist mit Lastwagen).
  Adresse: *Agenzia Autostop,* Corso dei Tirntori 39, Tel.: 247 82 26.

UNTERKUNFT

Zwar gibt es in Florenz ungefähr 400 Hotels der verschiedensten Kategorien, doch in der Hochsaison übersteigt die Nachfrage das Angebot immer noch bei weitem.

Von Juni bis August (und um die Osterzeit herum) ist es unbedingt ratsam, schon lange vorher eine Unterkunft zu reservieren. Wem Florenz zum Übernachten zu laut ist, weiche aus auf die bezaubernden Hotelvillen oder Pensionen in der näheren Umgebung, die bequem von der Innenstadt aus erreicht werden können.

Wer nach Florenz kommt, ohne eine Unterkunft reserviert zu haben, versucht es am besten in den ITA-Büros am Bahnhof Santa Maria Novella (das ganze Jahr über geöffnet 8.30 Uhr bis 21 Uhr; Tel.: 28 28 93) oder an der Fortezza da Basso (geöffnet vor der Osterwoche bis 10. November 10.30 bis 13, 15 bis 19 Uhr; Tel.: 47 19 60).

HOTELS

LUXUSKATEGORIE

Excelsior, Piazza Ognissanti 3, Tel.: 26 42 01, Fax: 21 02 78. Das exklusivste Hotel in Florenz, in dem VIPs und reiche Geschäftsleute absteigen. Am Arno gelegenes prachtvolles Gebäude aus dem 19. Jahrhundert. Dachrestaurant mit Panoramablick.
Grand Hotel, Piazza Ognissanti 1, Tel.: 28 87 81, Fax: 21 74 00. Kleiner als das Excelsior, aber fast genauso luxuriös. 1986 nach umfassender Renovierung wiedereröffnet. Im 19. Jahrhundert waren hier unter anderen Königin Viktoria und weitere königliche Hoheiten aus ganz Europa zu Gast.
Regency, Piazza Massimo d'Azeglio 3, Tel.: 24 52 47, Fax: 234 29 37. Kleines, aber exklusives Hotel, das in einem ruhigen Stadtviertel 15 Minuten vom Stadtzentrum entfernt liegt. Stilvoll eingerichtete Zimmer, Clubatmosphäre und Feinschmeckerrestaurant mit Blick auf den Garten.
Savoy, Piazza della Repubblica 7, Tel.: 28 33 13, Fax: 28 48 40. Traditionsreiches Haus im Herzen von Florenz. Solider und klassischer Komfort; ausgezeichneter Service.
Villa Medici, Via Il Prato 42, Tel.: 238 13 31, Fax: 238 13 36. Verschwenderisch ausgestattetes Hotel.

Große Zimmer mit Blick auf Garten und Swimmingpool. Ruhig gelegen; ins Stadtzentrum braucht man zu Fuß 15 Minuten.
Villa San Michele, Via Doccia 4, Fiesole, Tel.: 594 51, Fax: 59 87 34. Eines der luxuriösesten Hotels in ganz Italien; auf einem Hügel in Fiesole. Äußerst ruhig gelegenes ehemaliges Kloster, das zum Teil von Michelangelo entworfen wurde. Sehr geschmackvoll eingerichtete Zimmer. Beheizter Swimmingpool, Piano-Bar und Loggia für Diners *al fresco*.

GEHOBENE KATEGORIE

Bernini Palace, Piazza San Firenze 29, Tel.: 28 86 21, Fax: 26 82 72. Vom mit Fresken geschmückten Speisesaal Blick auf den Palazzo Vecchio.
Brunelleschi, Piazza Santa Elisabetta 3, Tel.: 56 20 68, Fax: 21 96 53. Teilweise in einer Kirche mit Turm aus dem 6. Jahrhundert untergebracht.
Croce di Malta, Villa della Scala 7, Tel.: 21 83 51, Fax: 28 71 21. Die Einrichtung ist eine etwas merkwürdige Mischung aus Neorenaissance und Post-Moderne. Großer Garten, Swimmingpool und Bahnhofsnähe.
De la Ville, Piazza Antinori 1, Tel.: 238 18 05, Fax: 238 18 09. Mit viel Plüsch eingerichtetes Haus der gehobenen Klasse inmitten eines eleganten Einkaufsviertels. Ruhig, sehr komfortabel.
Kraft, Via Solferino 2, Tel.: 28 42 73, Fax: 239 82 67. Gut geführtes Hotel in ruhiger Umgebung. 15 Minuten Fußmarsch ins Stadtzentrum. Dachrestaurant mit grandiosem Blick und Swimmingpool.
Lungarno, Borgo Sant' Jacopo 14, Tel.: 26 42 11, Fax: 26 84 37. Modernes Hotel am Südufer des Arno. Zu der eindrucksvollen Kunstsammlung des Besitzers gehören Zeichnungen von Cocteau und Picasso. Von den Zimmern auf der Vorderseite schöner Blick auf den Fluß.
Mona Lisa, Borgo Pinti 27, Tel.: 247 97 51, Fax: 247 97 55. Gehört zu den beliebtesten Hotels in Florenz. Renaissance-Palazzo mit Antiquitäten, kunstvollen Zeichnungen und Plastiken. Sehr hübscher Garten. Die Preise sind allerdings etwas zu hoch für das Gebotene.
Plaza & Lucchesi, Lungarno della Zecca Vecchia 38, Tel.: 26 41 41, Fax: 248 09 21. Kultiviertes, gut geführtes Haus direkt am Arno. Komfortabel eingerichtete Zimmer.

MITTLERE PREISKLASSE

Annalena, Via Romana 34, Tel.: 22 24 02, Fax: 22 24 03. Schön eingerichtetes Gästehaus in der Nähe des Boboli-Gartens.
Hermitage, Vicolo Marzio 1, Piazza del Pesce, Tel.: 28 72 16, Fax: 21 22 08. Außerordentlich beliebtes, kleines und gemütliches Hotel in der Nähe des

Ponte Vecchio. Herrliche Dachterrasse mit Blick auf den Arno. Einige der Zimmer jedoch laut.

Loggiato dei Serviti, Piazza SS. Annunziata 3, Tel.: 28 95 92, Fax: 28 95 95. Renoviertes und umgebautes Renaissance-Gebäude; „Zwilling" des von Brunelles-chi erbauten ehemaligen Findelhauses *(Ospedale degli Innocenti)* auf der gegenüberliegenden Seite des Platzes. Bezauberndes, sehr kultiviertes Hotel mit gekachelten Terrakotta-Böden, alten Gewölben und antiken Möbeln. Besonders bei Kunstliebhabern sehr beliebt.

Pitti Palace, Via Barbadori 2, Tel.: 239 87 11, Fax: 239 88 67. Die Gattin des Eigentümers ist Engländerin, so daß dieses Hotel naturgemäß vor allem unter Touristen aus englischsprachigen Ländern ein Geheimtip ist. Sehr schöne Dachterrasse und Hotelhalle; zentrale Lage südlich des Ponte Vecchio; einige Zimmer jedoch ziemlich laut.

PREISWERT

Aprile, Via della Scala 6, Tel.: 21 62 37, Fax: 28 09 47. Eines der empfehlenswerteren Hotels im Bahnhofsviertel. Ein Medici-Palazzo mit noch erhaltenen Fresken und Deckengemälden. Große Auswahl an Zimmern, einige davon recht einfach.

Calzaiuoli, Via Calzaiuoli 6, Tel.: 21 24 56, Fax: 26 83 10. Zentral gelegenes Hotel in einem Palazzo aus dem 19. Jahrhundert.

Cavour, Via del Proconsolo 3, Tel.: 28 24 61, Fax: 21 89 55. Modernisiertes ruhiges Hotel Palazzo Strozzi-Ridolfi aus dem 14. Jahrundert. Herrlicher Panoramablick vom Dachgarten.

Liana, Via Alfieri 18, Tel.: 24 53 03, Fax: 234 45 96. Einfaches Hotel nördlich des Stadtzentrums im ehemaligen Gebäude der britischen Botschaft. Ruhig und angenehm, aber ein wenig verwahrlost.

Porta Rossa, Via Porta Rossa 19, Tel.: 28 75 51, Fax: 28 21 79. Groß und altmodisch, mit riesigen, spartanisch eingerichteten Zimmern. Sehr beliebt bei Literaten und anderen Künstlern.

Splendor, Via San Gallo 30, Tel.: 48 34 27, Fax: 46 12 76. Bescheidenes Hotel in der Nähe der Accademia; altes Gebäude mit Deckengemälden. Interessant-kuriose Möblierung, antik und im Stil der sechziger Jahre; aber großzügige Zimmer und sehr günstige Preise.

CAMPING

Der stadtnächste Campingplatz ist der *Italiani e Stranieri* in der Viale Michelangelo 80 (Tel.: 681 19 77, geöffnet von April bis Oktober), ein weiterer *Villa Camerata* im Viale A. Righi 2/4 (Tel.: 60 14 51, geöffnet ganzjährig). Der *Panoramico* in Fiesole bietet einen herrlichen Blick auf die Umgebung und ist das ganze Jahr über geöffnet. Nähere Informationen über alle Campingplätze sind erhältlich bei der *Federazione Italiana del Campeggio,* Cassella Postale 649, I-50100 Firenze.

JUGENDHERBERGEN

Ostello Villa Camerata; Viale Righi 2/4, Tel.: 60 14 51 (außerhalb der Stadt; schöne Gartenanlage). *Ostello Santa Monaca*, Via Santa Monaca 6, Tel.: 26 83 38.

VILLEN

Agriturist (Via del Proconsolo 10, I-50123 Firenze) versendet auf Anfrage ein Verzeichnis von (zum Teil historischen) Landhäusern in der Umgebung von Florenz, die wochen- oder monatsweise gemietet werden können.

WOHNUNGEN

Über die Organisation *Florence and Abroad* (Adresse: Via S. Zanobi 58, I-50129 Firenze; Tel.: 49 01 43) vermieten Privatpersonen ihre Wohnungen während längerer Abwesenheit. Die Nachfrage ist sehr groß, so daß man sich für einen solchen Florenzaufenthalt schon einige Monate im voraus entscheiden muß.

APPARTEMENTS

Möblierte Appartements mit hotelartigem Service sind eine attraktive Alternative zum Hotel, müssen jedoch mindestens für eine Woche angemietet werden. Auch hier ist die Nachfrage besonders in der Hauptferienzeit groß, und die Reservierung sollte mindestens einige Wochen vorher erfolgen. Zwei der schönsten Häuser sind historische Paläste, in denen man ein Lebensgefühl erfahren kann, wie es nur den wohlhabendsten Florentinern zuteil wird. Die Adressen: *Residence Palazzo Ricasoli*, Via della Montellate 2, Tel.: 35 21 51, und *Residence La Fonte*, Via S. Felice a Ema 29, Tel.: 22 44 21.

AUSSERHALB VON FLORENZ

SIENA

Park Hotel, Strada di Marciano 18, Tel.: 0577-448 03. Luxushotel (teuer) mit Swimmingpool und großer Gartenanlage in ausgebauter Villa aus dem 15. Jahrhundert. Zwei Kilometer vom Stadtzentrum.

Certosa di Maggiano, Via di Certosa 82, Tel.: 0577-28 81 80. Kleines, aber exklusives Hotel in ehemaligem Kartäuser-Kloster aus dem 14. Jahrhundert. Im Gutshausstil eingerichtet, stilvolle Zimmer, Swimmingpool und beschaulicher Park.

Palazzo Ravizza, Pian dei Mantellini 34, Tel.: 0577-28 04 62. Nostalgische Pension mit ziemlich dunklen Zimmern, aber schönem Garten und schmackhafter Küche.

VOLTERRA

Villa Nencini, Borgo Santo Stefano 55, Tel.: 0588-863 86. Preiswert. Kleines Hotel in gut erhaltener Villa aus dem 17. Jahrhundert außerhalb der Stadtmauern. Einfach eingerichtete Zimmer, hübscher Park. Kein Restaurant.

ESSEN & TRINKEN

KÜCHE

Die toskanische Küche besticht durch Einfachheit und Nahrhaftigkeit. Es wird mehr auf erstklassige Zutaten als auf abenteuerliche Rezepte Wert gelegt. Herzhafte Suppen, toskanischer Schinken, Teigwaren, Fleisch gebraten oder über offenem Feuer gegrillt – und heruntergespült wird das Ganze mit einer Flasche guten Chiantis.

Wie überall in Italien, so wird auch in Florenz dem touristischen Geschmack Rechnung getragen. Nichtsdestotrotz folgt hier eine Aufzählung typischer toskanischer Gerichte, die in den meisten *trattorie* serviert werden. Zu Beginn nimmt man *crostini* zu sich: geröstete Weißbrotscheiben mit Hühnerleber- oder Wildschweinpastete. Als Suppen wären zu empfehlen: *minestrone* (dicke Gemüsesuppe), *minestra di fagioli* (weiße Bohnensuppe) oder *ribollita* (kräftige Brot- und Gemüsesuppe). Danach *pappardelle alla lepre* – Bandnudeln mit Hasensoße. Fleischgerichte: *Bistecca alla fiorentina* – ein saftiges Rindersteak vom Holzkohlengrill, das Sie auch für zwei oder drei Personen bestellen können (Preis nach Gewicht). Probieren sollte man auch *arista* (gebratener Schweinerücken mit Knoblauch und Rosmarin) und Kutteln, *trippa alla fiorentina* in Tomatensauce. Zum Nachtisch ein Stück *castagnaccio* (Kastanienkuchen) oder *zuccotto*, das ist ein likörgetränkter Kuchen mit Schokoladenpudding. Der krönende Abschluß sind dann *biscotti di Prato* oder *guadrucci*, Mandelbiskuits, die in süßen Dessertwein getunkt werden.

Die typische florentinische Trattoria ist eine *buca*, also ein einfaches, rustikales Lokal mit Holztischen und bunt bemalten Wänden. Für gewöhnlich sind diese Lokale stark frequentiert, und die Kellner wirken deshalb manchmal etwas schroff. Aber allein die südländisch-lebendige Atmosphäre, die hier herrscht, ist schon einen Besuch wert. Natürlich bieten einige Nobelrestaurants in und außerhalb der Innenstadt auch *haute cuisine* mit toskanischem Kolorit an.

RESTAURANTS

LUXUSKATEGORIE

Enoteca Pinchiori, Via Ghibellina 87, Tel.: 24 27 77. Geschlossen Sonntag, Montag mittag und im August. Reservierung erforderlich. Palazzo aus dem 15. Jahrhundert mit wunderschönem Innenhof, in dem im Sommer serviert wird. Gehört zu den besten Restaurants in Europa. Exzellente Nouvelle cuisine und beträchtliche Auswahl an Weinen.

Il Cestello, Hotel Excelsior, Piazza Ognissanti 3, Tel.: 294 301. Sehr elegantes Hotelrestaurant mit vortrefflichen toskanischen und internationalen Gerichten. Beliebter Treffpunkt von Geschäftsleuten. Vom Dachrestaurant herrlicher Panoramablick.

Regency, Piazza Massimo d'Azeglio, Tel.: 24 52 47. Exklusives Feinschmeckerrestaurant mit Blick auf die Parkanlage des Hotels.

TEUER

La Capannina di Sante, Piazza Ravenna, Tel.: 68 83 45. Geschlossen So, Montag mittag, eine Woche im August und an Weihnachten. Eines der besten Fischrestaurants. Keine Süßspeisen.

La Loggia, Piazzale Michelangelo 1, Tel.: 234 28 32. Geschlossen Mi und zwei Wochen im August. Beliebtes Touristenrestaurant mit bezauberndem Blick über Florenz.

Sabatini, Via Panzani 4, Tel.: 21 15 59. Im Winter Mo Ruhetag. Reservierung empfohlen. Traditionelle toskanische Gerichte werden in altmodischem Ambiente serviert.

MITTLERE PREISLAGE

Cantinetta Antinori, Piazza Antinori 3, Tel.: 29 22 34. Typische toskanische Gerichte und Wein aus den berühmten Antinori-Anbaugebieten. Der Palazzo aus dem 15. Jahrhundert hat eine Bar, an der man einen kleinen Imbiß zu sich nehmen kann; im eleganten Speisesaal wird mehrgängig getafelt.

Bronzino, Via delle Ruote 25r, Tel.: 49 52 20. Geschlossen So und drei Wochen im August. Geräumiges Restaurant außerhalb der Innenstadt. Benannt nach dem berühmten Maler, der im 16. Jahrhundert hier gearbeitet und gelebt hat. Ein populäres Lokal auch bei der Florentiner Oberschicht.

Buca Mario, Piazza Ottaviani 16, Tel.: 21 41 79. Geschlossen Mi, Do mittags und drei Wochen im Juli. Kellerrestaurant mit hausgemachter *pasta* und Fleisch vom Grill. Sehr beliebt bei Touristen.

Cibreo, Via dei Macci 118r, Tel.: 23 41 10. Geschlossen So, Mo, sechs Wochen im August/September. Eines der bekanntesten Lokale der Stadt, vor allem mit jüngerem Publikum. Mischung aus Nouvelle cuisine und toskanischer Küche. Keine Nudelgerichte. Das gleiche Essen zum halben Preis wird gleich um die Ecke in der *vinaria* serviert.

Coco Lezzone, Via del Parioncino 26r, Tel.: 28 71 78. Geschlossen So und Mi abend (im Sommer Sa und So, dafür Mi geöffnet). Meist überfüllte typische Trattoria, die bevorzugt von Einheimischen aufgesucht wird. Vorzügliche toskanische Küche.

Da Noi, Via Fiesolana 46 r, Tel.: 24 29 17. Geschlossen So, Mo, August, vorherige Reservierung unbedingt erforderlich. Das Restaurant wird von ehemaligen Mitarbeitern der Enoteca Pinchiori geführt. Klein und gemütlich mit solider Nouvelle cuisine und italienischen Gerichten. Keine Speisekarte, die Kellner sind aber des Englischen mächtig.

Harry's Bar, Lungarno Vespucci 22r, Tel.: 239 67 00. So geschlossen. Durch Hemingway berühmt geworden.

Le Fonticine, Via Nazionale 79r, Tel.: 28 21 06. Geschlossen Sa, So und vier Wochen im Juli/August. Freundlicher Familienbetrieb nicht weit vom Bahnhof. Toskanische Gerichte. Erstklassige hausgemachte Teigwaren.

Sostanza, Via del Porcellana 25 r, Tel.: 21 16 91. Geschlossen Sa und So. Alteingesessene Trattoria (seit 1869). Neben der berühmten *bistecca alla fiorentina* ist *petto di pollo al burro* (Hühnerbrust in Butter) empfehlenswert.

PREISWERT

Angiolini, Via S. Spirito, Tel.: 29 89 76. Geschlossen So und Mo. Typisch florentinisches Lokal im Stadtteil Oltrarno. Meist viel los.

Belle Donne, Via delle Belle Donne 16, Tel.: 26 26 09. Geschlossen Sa abend und So. Bruchbude im Bahnhofsviertel. Wer gute, einfache Küche zu schätzen weiß, für den lohnt sich ein Besuch dennoch.

Burde, Via Pistoiese, Tel.: 317 02 06. Nur mittags geöffnet; zwei Wochen im August geschlossen. Echte toskanische Trattoria mit hausgemachten Suppen, Nudelgerichten und Süßspeisen. Dienstags und freitags ißt man hier vorzüglichen Fisch.

Il Caminetto, Via dello Studio 34r, Tel.: 29 62 74. Geschlossen Di, Mi und im Juli. Herzhaftes Essen, großzügige Portionen.

Il Fagioli, Corso Tintori 47r, Tel.: 24 42 85. Geschlossen So (im Sommer auch Sa) sowie im August. Einfache, freundliche Trattoria mit typisch toskanischer Kost.

Il Latini, Via dei Palchetti 6r, Tel.: 21 09 16. Geschlossen Mo, Di mittags, drei Wochen im Juli/August. Kellerrestaurant mit original toskanischer Küche. Gegessen wird an großen Gemeinschaftstischen. Der Geräuschpegel ist entsprechend.

Tarocchi, Via dei Renai 12, Tel.: 234 39 12. Freundliche Pizzeria, in der immer Hochbetrieb herrscht.

Vittoria, Via della Fonderia, Tel.: 225 657. Geschlossen Mi und im August. Sehr einfache Trattoria im Stadtteil San Frediano mit schmackhaft zubereiteten Fischgerichten. Kein Fleisch.

CAFÉS UND EISSALONS

Break, Via delle Terme 17. Mittagessen vom Selbstbedienungs-Buffet zu vernünftigen Preisen. Lebhafte typische Atmosphäre.

Doney, Piazza Strazzi 16-19. Elegantes Café.

Giacosa, Via dei Tornabuoni 83. Mo geschlossen. Hier essen die Yuppies hausgemachte Kuchen und Torten. Bester Cappuccino in ganz Florenz.

Giubbe Rosse, Piazza della Repubblica. Einst Treffpunkt von Schriftstellern und Poeten und immer noch sehr populär. Freiluftcafé und Speiseraum, in dem Snacks oder auch komplette Menüs serviert werden.

Rivoire, Piazza Signoria 5. Mo geschlossen. Direkter Blick auf den Palazzo Vecchio; teuer.

Vivoli, Via Isola delle Stinche 7. Geschlossen So nachmittags und Mo. Das „weltbeste" Eis bringt es mit sich, daß man im Sommer mit langen Schlangen rechnen muß. Keine Sitzgelegenheiten.

AUSSERHALB VON FLORENZ

SIENA

Hier sind die an der berühmten Piazza del Campo gelegenen Lokale *Il Campo* und *Mangia* zu empfehlen – allerdings nicht so sehr wegen des vorzüglichen Essens oder vernünftiger Preise, sondern wegen der herrlichen Lage. Das *Al Marsili* (Via del Castora 3, Tel.: 0577-471 54; Mo geschlossen) dagegen hat einen ausgezeichneten Ruf für seine Küche. Das elegante Restaurant ist in einem Gebäude untergebracht, das noch aus dem 15. Jahrhundert stammt.

PISA

In Pisa sind zwei Restaurants im Michelin-Führer verzeichnet: das *Sergio*, Lungarno Pacinotti 1, Tel.: 050-482 45 (geschlossen: So, Mo mittags, im Januar und an den beiden letzten Juliwochen) sowie das kleinere und etwas preiswertere A*l Ristoro dei Vecchi Macelli*, Via Volturno 49, Tel.: 050-204 24 (geschlossen: So mittags, Mi, eine Woche im Januar und im August). Vorbestellungen sind mehr als empfehlenswert. Am unteren Ende des Marktes bereitet man bei *Da Bruno*, Via Bianchi 12, Tel.: 050-56 08 18 typische toskanische Gerichte preiswerter zu.

AREZZO

Buca di San Francesco, Piazza San Francesco 1, Tel.: 0575-232 71 (geschlossen Mo abends, Di und im Juli). Berühmtes Kellerlokal neben der Kirche San Francesco. Könige, Präsidenten und Nobelpreisträger haben hier schon gegessen. Bezaubernde Atmosphäre, die Küche allerdings weniger herausragend. Wirklich vortrefflich Zubereitetes bekommt man bei *Il Torrino*, einem modernen Restaurant in der Superstrada dei Due Mari, Tel.: 0575-362 64, acht Kilometer südöstlich der Stadt (Mo Ruhetag).

VOLTERRA

Das freundlich-komfortable *Etruria* ist hier das einzig herausragende Restaurant mit toskanischer Küche. Adresse: Piazza dei Priori 6/8, Tel.: 0588-860 64. Geschlossen Do und von Mitte November bis Ende Dezember.

LUCCA

Solferino, San Marcario in Piano (sechs Kilometer von Lucca), Tel.: 0583-591 18. Gehört zu den besten ländlichen Restaurants in der Toskana und ist noch nicht überteuert. Geschlossen: Mi, Do mittags und zwei Wochen im August.

GETRÄNKE

Das Chianti-Anbaugebiet zwischen Florenz und Siena ist die ertragreichste Weinregion Italiens, und jedes Restaurant hält deshalb eine große Auswahl an Chianti-Weinen bereit. Der Hauswein *(vino della casa)* ist immer der preiswerteste, die Qualität schwankt jedoch stark. Rote Tafelweine sind meistens besser als die weißen, obwohl auch letztere durch die Einführung neuer Rebsorten, die für Fruchtigkeit und Wohlgeschmack sorgen, in letzter Zeit an Wert gewonnen haben.

Im allgemeinen ist der Chianti classico, auf dessen Flaschenhals der schwarze Hahn *(gallo nero)* prangt, ein durchaus empfehlenswerter Tropfen.

Die nächsthöhere Preiskategorie des Chianti classico wächst in den Lagen der Weingüter von Castello di Brolio und Antinorio, denen wohl auch die konsistenteste Qualität zukommt.

All diese Chiantilagen kommen nach ein bis fünf Jahren (oder mehr) Flaschenlagerung in den Handel. Die besten Jahrgänge seit 1970 sind 1971, 1975, 1982, 1985, 1988 und 1990 (jeweils Prädikat *eccellente*).

Nach drei Jahren Lagerung im Eichenfaß wird die *riserva* abgefüllt. Dann muß dieser Spitzenwein noch mindestens fünf Jahre in der Flasche reifen, bevor er verkauft wird.

ERKUNDUNGEN

VORTRÄGE

In Florenz gibt es eine überaus große Anzahl von Kulturinstituten, und Wissenschaftler aus aller Welt kommen hierher, um ihre Studien zu betreiben. Bei dieser Gelegenheit halten viele von ihnen (Dia-)Vorträge, wobei die Palette von Einführungen in Kunst und Geschichte der Stadt bis hin zu minutiösen Erklärungen über die Techniken eines großen Malers oder Bedeutung und Symbolgehalt seiner Bilder reicht. Auf derartigen Vorträgen trifft man Gleichgesinnte, lernt etwas dazu und hat hin und wieder die Chance, eine der internationalen Größen auf dem jeweiligen Gebiet lebendig vor sich zu sehen. Nach Ende des Vortrags werden in der Regel Erfrischungen gereicht.

Ein besonders breitgefächertes Programm von Vorträgen und Konzerten bietet das *British Institute of Florence,* Palazzo Feroni, Via Tornabuoni 2, Tel.: 28 40 31. Dort werden auch Vier-Wochen-Kurse für Italienisch, angewandte Kunst und Kunstgeschichte organisiert. Die Kursgebühren sind nicht besonders hoch, und das Institut vermittelt gern preiswerte Privatunterkünfte bei einheimischen Familien.

Das *Instituto Alfieri* veranstaltet montags bis freitags jeden Abend um 21 Uhr Vorträge, die sich vor allem an Florenz-Besucher richten. In der Regel werden diese Vorträge jedoch nur in Englisch gehalten; die anderen Sprachen kommen zum Zug, wenn eine genügend große Gruppe dies verlangt. Adresse: Via dell' Oriuolo 20, Tel.: 234 06 69.

STADTRUNDFAHRTEN

Viele Reisebüros organisieren Stadtrundfahrten und Ganztagesausflüge in die Umgebung. Einer der größeren Veranstalter ist *CIT* (Via Cavour 56; Tel.: 29 43 06). Es lohnt sich, auch das wunderschöne Umland von Florenz zu erkunden. So werden zum Beispiel Tagesausflüge in das ehemalige Etrusker-Städtchen Fiesole angeboten, von wo man einen wunderschönen Blick auf Florenz und das Arno-Tal genießen kann. Von April bis Oktober sind die Rundfahrten zu den schönsten florentinischen Villengärten sowie zu den Weinbergen und -kellereien des Chianti-Gebietes besonders beliebt.

KULTURELLES

MUSEEN UND GALERIEN

Mit 51 Museen und 24 Kirchen hat Florenz dem Kunstliebhaber einiges zu bieten. Allerdings kann ein Gang durch die Stadt auf der Suche nach solchen Sehenswürdigkeiten manchmal auch recht frustrierend sein. Die meisten Museen und Galerien bleiben nachmittags geschlossen (Ausnahme: Die *Galleria degli Uffizi*, die bis 19 Uhr offen hat). Historische Gebäude, Denkmäler und Fresken sind oft von Baugerüsten verdeckt, und andere Sehenswürdigkeiten wiederum sind in der Hochsaison wegen der Touristenmassen kaum zu sehen. Öffnungszeiten wechseln beständig, wobei allerdings in den Hotels in der Regel ein auf dem neuesten Stand gehaltenes Verzeichnis zu haben ist. Einlaßschluß ist 30 bis 45 Minuten vor Schließung des Museums. Dank privater Förderung stehen einige Museen inzwischen an ein oder zwei Abenden in der Woche jeweils von 21 bis 23 Uhr dem Besucher offen. In der Zeitschrift *Welcome to Florence* finden Sie die entsprechenden Häuser aufgelistet.

KONZERTE, BALLETT UND OPER

Während der berühmten Musikfestwochen *Maggio Musicale* von Mitte Mai bis Ende Juni finden überall in der Stadt Konzert-, Ballett- und Opernaufführungen von internationalem Rang statt. Eintrittskarten erhält man beim *Teatro Comunale*, Corso Italia 16, Tel.: 277 92 36. Im Sommer finden auf allen Piazze, in Klöstern und im Boboli-Garten regelmäßig Serenaden- und andere Konzerte statt. Das Teatro Communale ist ein Hauptschauplatz für Konzerte, Opern und Ballett. Die Opernsaison beginnt Ende September oder Anfang Oktober. Von Juni bis August laufen in Fiesole Konzert-, Opern-, Ballett- und Theaterfestwochen. Schauplatz der Aufführungen ist das römische Amphitheater.

THEATER

Das größte Theater ist das *Teatro della Pergola* in der Via della Pergola 12/32 (Tel.: 247 9651). Fast alle Aufführungen werden aber natürlich in Italienisch gegeben.

Das *Astro* (Piazza Simone, bei Santa Croce) zeigt jeden Abend außer montags englischsprachige Filme. Ansonsten gibt es solche Filme hin und wieder noch im Freiluftkino an der Festung Belvedere.

NICHT ZU VERSÄUMEN

Casa Buonarroti, Via Ghibellina 70. Mi - Mo und Fei: 9.30 - 13.30 Uhr. Kleines Museum mit Werken von Michelangelo (oder solchen, die ihm zugeschrieben werden): Zeichnungen, Entwürfe, Modelle und zwei seiner frühesten, schon ausgereiften Skulpturen.
Galleria dell'Accademia, Via Ricasoli 60. Di - Sa: 9 - 14 Uhr. So/Fei: 9 - 13 Uhr. Gemälde und Skulpturen von Michelangelo, darunter der *David*.
Galleria degli Uffizi („Die Uffizien"), Loggia degli Uffizi 6. Di - Sa: 9 - 19 Uhr. So/Fei: 9 - 13 Uhr. Einzigartige Gemäldesammlung florentinischer Renaissance-Kunst. Botticelli, Leonardo da Vinci, Michelangelo, Raffael und Tizian sind nur einige der weltbekannten italienischen Meister, deren Werke hier zu sehen sind. Auch ausländische Maler sind vertreten. Insgesamt 45 Säle. Um dem schlimmsten Gedränge zu entgehen, ist ein Besuch in den Mittagsstunden oder am späten Nachmittag/Abend zu empfehlen.
Museo Archeologico, Via della Colonna 36. Di - Sa: 9 - 14 Uhr. So/Fei: 9 - 13 Uhr. Etruskische, griechisch-römische und ägyptische Kunst.
Museo dell' Angelico (Museo di San Marco), Piazza San Marco 1. Di - Sa: 9 - 14 Uhr. So/Fei: 9 - 13 Uhr. Grandiose Werke von Fra' Angelico in beziehungsreicher Klosterumgebung.
Museo Nazionale del Bargello, Palazzo del Podestà, Via del Proconsolo 4. Di - Sa: 9 - 14 Uhr. So/Fei: 9 - 13 Uhr. Großartige Renaissance-Skulpturen, u. a. von Michelangelo und Donatello.
Museo dell' Opera del Duomo, Piazza del Duomo 8. Mo - Sa: 9 - 19.30 (im Winter 18) Uhr. Kunstwerke, die einst im/am Dom, Baptisterium und Campanile standen. Glanzstück ist Michelangelos *Pietà*.
Palazzo Davanzati/Museo della Casa Fiorentina Antica, Piazza Davanzati/Via Porta Rossa 13. Di - Sa: 9 - 14 Uhr. So/Fei: 9 - 13 Uhr. Wunderschön eingerichtetes Stadthaus, welches anschaulich das Leben im mittelalterlichen Florenz illustriert.
Palazzo Medici-Riccardi, Via Cavour. Mo/Di/Do - Sa: 9 - 13 und 15 - 17 Uhr. So/Fei: 9 - 12 Uhr. Fast 100 Jahre lang Sitz der Medici; erbaut von Michelozzo. Das Juwel ist die kleine Familienkapelle, die von Benozzo Gozzoli mit Fresken ausgemalt wurde.
Palazzo Pitti, Piazza Pitti. Di - Fr: 9 - 14 Uhr. So/Fei: 9 - 13 Uhr. Monumentaler Renaissance-Palast, in dem die weltberühmten Privatsammlungen der Medici untergebracht sind. Prunkvolle Galerien mit

Werken von Raffael, Tizian, Rubens, Van Dyck und vielen anderen. Außerdem: *Appartamenti ex Reali* („Ehemalige königliche Gemächer") und *Museo degli Argenti* („Silbermuseum").

Palazzo Vecchio, Piazza della Signoria. Mo - Fr: 9 - 19 Uhr. So/Fei: 8 - 13 Uhr. Wehrhafter Palast aus dem 13. Jahrhundert. Prachtvoll ausgestattete Säle mit Fresken und Gemälden aus der Spätrenaissance.

NACHTLEBEN

Florenz wirkt nachts manchmal wie ausgestorben. Doch ist dem keineswegs so. Die vielen Studenten in der Stadt sind die Garantie dafür, daß in Discos, Bars und Clubs reger Betrieb herrscht, das Publikum ist naturgemäß relativ jung.

BARS UND NACHTCLUBS

Caffè, Piazza Pitti 9. Cocktail-Bar und Café für die Schickeria.

Caffè Strozzi, Piazza Strozzi. Elegantes Café im Stadtzentrum.

Loggia Tornaquinci, Via dei Tornabuoni 6. Moderne Piano-Bar im obersten Stockwerk eines Medici-Palazzos.

River Club, Lungarno Corsini 8. Eleganter Nachtclub mit Wintergarten.

Salt Peanuts, Piazza Santa Maria Novella 26r. Jazzclub mit Live-Bands oder Videoclips.

Space Electronic, Via Palazzuolo 37. Große und ultra-moderne Disco mit Video- und Laser-Show. Immer überfüllt.

Yab Yum, Via Sassetti 5. Edeldisco in zentraler Lage.

EINKAUFEN

Die Florentiner waren schon immer berühmt für ihre Kunstfertigkeit im Herstellen schöner Dinge. Die kleinen Handwerker- und Kunstgewerbeläden verschwinden zwar zusehends, doch wer die Augen aufmacht, kann nach wie vor mit viel Liebe hergestellte Einzelstücke entdecken − von prunkvoll vergoldeten Möbelstücken über Goldschmuck bis hin zu den vielgerühmten eleganten Lederartikeln.

EINKAUFSTIPS

Boutiquen
Die großen florentinischen Modehäuser sind weltbekannt, und das Stadtzentrum ist voller Boutiquen, in denen man die exklusiven Modelle der Top-Modeschöpfer erwerben kann. Die eleganteste Einkaufsstraße ist die Via dei Tornabuoni: Hier haben Gucci, Ferragamo, Valentino und andere große Namen ihre Geschäfte. Weitere Nobelstraßen sind die Via Calzaiuoli und Via Roma (in beiden findet man erstklassige Lederwaren), die Via della Vigna Nuova und Via del Parione.

Die meisten der nachfolgend aufgeführten Modehäuser verkaufen Kleider und Accessoires auch von der Stange; wer jedoch sein Geld in maßgeschneiderter Haute Couture anlegen will, sollte sich sicherheitshalber um eine Voranmeldung bemühen.

Emilio Pucci, Via dei Pucci 6.
Enrico Coveri, Via della Vigna Nuova 27-29r.
Gianni Versace, Via dei Tornabuoni 13-15r.
Gucci, Via dei Tornabuoni 73-75.
Naj Oleari, Via dei Tornabuoni 35r.
Salvatore Ferragamo, Palazzo Spini-Feroni, Via dei Tornabuoni 16r.
Ugolino, Via dei Tornabuoni 20-22r.
Valentino, Via dei Tornabuoni 67r.

Eine große Auswahl an Kleidern für alle Altersgruppen bietet das Kaufhaus *Principe* in der Via Strozzi 21-29r. In der Via del Corso und einigen Straßen nördlich des Doms sind preiswertere Läden beheimatet, wobei nicht zuletzt die Stände des Marktes im *Borgo San Lorenzo* erwähnt werden sollen.

Lederwaren

sind der heiße Einkaufstip für Florenz. Die Auswahl reicht von wunderschönen Schöpfungen örtlicher Kunsthandwerker bis hin zu billigen Lederimitationen, die dem unkritischen Touristen feilgeboten werden. Absolute Top-Qualität (zu Top-Preisen) findet man in den Designer-Boutiquen in der Via dei Tornabuoni oder in Läden an der Piazza della Repubblica.

Raspini in der Via Roma 25-29r wartet mit erstklassig Handtaschen und anderen Lederwaren auf, ebenso wie mit modischer Lederbekleidung. Wer weniger ausgeben will, geht zum San-Lorenzo-Markt nordwestlich des Doms, wo an den Ständen Schuhe, Taschen, Gürtel, Brieftaschen (und preiswerte Wollpullover, Seidenkrawatten und -tücher) zum Kauf angeboten werden.

Textilien

Nicht gerade billig, aber von vortrefflicher Güte sind die Kleider von Alessandro Puccis *Antico Setificio*, Via della Vigna Nuova 97, Tel.: 28 29 00. Die Firma arbeitet mit authentischen Entwürfen aus der Renaissance-Zeit. Herstellungsort ist eine Textilfabrik aus dem 18. Jh. (Via Bartolini 4), die nach Plänen von Leonardo da Vinci gebaut wurde (kann nach vorheriger Anmeldung besichtigt werden).

Buchläden

Der *Paperback Exchange* in der Via Fiesolana 31r im Stadtteil Santa Croce ist kein gewöhnlicher Bücherladen. Die eine Besonderheit ist, daß dort nahezu jedes Buch, das je über Florenz geschrieben wurde, zu finden ist. Zudem kann man eigene Bücher in Zahlung geben (für 25 bis 40 Prozent des Neupreises), um für den Differenzbetrag Taschenbücher aus dem riesigen Second-hand-Lager mitzunehmen. Der Laden wird von idealistischen Bücherenthusiasten geführt, die erschöpfend Auskunft geben können, wenn man auf der Suche nach bestimmten Büchern ist oder etwas Besonderes über Florenz und seine Kunst in Erfahrung bringen will.

Antiquitätengeschäfte

Vor allem in Oltrarno und im Borgo Ognissanti ist ihre Zahl Legion. Alte Bilderrahmen, antiker Schmuck, Keramiken und Statuen, Gemälde und Möbel und vieles anderes mehr warten auf den Entdecker.

Schmuck

Die alten Goldschmiedeläden auf dem Ponte Vecchio (manche mehr als drei Jahrhunderte alt) sind auf jeden Fall einen Besuch wert. Die Auswahl an schön gearbeiteten Stücken von vortrefflicher Qualität ist außerordentlich groß.

Souvenirs

Beliebte Mitbringsel sind Keramikwaren, Spitzen, Strohhüte und andere handgefertigte Erzeugnisse. Wenn Sie einen schönen Druck erwerben wollen, probieren Sie es bei *Alinari* (unterhält mehrere

Geschäfte in der Innenstadt). Wunderschön marmoriertes Papier (ebenfalls Handarbeit) erhält man in den *Papiro*-Läden in der Via Cavour 55r und an der Piazza del Duomo 24r.

LADENSCHLUSS

Geschäfte sind meist von 8.30/9 bis 12.30/13 Uhr und von 15.30/16 bis 19/19.30 Uhr geöffnet (außer So). Im Winter bleiben sie montags vormittags geschlossen, im Sommer samstags. Fast alle Lebensmittelgeschäfte haben außerhalb der Saison mittwochs nachmittags zu. Die Öffnungszeiten sind an den Ladentüren angeschlagen.

MÄRKTE

San Lorenzo ist der größte und meistbesuchte Markt – dort wird alles verkauft. Auf dem *Mercato Nuovo*, der unter einer Loggia aus dem 16. Jahrhundert abgehalten wird, werden Ton- und Lederwaren, Strohtaschen und -hüte sowie viele Souvenirs angeboten. Der Dienstag morgens stattfindende Wochenmarkt im *Cascine-Park* wartet mit viel Lokalkolorit auf; die Qualität der hier feilgebotenen Waren ist aber eher zweifelhaft. Handeln ist hier, wie auf den anderen Märkten, durchaus angesagt! Wer Lebensmittel einkaufen will, findet, was das Herz begehrt, auf dem *Mercato Centrale* (in der Nähe des San-Lorenzo-Markts in der Via dell' Ariento), wo Käse, Fleisch, Fisch und vieles anderes in allen Variationen und Preislagen aufgebaut sind. Vor Santo Spirito findet jeden zweiten Sonntag ein Kunsthandwerks- und Antiquitätenmarkt statt.

AUSFUHR

Wenn Sie erworbene Waren nicht im Gepäck mitnehmen können, sind größere Läden und Kaufhäuser gerne bereit, sie Ihnen nach Hause zu schicken und sich um alle Formalitäten zu kümmern.

SPORT

Fußballfans können sich im *Stadio Comunale* an Begegnungen zwischen der Heimmannschaft *(Fiorentina)* und anderen Teams der *Serie A* (der ersten italienischen Liga) ergötzen. Im Cascine-Park stehen zwei Rennbahnen (eine für Trab-, eine für Galopprennen), öffentliche Tennisplätze und ein Schwimmbad zur Auswahl. Von den anderen öffentlichen Schwimmbädern ist das einladendste sicherlich die *Piscina Cos toli* an dem Viale Paoli (Tel.: 67 57 44). Der Ugolino-Golfclub bei Impruneta, 13 Kilometer vom Stadtzentrum entfernt, verfügt über eine schöne Anlage (18 Löcher), einen Swimmingpool und Tennisplätze.

BESONDERE HINWEISE

KINDER

Kindern gegenüber verhalten sich die Florentiner sehr nachsichtig, die Stadt selbst jedoch bietet für die Kleinen relativ wenig. Was Museen anbetrifft, so sind hauptsächlich die Ägyptische Sammlung im *Museo Archeologico* und die Nachbildung der Experimente des Galileo im naturwissenschaftlichen Museum für Kinder interessant. Im Cascine-Park gibt es eine Menge Spielplätze, und der Boboli-Garten lädt geradezu ein zum Versteck- oder Ballspielen.

NATURFREUNDE

Auf den ersten Blick scheint es in Florenz kaum öffentlich zugängliche Grünflächen zu geben. Die meisten Gartenanlagen sind privat und hinter hohen Mauern versteckt. Eine Ausnahme sind der Boboli-

Garten (von 9 Uhr morgens bis zum Sonnenuntergang geöffnet) und der Cascine-Park. Botanisch gesehen wesentlich interessanter ist sicherlich der *Giardino dei Semplici*, der 1545 zum Anbau von Heilpflanzen eingerichtet wurde. Im zweiten Stock des Botanischen Instituts (Eingang von der Via La Pira aus; Öffnungszeiten: Mo, Mi, Fr jeweils 9 - 12 Uhr) ist ein kleines Museum untergebracht.

Viele Privatgärten können zu bestimmten Zeiten oder auf Anfrage ebenfalls besichtigt werden. Beim Fremdenverkehrsamt ist ein entsprechendes Verzeichnis erhältlich. Von April bis Juni organisiert *Agriturist* (Piazza San Firenze 3) Busrundfahrten zu den herrlichen florentinischen Villengärten. Buchungen über die Reisebüros oder Hotels.

NÜTZLICHE ADRESSEN

TOURISTENINFORMATIONEN

Vor Reiseantritt kann man sich Informationen bei den staatlichen italienischen Fremdenverkehrsämtern (ENIT) besorgen in: 40212 Düsseldorf, Berliner Allee 26; 60329 Frankfurt/M., Kaiserstr. 65; 80336 München, Goethestr. 20; A-1010 Wien, Kärntnerring 4; CH-1204 Genf, 3, rue du Marché; CH-8001 Zürich, Uraniastr. 32.

Touristeninformationen (Azienda di Promozione Turistica, APT) für die Stadt Florenz befinden sich in der Via Manzoni 16, Tel.: 234 62 84/5, geöffnet Mo bis Sa 8.30 bis 13.30 Uhr, und Chiasso Baroncelli 17 und 19r, Tel.: 230 21 24/230 20 33, und für die Provinz Florenz in der Via Cavour 1r, Tel.: 276 03 82, geöffnet 8 bis 14 Uhr, sonn- und feiertags geschlossen.

Ein kleineres Fremdenverkehrsbüro im Hauptbahnhof ist auch bei der Zimmersuche behilflich. Öffnungszeiten: 8.30 bis 21.00 Uhr. Die Städte in der Umgebung von Florenz, wie Siena oder Pisa, unterhalten eigene Fremdenverkehrsbüros.

Touristeninformation im Hauptbahnhof:
Tel.: 28 28 93.
Touristeninformation im Flughafen Galileo Galilei von Pisa: Tel.: (050) 280 88.

KONSULATE

Bundesrepublik Deutschland:
Lungarno Vespucci 30, Tel.: 29 47 22.

Österreich:
Via dei Servi 9, Tel.: 21 53 52.

Schweiz:
Piazzale Galileo 5, Tel.: 22 24 34.

FLUGLINIEN

Alitalia, Lungarno Acciaoli 10-12r, Tel.: 278 81.
Lufthansa, Piazza Antinori 2, Tel.: 238 14 44.
Swissair, Via Parione 1, Tel.: 29 50 55/6.

REISEVERANSTALTER

American Express Company, D. Alighieri 20r-26r,
Tel.: 509 81.
Intertravel, Via Lamberti 39-41r, Tel.: 21 79 36/
7/8/9.
Universalturismo, Via degli Speziali 7r, Tel.:
21 72 41.
Wagon-Lits Turismo, Via del Giglio 27r, Tel.:
21 88 51/2.

VISUELLE BEITRÄGE

Fotografie
Seite 18/19, 35, 38, 66, 68, 69, 72, 73, **Patrizia Giancotti**
76/77, 78, 79, 81, 82, 83, 85, 92, 95, 96, 97,
99, 104, 105, 106, 108, 157L & R, 168/169,
179, 186L, 192, 202, 203, 207, 212, 227,
234, 236, 239, 240
3, 9, 14/15, 16/17, 20/21, 22, 37, 39, 43, 74, **Albano Guatti**
75, 80, 86, 87, 88, 89, 107, 112/113, 120,
121, 124, 125, 127, 128, 130, 131, 132, 135,
146, 147, 148/149, 153, 155, 156, 159,
160/161, 162, 164, 165, 166, 186R, 170/171,
173, 176, 177, 180/181, 187, 188, 189,
190/191, 194, 195, 198/199, 200/201, 206,
208, 209, 211, 213, 214/215, 218, 220, 221,
222, 223, 225, 226, 229, 231, 232/233, 235,
237, 238
30/31, 32, 36, 40/41, 42, 48, 50/51, 58, 63, **Hans Höfer**
71, 90/91, 110/111, 114/115, 116, 122, 123,
136/137, 142, 186L, 216/217
26 **Alain Le Garsmeur**
61 **National Portrait Library**
101 **Alberto Pamella**
98, 138, 139 **Spectrum**
53, 109, 143 **Topham Picture Library**

Karten **Berndtson & Berndtson**
Illustration **Klaus Geisler**
Design Consulting **V. Barl**

INDEX

Q, R

A
B
C
D
E
F
G
H
I
J
a
b
c
d
e
f
g
h
i
j
k
l